리더가 읽어야 할
세계사 평행이론

리더가 읽어야 할

세계사 평행이론

한국의 16과제, 평행이론 적용한 첫 책!

함규진
지음

살림

해답은 반복되는 역사 속에 있다

"역사는 반복된다."

이 말은 학창시절에, 역사 시험성적을 받아들 때 말고는 실
감하지 못했던 말이다. 그러나 역사를 공부하는 묘미 가운데 하
나는, 아득한 고대에 벌어졌던 사건이 가까운 근대에 또 일어나
고, 한반도라는 땅이 있다고는 생각도 못했을 만큼 먼 땅에서 일
어난 일을 이 땅에서도 찾아볼 수 있다는 점이다. 마치 어떤 글로
벌하고, 시공을 초월하는 평행이론을 입증하려는 것처럼.

1998년에 자유민주연합 총재였던 김종필은 DJP 연합을 맺
은 대통령 김대중의 총리가 되어 당당한 2인자이자 차기권력을
보장받은 실세 총리가 되었다. 그러나 얼마 지나지 않아 2001년
에는 모든 것을 잃고 야인이 되었다. 그는 1975년 대통령 박정희
에 의해 총리 자리에서 밀려났던 때를 떠올렸으리라. 그러나 1인
자가 한때의 동지였던 2인자를 내쳤던 일은 아바스왕조의 칼리
프인 하룬 알 라시드가 오랫동안 오른팔로 여긴 재상 자파르의

목을 벤 803년에도, 명나라 태조 주원장의 손으로 개국공신 호유용의 구족(九族)이 멸해진 1380년에도 있었다. 또한 1536년에 오스만튀르크의 대재상 이브라힘 파샤가 오랜 친구이자 주군인 술탄 술레이만에게 겪은 일이기도 했다.

최근의 '헌정사상 일찍이 없었던 대사건'은 대통령이 탄핵 심판을 받아 임기를 채우지 못하고 청와대에서 물러나온 일이다. 그러나 그 원인인 비선측근 문제는 1770년대의 스웨덴에도, 1810년대와 1910년대의 러시아에도, 1920년대와 1980년대의 미국에도 있었다.

그뿐이 아니다. 1949년에 유엔은 '인신매매 금지 및 성매매 착취 금지 협약'에서 자발적 성매매를 부정하고 성매매 여성은 피해자라는 관점을 세운다. 그런데 이는 1,400년 전쯤, 6세기에 동로마제국 황후 테오도라가 성매매 근절과 함께 성매매 여성들의 구제를 추진하며 세웠던 관점이다.

인공지능 알파고가 인간과의 바둑 대국에서 이기고 곧이어 제4차 산업혁명론이 대두하면서 인공지능이 인간의 일자리를 대체하여 인간을 소외시킬 것이라는 공포감이 인간사회에 떠돌고 있다. 그런데 제1차 산업혁명 때인 18세기 말과 19세기 초에도 그런 공포감이 러다이트 운동으로 터져나왔으며, 1990년대 IT 혁명 때도 그 공포감을 이어받은 '뉴러다이트 운동'이 일어나기도 했다.

여기서 이런 의문이 생긴다. "그러면 역사는 반복될 뿐 발전하지는 않는가?"

그렇지는 않다. 그리고 바로 그 때문에 우리가 역사의 평행성을 들여다봐야 할 필요가 있다. 역사란 인간과 환경 사이의 상호작용으로 빚어지는 드라마다. 인간성이 쉽게 바뀌지 않는다면, 비슷한 환경에 처할 때마다 맨날 그렇고 그런 아침 드라마처럼 (1980년대의 막장 패턴이 2010년대에도 그대로 펼쳐진다!) 똑같은 내용의 역사 드라마가 반복된다.

그러나 동시에 인간은 성찰할 수 있는 존재이기도 하다. 역사의 반복을 깨닫고 반성하며 더 나은 역사를 만들어나갈 수 있도록 개선할 수 있는 존재다. 그 노력은 제도를 개혁함으로써 가장 분명히 성취된다. 이는 1,000년 전의 왕조시대에 행해졌던 2인자 숙청이 21세기의 민주국가에서도 행해지고 있다면, '이런 일이 다시는 일어나지 않기 위해 어떻게 제도를 개혁할 것인가'를 고민하는 것이다. 성매매에 대해 6세기에 이미 나타났던 관점이 20세기 중반에 다시 등장할 때까지 성매매 여성의 실질적인 처우 개선이 없었다면, '문제의 본질이 무엇이며, 이를 해결하기 위해 어떤 제도가 최선인가'를 모두 함께 논의하는 것이다. 여기에 과거에는 없었던 과학기술과 국민의식이 도움이 된다. 이렇게 해서 역사의 낡은 굴레와 평행이론의 저주는 풀리고, 새로운 역사가 시작될 수 있다.

우리는 지금, 우리가 낡은 시대의 제도와 관행을 당연시하며 이를 답습해온 것은 아닌지를 점검할 필요가 있다. 또한 이미 다른 나라는 낡은 굴레에서 벗어나 실질적인 개혁을 이루었는데, 우리만 헛되이 역사를 반복하고 있는 것이 아닌지 살펴봐야 한다.

이 책을 쓰게 된 첫 실마리는 그리 거창하지 않았다. 2015년 한 해 동안 KBS 제1라디오의 '월드투데이-글로벌 평행이론'이라는 프로그램에 나와서 가벼운 내용으로 과거와 현재의 묘한 반복에 대해 이야기를 했다. 프로그램을 마치고 나니 1년 동안 작성한 원고를 주춧돌로 삼아 책으로 내봐야겠다는 생각이 들었다. 이 책에서는 앞서 말한 문제의식에 집중하면서, 프로그램에서 다뤘던 여러 가벼운 주제, 이를테면 '세시풍속의 어제와 오늘', '왕조시대의 후계자 계승방식과 오늘날 재벌의 후계자들' 같은 주제는 뺐다. '오늘날 미흡하거나 문제점이 있는 제도의 역사적 기원을 알아보고, 대안을 찾아보자'는 주제에 초점을 맞추기 위해서였다. 그래서 남은 주제들을 두고 새롭게 자료 수집과 분석을 거듭한 끝에 이 책을 내놓게 되었다.

여기서 다룬 정치, 경제, 사회문화의 주제들에 통달할 만큼 어마어마한 학업을 글쓴이가 쌓아올렸다고 할 수는 없다. 그러나 지금 여기, 흔들리는 대한민국의 오늘을 살아가는 시민의 한 사람으로서 문제를 제기하고 대안을 이야기해볼 만큼은 되지 않을까 싶다. 여기서 거론된 주제들, 그리고 미처 다루지 못한 주제들이 시민들 사이에서 이야기되고, 논의가 이루어지고, 그리하여 제도개혁의 길이 열렸으면 하는 바람이다.

부족한 내공과 필력을 보충하기 위해 많은 분의 도움을 받았다. '평행이론' 방송을 함께했으며 좋은 책을 쓰라며 격려를 아끼지 않았던 KBS 아나운서실의 이각경 아나운서와 KBS 라디오 방송국 분들, 모병제 문제를 비롯해서 많은 부분에서 일깨움을 주신 전 공군사관학교 교수 권재상 님, 자료수집에서 원고정리까지 많은 도움을 준 서울교육대학교 윤리교육과 백인하 군 등에게 특별히 감사를 드린다.

이 책을 마무리하는 사이에 헌정사 최대의 스캔들과 '최초의 사태'가 일어나고 끝났다. 많은 안타까움과 아쉬움이 남기도 했으나, 새로운 세상을 바라는 국민의 의지가 빛났고, 이 비상한 사태가 폭력이나 정변으로가 아니라 제도적 절차에 따라 헌법이라는 제도의 뜻을 다시 살피고 해석하는 과정을 통해 마무리되었다는 점이 참으로 값지다고 하겠다.

이 한 권의 책이 어제의 세계사를 통해, 오늘 한국이 빠진 여러 가지 문제를 해결하는 작은 계기가 되었으면 한다.

2017년 봄을 맞이하며

함규진

돈과 권력의 집중을 막아라!

'내 이웃을 사랑'하기 위하여

인류의 미래, 기술의 미래

1
"머니머니 해도 머니가 최고"라고?

세금, 문명의 시작, 정의의 지표

버핏이 말했다. "내 비서는 소득세를 30퍼센트 내고 있는데,
나는 17.4퍼센트밖에 안 되더라. 이게 말이 되느냐?"
부자가 더 내지 못할망정 비율로 보면 오히려 덜 내고 있다는 것이다.

동양과 서양, 고대와 현대를 뛰어넘어 일치하는 것들이 몇 가지 있다. 그중 하나가 "세금은 싫어!"라는 것이다. 요즘에도 연봉이 얼마라고 하면 그 액수가 세전인지 세후인지 묻듯이 세금을 내면 공연히 내 돈을 뜯기는 듯한 느낌이 든다.

원론적으로 세금은 정부가 제공하는 공공재에 대해 대가를 지불하는 것으로, 정부에 일정한 돈을 내고 그에 합당한 서비스를 받는 것이다. 그 서비스를 받지 못하면 세금이란 곧 국민을 착취하는 수단이 되고 만다.

문명의 시작부터 세금을 두고 줄다리기가 있었다

세금에 대한 가장 오래된 기록은 기원전 4000년경의 메소포

타미아에서 찾을 수 있다. 점토판에 새겨진 과일과 이삭 모양의 기호들인데, 세금으로 거둔 현물을 두 종류로 구분해 수량을 표기해둔 것으로 보인다. 빠뜨린 곳 없이 잘 거두었나, 어디서 얼마나 거두었나를 알아볼 필요가 있다고 생각해서 적어두었을 것이며, 이를 토대로 다음 해에도 꼼꼼히 거두려고 했을 것이다. 그러다 보니 공평히 거둬야 하겠다는 생각도 했을 것이다. 이미 거두었는데 또 거두거나, 작년에는 이만큼 거두었는데 올해는 더 많이 거두거나, 흉년이라 먹을 것도 없는데 거두거나 하면 백성의 저항이 심했을 것이기 때문이다. 또한 세금을 더 합리적이고 체계적으로 거두기 위해 수학과 통계학도 발달했다. 세금은 이처럼 문명사회의 시작에 핵심 역할을 했다.

그런데 자신이 낸 돈만큼 공공서비스를 돌려받고 있는지 자문해보면 잘 모르겠다, 아닌 것 같다는 대답이 나오기 쉽다. 정치가 잘되고 있을 때조차 그렇다. 『제왕세기』(帝王世紀)에는 중국 역대 임금 중 최고의 성군인 요임금의 시대에 불렸다는 「격양가」(擊壤歌)라는 민요가 있다.

"해 뜨면 나가 일하고, 해지면 들어와 쉬네. 내가 우물 파서 내가 마시고, 내 밭 갈아 내가 먹으니, 임금의 덕이 내게 무슨 소용인가?"

국민이 안심하고 경제활동을 하려면 안보와 치안에서부터 사회간접자본 건설, 물가조절, 재난 예방과 구제 등등에 이르기

이집트 문자 해독의 열쇠가 되었던 로제타석 「비문」 로제타석은 이집트 문자를 해독하는 중요한 열쇠가 되었다. 그런데 그것을 만들게 된 까닭은 세금이 과해 일어난 분쟁 때문이었다.

까지 국가가 해야 할 일이 많다. 하지만 당장 피부에 와 닿는 효용은 별로 없다 보니 자연히 이런 이야기가 나오는 것이다. 하물며 정치를 못하면 국민은 어떤 생각이 들까? 국민은 세금징수를 강도질이라고 여기고, 한 푼이라도 세금을 내지 않고 빼돌리는 일에 몰두할 뿐 아니라 세금을 꼬박꼬박 내는 사람은 바보라고 여기게 된다.

그래서 어떻게든 세금을 거두려는 정부와 어떻게든 내지 않으려는 국민 사이의 줄다리기가 수천 년 동안 거듭되어왔으며, 그 가장 이른 흔적은 나폴레옹의 군대에게 발견되어 이집트 문자를 해독하는 계기가 된 로제타석에도 나와 있다. 기원전 200년경, 이집트를 다스리던 그리스계의 프톨레마이오스왕조가 무거운 세금을 물리자 이에 반발한 백성이 폭동을 일으켰다. 이를 무마하기 위해 중과세를 철회하고, 다시는 이런 일이 없을 것을 약속하며 왕조의 그리스어와 이집트어로 비문을 새겼다. 이것이 로제타석이다.

　세금을 둘러싼 줄다리기의 흔적은 수없이 많다. 9세기의 당나라에서는 차(茶) 한 봉지 크기가 1년여 사이에 4배에 가깝게 커졌다. 차에 매긴 세금을 올리자 한 봉지당 몇 푼 식으로 세금이 매겨지는 점을 노려 차 상인들이 봉지 크기를 늘린 것이다. 정부가 지지 않고 세율을 더 올리니 상인들도 그에 맞춰 포장을 더 크게 했다. 17세기 초 영국의 집들에는 창문이 거의 없었다. 정부에서 창문 개수에 따라 세금을 매기는 창문세를 도입했기 때문이다. 집의 크기에 따라 세금을 매기려는데 당시에는 지금처럼 개인의 집에 대한 정보가 없었다. 세리들이 집집마다 다니며 일일이 측정을 할 수 없어 창문이 몇 개 있느냐를 세금 매길 근거로 잡은 것이다. 그랬더니 사람들이 세금을 안 내려고 창문을 없애 버렸다. 한낮에도 불을 밝히고 살아야 하고, 환기가 안 되어서 호흡기 질환이 심했으니 세금 내는 게 더 이익이었을 텐데 말이다.

　그러자 영국 정부가 이번에는 벽돌세를 신설했다. 집은 벽돌로 지으니 집이 클수록 벽돌을 많이 쓸 것이고 벽돌 공장은 많지 않으니 거기만 조사해서 벽돌당 세금을 걷으면 된다고 생각한 것이다. 그러자 사람들은 벽돌 크기를 몇 배나 크게 만들었다. 정부는 또 머리를 짜내서 벽돌 크기에 비례하는 세금을 매겼다. 이런 숨바꼭질이 19세기 중반까지 이어졌다고 한다. 18세기의 러시아에서도 사람들이 집의 뒷문이나 쪽문을 없애거나 아예 문을 다

없애고 창문으로 넘어다니는 일이 있었다. 집에 문이 몇 개 있는 지를 기준으로 세금을 내도록 했기 때문이다.

세금을 내기 싫어서 재산을 국외로 빼돌리는가 하면 아예 국적을 포기하는 사람들도 많았다. 『논어』에서 노나라의 애공(哀公)이 재정이 부족하다며 세금을 올려야겠다고 하자 공자의 제자 유약(有若)은 오히려 세금을 내리라고 조언한다. 지금도 부족한데 여기서 더 세금을 내리면 어떡하냐고 노애공이 묻자, 유약은 "백성이 부유하지 않으면 군주가 누구와 더불어 부유하겠습니까?"라고 말했다. 당시 세금을 무겁게 매기면 백성들이 다른 나라로 달아나버렸다. 반대로 세금을 가볍게 하면 다른 나라에서 백성이 모여들었다. 그래서 유약의 말은 낮은 세율로도 더 많은 세수를 얻을 수 있을 테니 세율인하가 재정확충의 정답이라는 것이었다.

중세에서 근대에 이르는 유럽에서도 세율이 올라가면 이웃 나라로 거처를 옮기는 경우가 많았다. 네덜란드의 바를러나사우와 벨기에의 바를러호르토흐 지방이 겹쳐지면서 복잡한 국경선을 그리고 있는 바를러라는 마을은 그런 점에서 최적의 동네였다. 몇 걸음만 가면 국경을 넘을 수 있으므로 양쪽에 집을 지어놓았다가 한쪽 나라에서 세금을 올리면 곧바로 이사 같은 이민을 가는 일이 흔했다고 한다.

현대에도 이런 세금회피의 행렬은 이어져서 2012년에 프랑스의 강화된 부유세를 피해 세계 갑부순위 4위라는 루이뷔통 회장인 베르나르 아르노가 벨기에로 이민 갔으며, 2013년에는 프랑스의 국민배우 제라르 드파르디유가 러시아로 갔다. 2015년에는

쿠엔틴 마세이스, 「세금 징수인들」, 1500년경 예나 지금이나, 세금을 징수하는 사람들은 추악하게 묘사되는 경우가 많다.

사람이 아닌 기업도 세금이민에 나섰는데, 미국 굴지의 제약업체 화이자가 아일랜드의 엘러간과 합병하는 형태로 아일랜드에 비해 높은 미국의 법인세를 피해 갔다. 정부가 보고만 있을 리가 없다. 2011년에 페이스북 공동창업자인 세버린이 기업공개를 앞두고 세금폭탄을 피하려 싱가포르로 이민을 떠났으나, 미국 정부는 이를 대비해 만들어둔 출국세를 부과하여 그가 출국 전 매각한 주식대금에 대한 세금을 받아냈다.

이런 식의 세금은 우리나라도 만들었다. 2016년 도입한 국외전출세인 코렉시트(Korexit)는 해당자가 이민을 떠나는 전날까지 보유하고 있던 국내 주식에 과세한다. 그러나 이는 실제로 팔지도 않은 주식까지 판 것으로 보고 과세하는 것이다. 따라서 실현된 이익에만 과세한다는 원칙에 어긋난다는 비판을 받을 수 있다. 또 주식 외의 재산에는 과세할 방법이 없으므로 세금탈출을 막는 철조망 구실을 하기도 어렵다.

세금에 대한 혐오는 정권도 나라도 바꾼다

사람들이 세금을 이렇게 싫어하니 세금을 거두는 사람도 인기가 없었다. 고대 그리스 희극의 대가인 아리스토파네스의 희곡에서 세금징수인은 음흉하고 탐욕스러우며 불법을 일삼는다. 『성서』의 4대 복음서 저자의 한 명인 마태도 세금징수인이었고, 가는 곳마다 욕을 먹으며 괄시를 받았다. 로마시대의 카이사르와 그의 후계자 옥타비아누스는 세금징수인들의 힘을 빼앗음으로써 사람들의 인기를 얻었다. 코르테스는 아즈텍인들이 세금징수인들의 등쌀에 시달리는 것을 보고는, 징수인들을 모욕하고 처단하는 모습을 보였다. 이로써 코르테스는 원주민 다수의 환심을 산 결과 아즈텍제국을 정복했다. 근대 화학의 아버지라 불리는 라부아지에도 한때 세금 징수인으로서 활동한 이력 때문에 프랑스대혁명 때 단두대에서 처형되었다.

세금징수인은 국가관료제가 오늘날처럼 정비되지 않았던 때 백성에게 세금을 거둬들여 왕에게 올려 보내는 역할을 했다. 그런데 그 수수료도 거둬들인 세금에서 떼었으므로 마음만 먹으면 세금을 많이 물려 개인의 욕심을 채우고 나라에는 조금만 올려 보낼 수가 있었다. 그래서 국가기강이 흔들리면 세금징수인이 날뛰고 민심이 동요하곤 했다. 그러나 이 메커니즘을 적용해서 국가가 지방을 지배하는 경우도 있었다. 지방의 유력자들에게 세금징수권을 주는 것이다. 조선은 모든 토지는 왕의 소유로 여겨 농민에게는 경작권을 주고, 지방의 양반들에게는 수조권을 주어 농민에게서 세를 거둬 수수료를 챙긴 뒤 국가에 납부하도록 했다. 오스만튀르크도 말리카네라는 제도를 운영했는데, 공직매매와 결합된 이 제도는 이것은 지방호족이 일정액을 내고 평생 자기 고을의 세금징수권을 갖는 것이었다. 막부체제의 일본은 여러 번(藩)에게 세금을 거둬 자체적으로 쓰게 해주고, 일왕과 막부는 자신이 할당한 지역에서만 세금을 거뒀다.

중세유럽의 봉건제도도 비슷하게 영주들이 자기 고을의 세금을 모두 갖는 대신 왕에게 일정한 병역의무를 이행하며 세금을 대신했다. 이는 지방세력을 독립성을 인정해주는 대신 이 나라가 망하면 자신이 지방에서 갖고 있던 기득권도 사라진다는 인식을 심어줌으로써, 전쟁이나 정쟁으로 중앙권력이 힘을 잃어버린 한참 뒤에도 국가가 유지될 수 있었다.

한편 세금징수를 대행해주는 일에서 근대 기업이 비롯되었다고도 한다. 마태도 그 일원이었던 고대 로마제국의 세금징수인인 벡티갈루스(vectigalus)들은 소키에타스 벡티갈리움(societas vectigalium)이라는 동업조합을 만들었는데, 이것이 마치 한 명의 사람처럼 움직였다고 해서 사람의 신체(corpus)라 불렸다. 이를 기원하여 법인(corporate body)과 기업(corporation)이라는 말이 나왔다는 것이다.

"피할 수 없으면 즐겨라"는 말도 있지만, 피할 수 없다면 차라리 목숨을 내놓고 싸우는 경우가 많았다. 역사상 농민반란의 90퍼센트 이상은 세금이 원인이었고, 때때로 과도한 세금은 체제의 변혁과 국가의 멸망을 가져올 정도의 격렬한 저항을 불러일으켰다. 고대 이집트는 과도한 세금으로 국력을 차차 잃고 무너졌다고 한다. 한나라 왕조를 무너뜨리고 신(新)나라 왕조를 세운 왕망도 기원후 10년에 소득세를 도입했다가 강한 반발 끝에 당대에 왕조가 무너지고 한나라 왕조가 복위되기도 했다. 조선도 개에게까지 세금을 물리고 이미 죽은 사람에게도 세금을 부과하는 등의 가혹한 세금등쌀에 끝내 국운이 기울었다. 영국의 「대헌장」은 왕에 대한 지방영주들의 병역의무를 '스커티지'라고 하는 금전납부의무로 바꾸도록 한 존 왕의 조치에 격분한 영주들의 반란으로 만들어졌다.

18세기의 시민혁명인 미국독립혁명과 프랑스대혁명도 세금 때문에 일어났다. 북미식민지에 주어진 영국의 일방적 과세에 대한 식민지인들의 반발, 귀족이 면세특혜를 누리는 가운데 과중한 부담을 강요받아온 제3신분의 부르주아들이 마지막 희망을 걸었던 1789년의 삼부회에서 귀족들의 세금부담안이 무산되면서 터진 분노가 혁명의 원동력이었다. 현대 한국에서도 박정희 정권 때인 1977년에 부가가치세가 도입되자, 분노한 민심은 총선에서 집권공화당을 참패시켰고, 1979년에는 부마항쟁을 일으켜 10.26사태를 불러오기도 했다.

사회적 공공성에 관한 징벌로서의 세금

그러면 근대사회에서 정당한 세금이란 어떤 원칙을 따라야 할까. 국민이 사회에서 살아가는 데는 정부가 제공하는 공공재의 도움을 받기에 그 대가를 내야 마땅하다는 근거에 따른 세금들인 소득세, 재산세, 상속세 등에는 조세법률주의, 공평의 원칙, 실질과세의 원칙이 적용된다. 조세법률주의는 세금의 명목과 세율은 국민이 뽑은 대표에 의해 제정된 법률에만 근거한다는 것으로, 미국 독립혁명 당시의 구호인 "대표 없이 과세 없다"는 주장에서 비롯되었다. 당시 식민지 주민들은 영국 의회에 보낼 대표를 뽑을 수 없었고, 자신들에게 주어지는 세금에 대해 손을 쓸 방도가 없었으므로 분노해서 일어났던 것이다. 전근대 사회에서는 나라에서 일방적으로 세금을 정하여 부과했으나 근대 사회에서는 세금을 부과하는 쪽과 세금을 내는 사람들 간의 합의가 필요하다.

공평의 원칙은 오늘날 세금을 둘러싸고 벌어지는 논쟁에서 가장 중심이 되는 원칙이다. 실질과세의 원칙은 세금이란 반드시 실현된 이익에 부과되어야 하며, 명목상 납세의무가 있어도 실질소득이 없으면 세금을 매기지 말아야 하고, 아직 손에 들어오지 않은 장래의 이익에는 과세하지 말아야 한다는 것이다.

그런데 정부 공공재에 대한 사용료라는 정의와 들어맞지 않는 세금도 있다. 이른바 징벌세라는 것인데, 이 경우에는 공공의 복리를 해치는(또는 정부의 공공재 제공비용을 늘리는) 행동에 대해 징벌적으로 부과되는 세금으로서 사실상 과태료와 차이가 없다. 벌금과도 비슷하되 개별적이고 단발적으로가 아니라 포괄적이며 장기적으로 부과되는 면이 있을 뿐이다.

이슬람교는 다른 나라를 정복하는 과정에서 정복당한 주민들에게 이슬람교 개종을 강요하지 않는 대신 '지즈야'라고 하는 세금을 내도록 했다. 올바른 신앙과 알라의 신도들이 가져다주는 혜택을 입고 살면서 잘못된 신앙을 고집하는 데 부과하는 벌금인 셈이었다. 그런데 이것이 이슬람교의 놀랄 만한 확산을 가져다 주었다. 처음에 사람들은 기존의 신앙을 고수해도 된다는 말에 이슬람의 지배를 순순히 받아들였고, 나중에는 세금이 아깝다는 생각에 앞다퉈 이슬람교로 개종했던 것이다.

18세기 초 러시아에서도 오랜 몽골의 지배로 동양풍에 푹 빠져 있던 러시아를 서구식으로 개혁하려던 표트르 1세가 수염세를 신설했다. 동양식으로 수염을 늘어뜨리고 다니면서 황제의 개혁에 저항하던 귀족들에 대한 징벌세였던 것이다. 수염세 덕분에 빠른 속도로 러시아인들의 외모가 달라졌다고 한다. 말로 타이르면 거부할 것이고, 힘으로 누르면 반란을 일으킬 것이라고 판단한 표트르 1세가 개혁추진 수단으로 매긴 세금이었다.

중국은 1982년에 산아제한정책의 방편으로 둘째 아이 출산부터 과태료를 물리기 시작했다. 인구증가가 중국의, 나아가 세계의 미래를 어둡게 하기에 다자녀 가정은 그만한 부담을 져야 한다는 것이었다. 사실상 출산세라고 할 이 정책으로 증가하는 중국 출산률을 떨어뜨리는 데는 성공했다. 하지만, 한 자녀 가정이 일반화되면서 예절과 공공의식이 없고 자기밖에 모르는 아이들인 소황제(小皇帝)가 등장하는 사회문제도 낳았다. 오스트레일리아에서는 환경에 미치는 영향을 고려해 아기를 낳을 때마다 세금을 물려야 한다는 주장이 있고, 우리나라에서는 반대로 저출산이 심각하므로 아이를 낳지 않는 가정에 출산세를 물려야 한다는 주장이 나온다.

지금 우리나라에서 술과 담배 가격 중 원가의 100퍼센트 이상의 금액이 세금이다. 담배 한 대를 태우면 그 연기의 절반은 세금으로 날아가는 셈이다. 그런데 상대적으로 저소득층이 스트레스 해소를 위해 술과 담배를 많이 하는 경향이 있어서 술과 담배에 부과되는 세금은 서민 잡는 불공평한 세금이라는 불만도 있다. 하지만 정부는 본인의 건강을 해칠 뿐 아니라 간접흡연, 음주운전 등등으로 다른 사람에게 피해를 주며 건강을 해친 사람들에게 지급되는 의료보험료 때문에 보험료 부담도 는다면서 징벌세로서 술 담배 중과세는 정당하다는 입장이다. 독일 등은 더 강력하게 중과세하고 있긴 하다.

비슷한 성격으로 비만세가 있다. 비만은 성인병의 주범으로 여겨지며, 술과 담배와 마찬가지로 의료보험료 부담을 높이는 요인이기도 하다. 그래서 헝가리에서는 2010년에 감자칩 한 봉지당 세금을 우리 돈으로 약 200원씩 부과했으며, 이듬해에는 콜라, 초콜릿, 튀김 등 비만유발 가능성이 높은 식품들에 세금을 매겼다. 덴마크도 2011년에 포화지방 1킬로그램당 16덴마크크로네를 부과했으며 프랑스, 영국, 아일랜드, 미국 등이 비슷한 세금을 신설하거나 도입을 검토하고 있는 중이다. 우리나라에서도 2013년에 비만세 도입안이 제기되었다.

이 외에도 2009년 소가 배출하는 방귀와 트림에 섞인 메탄이 지구온난화를 가속화한다고 하여 에스토니아에서 부과한 방귀세, 2010년 스키를 많이 타는 나라답게 스키 도중 부상에 따른 의료보험료 부담이 커서 오스트리아에서 부과한 석고붕대세, 2015년 약 40퍼센트에 달하는 호주의 이혼율을 억제하기 위해 오스트레일리아에서 부과한 이혼세 등등이 징벌세이다.

그러나 이런 징벌세는 논란이 많다. 국가가 공익을 빌미로 개인의 자유를 제한하고 생활방식에 간섭할 자격이 있느냐는 비판에서부터, 문제가 되는 행동을 억제하기보다 세수입을 늘리는

것이 목적이라는 비판이 만만치 않다. 실제로 술 담배 중과세나
비만세는 이렇다 할 실효를 거두지 못한 채 세수입만 늘렸다.

　징벌세는 계층 간 위화감을 조성하는 면도 있다. 중국의 유명 영화감독 장이머우(張艺谋)는 세 자녀를 두었다고 해서 한국 돈으로 13억 원에 달하는 과태료를 냈다. 장이머우가 그만큼 고소득자였기 때문에 세금 폭탄을 맞은 것이다. 그런데 이 정도의 출산과태료를 낸다는 것을 부자임을 보여주는 증거로 여겨, 부유층에서는 일부러 자녀를 여럿 가지려고 한다. 자녀가 사치재가 되는 셈이랄까. 당연히 가난한 사람들 사이에서는 더 낳고 싶지만 돈이 없어서 못 낳는 자신의 처지에 불만이 치솟을 수밖에 없다. 세금이 그 목적을 달성하고 실효성을 거두려면 사회구성원의 의식과 문화를 면밀히 살펴야 할 필요가 있다.

　그런데 장이머우의 예처럼 해당자에 따라 징벌 액수가 달라지는 게 정당할까? 세금이 아니라 과태료이지만 핀란드와 독일 등에서는 교통범칙금도 소득별로 다르게 매긴다. 2000년에 노키아사의 부회장인 안시 반요키가 속도위반을 했다가 11만 6,000유로(약 1억 7,000만원)의 범칙금을 내어 화제가 된 적이 있다. 이처럼 같은 명목이라도 납세자의 빈부를 따져 다르게 세액을 정하는 일, 즉 부자일수록 더 많은 세금을 내는 것은 과연 공평할까?

워런 버핏은 공평하다고 말한다. 세계 최고의 부자 가운데 한 명인 그는 자신이 만약 미국에서 태어나지 않았다면 그만한 부자가 되지 못했을 것이라고 한다. 그가 부자가 되는 데 그의 재능과 노력도 한몫했겠지만 미국의 공공재가 기여한 부분도 상당한 것이며, 부자는 가난한 사람보다 공공재를 더 많이 더 효과적으로 활용할 수 있기 때문이다. 사용료로서 많은 세금을 내는 일은 정당하다는 것이다. 이런 이유로 그가 2011년에 부자증세를 주장함에 따라 미국은 버핏세라 부르는 부유세를 신설하게 된다.

버핏은 부유세 이야기를 하면서 다음과 같은 말을 덧붙였다. "내 비서는 소득세를 30퍼센트 내고 있는데, 나는 17.4퍼센트밖에 안 되더라. 이게 말이 되느냐?"는 이야기를 곁들였다. 부자가 더 내지 못할망정 비율로 보면 오히려 덜 내고 있다는 것이다. 왜 그럴까? 소득 중에서 근로소득 말고 자본소득, 즉 주식투자 이익, 부동산 투자 이익, 집세 등등에 매겨지는 세금은 근로소득에 비해 세율이 낮기 때문이다. 투자를 장려하고, 이중과세가 되는 일을 막기 위해서다. 우리나라도 주식투자 이익에 대해서는 기본적으로 100퍼센트 세금을 면제해주는 등(다만 소득 대신 거래에 과세한다) 대부분의 자본주의 국가는 자본소득을 중과세하지 않고 있다. 오늘날 부자들의 경우에는 근로소득보다 자본소득이 훨씬 많기에 부익부 빈익빈의 계층격차가 날로 심화되는 점도 있다. 누구는 뼈 빠지게 일해서 조금 버는데 누구는 가만히 앉아서 많이 벌 뿐 아니라, 세금도 적게 낸다면 조세저항감을 넘어서 체제저항감이 들기 마련이다.

또한 직접세와 간접세 비율 역시 세금의 공평성을 가늠하는 주요 척도다. 소득세나 재산세, 법인세처럼 납세의무자와 조세부담자가 일치하는 직접세와 달리 부가가치세, 교통세, 담배세, 주세(酒稅) 같은 간접세는 납세의무자는 상품을 만드는 업체이지만 실제 부담은 해당 상품을 소비하는 소비자가 가격에 포함된 세금을 지불하는 형태로 이전된다. 주식거래세 역시 납세의무자는 증권회사이나 주식거래 때마다 주주들이 납부하므로 간접세라고 할 수 있다. 간접세가 높을수록 조세부담의 공평성은 낮아진다. 버핏이나 삼성의 이건희 회장이라 해도 하루에 밥을 열 끼, 스무 끼 먹지는 않지만 그 재산과 소득은 서민에 비해 천문학적으로 많다. 그런데 전체 세금의 비중에서 개인마다 엇비슷하게 내는, (심지어 술과 담배의 경우 서민이 더 많이 내기도 하는) 간접세가 개인의 부에 따라 차등 있게 거두는 직접세보다 높다면 불공평하다는 것이다.

정부의 세제혜택, 즉 여러 이유로 세금을 공제해주는 혜택이 불공평을 낳는다는 지적도 있다. 우리나라는 싱글세를 부과하고 있지 않지만, 부부공제나 자녀공제 때문에 아이가 없는 독신가정의 경우 결과적으로 더 많은 세금을 내게 되어 사실상 싱글세를 내는 셈이라고 한다. 프랑스에서도 부부공제는 전통적 가족형태를 국가가 국민에게 강요하는 과세형태여서 이를 없애고 개인단위로만 세금을 부과해야 한다는 주장이 진보진영에서 나오고 있다.

투자 촉진 명목으로 자본세를 낮게 매기는 것과 마찬가지로, 산업용 전기는 (가정용과 달리) 세액공제를 해주거나 (기업이 내는 소득세인) 법인세를 깎아주는 정책 역시 불공평하다며 친(親)부자·반(反)서민적이라는 비판을 받는다.

이에 맞서 기업의 감세를 옹호하는 주장도 있다. 세금을 깎아준 만큼 기업은 투자를 늘리고 더 많이 고용하고 기술개발에 힘을 쏟을 것이고, 그만큼 더 풍요로워진 기업의 소득이 사회 전반에 낙수효과를 일으켜 사회구성원 전체가 덕을 본다는 것이다. 미국대통령 레이건은 이 주장을 철석같이 믿었다. 1974년에 워싱턴의 식당에서 아서 래퍼라는 경제학자가 냅킨에 그려 보여주었다는 래퍼 곡선, 즉 세율이 오르면 처음에는 세입이 늘어나다가 어느 시점에서는 줄어들기 마련이어서 일정 시점에서 세금을 줄여주어야 투자의욕과 노동의욕이 늘어나 민간과 정부의 수입이 모두 늘어난다는 이론을 말한다. 래퍼 이론에 푹 빠진 레이건은 1981년~1989년에 대통령으로서 꾸준한 감세정책을 펼쳤다. 이른바 레이거노믹스의 핵심 정책이었다.

그러나 래퍼 곡선과 감세에 따른 낙수효과는 현실에서 거의 입증되지 않고 있다. 기업은 세금을 깎아주면 그만큼 투자와 고용을 늘리기보다 적립금으로 쌓아두거나 금융투자, 토지매입 등 투기성 투자에 쓰는 경우가 많다. 신자유주의의 숨 가쁜 경쟁환경에서 성과가 바로 보이지 않는 정식투자나 고정비용이 늘어나는 고용증대를 선택하기 쉽지 않아서다. 결국 낙수효과는 일어나지 않는다. 윗물을 덜 떠낸다고 아랫물이 불어나지 않는 것이다.

합리적인 세금 징수법을 고민한 경제학자 아서 래퍼(왼쪽)와 토마 피케티(오른쪽). '래퍼 곡선'을 창안해 레이건 등의 신자유주의 정치인에게 영감을 준 래퍼(왼쪽). 부유세를 한 나라 차원이 아니라 글로벌하게 걷어야 한다고 주장하는 피케티(오른쪽).

더구나 감세 때문에 단기적으로 재정수입이 줄면 정부는 복지예산을 축소한다. 그러면 서민들이 직접 피해를 받게 된다.

그러면 부자증세가 정답일까? 문제는 꼭 그렇지만도 않다는 것이다. 앞서의 사례처럼 중과세는 강력한 반발을 불러오며, 부자들은 갖은 방법을 써서 탈세를 하다가 안 되면 소득을 외국으로 빼돌리거나 아예 외국으로 나가버린다. 『21세기 자본』을 쓴 프랑스의 토마 피케티는 이를 방지하기 위해 모든 나라가 협약을 맺고 글로벌 자본세를 부과해야 한다고 주장한다. 그러나 평화, 환경, 인권 등과 같은 인류의 보편적 가치 앞에서도 협력하기 힘든 국제사회가 과연 부자들의 목을 죄는 데 단합할 수 있을지 의문이다.

부자만이 아니라 누구에게든 소득세 자체는 정착되기 어려운 세제였다. 동양에서는 신나라 왕조의 왕망이 소득세 때문에 망한 셈이고, 서양에서는 1188년(영국), 1799년(영국), 1861년(미국)에 소득세가 도입되었으나 각각 백년전쟁, 나폴레옹 전쟁, 남북전쟁이라는 국가 비상상황이었기 때문에 그나마 한시적으로 시행할 수 있었다. 영국은 19세기 후반, 미국은 20세기 초가 되어서야 몇 차례의 진통 끝에 소득세가 정착되었고, 우리나라의 경우 일제강점기에 강제된 것이 해방 이후까지 이어졌다. 법인세의 경우에는 대부분의 나라가 제2차 세계대전 이후에야 겨우 도입할 수 있었다.

20세기 중반 이후 소득세와 법인세가 차차 일상화되고, 일부 유럽 국가들의 경우 복지국가의 확대와 더불어 누진율이 높은 소득세에다 부유세까지 도입했다. 그러나 미국의 진보적 기업가인 피터 반스의 말처럼, 부자에게 더 많이 세금을 물려도 그것이 '부익부'를 다소 억제하기는 했으나 '빈익빈'을 막는 데는 역부족인 것으로 나타났다.

문제는 대부분의 사람이 세금을 정부가 제공하는 공공재를 쓰는 데 지불하는 비용이라기보다 국가가 행하는 도둑질로 보고, 모든 세금을 징벌세로 보는 경우가 많다는 것이다. 부유세에 대해서도 부자가 죄인인 것은 아니지 않는가라며 억울해하고, 세금 회피에 대한 죄의식을 갖지 않는 것이다. 여기에 신자유주의자들처럼 정부에 세금을 내면 이리저리 새는 돈이 많고, 결국 그만큼의 복지와 공공재로 돌아오지 않는다고 보기도 한다. 스스로를 부패의 정도가 심한 정부의 국민이라고 생각할 때는 말할 것도 없다. 정부가 도둑놈인데 왜 내 돈을 보태주는가?

따라서 세금의 공평성이 확보되고 세금을 통하여 사회정의가 실현되려면, 직접세의 비중을 높이거나 자본소득에 대한 세율을 높이거나 누진세와 부유세 등으로 부자에게 더 무겁게 과세하는 등의 처방만으로는 부족하다. 정부행정이 더 투명해지고 효율적이 되어야 하며, 세금을 거둬들임으로써 얻는 소득재분배 효과에다 복지와 소득지원에 세금을 지출함으로써 소득분배 효과가 덧붙여져야 한다. 그리고 각 사회마다의 특성과 문화를 잘 살펴서 이상에만 치우친 세제개혁이 되지 않도록 해야 할 것이다.

#세금징수 #간접세 #직접세 #낙수효과 #부유세

최저임금, 그 앞에 놓인 여러 함정

우리나라의 경우, 최저임금을 대신해 생활을 보조해주는
사회보장제도가 매우 빈약하다는 게 함정이다.

해마다 초여름 더위가 슬슬 옷과 피
부로 느껴질 무렵, 언론사 뉴스룸을 한창 더 뜨겁게 달구는 이슈
가 있다. 바로 '내년 최저임금 결정' 관련뉴스다. 최종합의에 이르
기까지의 쟁점도 매년 똑같다. 재계는 어려운 자신들의 경제사정
때문에 동결을 요구하고, 노동계는 물가인상에도 못 미치는 임금
상승을 비난, 대폭인상을 요구하며 자신의 주장을 정의라고 외친
다. 그리고 어느 쪽에서 보아도 그리 마땅치 않은 인상액이 발표
된다.

단순하게 생각하면 경제원론 시간에 배운 '보이지 않는 손'
에 따라 노동에 대한 수요와 공급이 일치하는 선에서 정하면 될
일 같은 노동자의 임금. 왜 거기에 '최저'라는 말을 붙이고 매년
노사 간에 힘겨루기를 하는 것일까?

개인끼리 맺은 계약에 따라 정해지는 임금에 국가가 개입해서 일정한 기준을 강제하는 제도로 보자면, 본래는 최저임금이 아니라 최고임금을 규정하는 제도가 먼저였다. 1349년 영국의 에드워드 3세가 공포한 노동 조례가 그것이다. 당시 영국은 페스트의 여파로 노동력이 크게 부족해지면서 임금이 천정부지로 뛰었다. 그래서 페스트 이전 수준으로 임금을 묶는다는 조례를 공포한 것인데, 별 실효성이 없었다. 이를 강제하는 정부에 맞서 14세기 후반 각지에서 농민반란이 일어나기도 했다.

최고임금제의 기원이 된 페스트　1349년, 영국은 페스트의 여파로 노동력이 크게 부족해지면서 임금이 천정부지로 뛰었다. 그래서 에드워드 3세는 페스트 이전 수준으로 임금을 묶는다는 노동조례를 공포한다. 즉 최저임금이 아니라 최고임금이 먼저 생겼다.

이렇게 최고임금제부터 시작한 국가의 임금 가이드라인 제도는 생활임금이라는 개념에 따라 정리되어갔다. 먹고살기에 충분한데도 국가 재난을 빌미로 훨씬 더 많이 받아서는 안 된다는 최고임금제의 원칙이, 먹고살기에 충분한 만큼은 반드시 받아야 한다는 최저임금제의 원칙으로 자연스레 넘어간 것이다. 그래서 1389년에는 노동조례를 보완하여 식량가격과 임금수준을 연동시켰으며, 1524년에는 일부 지방에서 자체적으로 임금협상을 통한 최저선 마련을 정례화했다. 그리고 1604년에는 제임스 1세가 공포한 노동관련 법령에서 처음으로 최저임금제가 포함된다.

17세기 초부터 있었으니 최저임금제의 역사가 생각보다 긴 것 같다. 그러나 오히려 근대로 넘어가면서 최저임금제가 폐지되었다. 산업혁명이 본격화되고 국가는 경제에 되도록 개입하지 말아야 한다는 야경국가론이 대세가 되었기 때문이다. 『국부론』에서 애덤 스미스는 "임금수준을 올리는 것이 모두에게 득이 된다. (……) 저소득층의 살림살이가 나아져야 나라 전체의 살림이 나아지게 되어 있다"고 강조했지만 말이다. 그래서 마르크스 등이 격렬히 비판했던 초기 근대 자본주의체제의 무자비한 노동 즉 노동자의 불리함을 이용해서 아동노동이든 무휴일 노동이든 일단 계약에 따른 것이라면 국가는 일체 관여하지 않는 행태가 19세기 말까지 이어진다.

그처럼 열악한 노동환경을 개선해야 한다는 움직임은 먼저 오세아니아에서 시작되었다. 1894년 뉴질랜드의 산업조정 중재법이 현대 최저임금제의 최초 사례이며, 오스트레일리아가

1896년에 두 번째 사례를 기록한다. 이후 시장경제의 횡포에서 서민들을 구해야 한다는 사회주의진영 등의 주장과 세계대전 등의 비상상황에 기업을 보호해야 한다는 주장이 맞부딪히며 주요 국가들에서의 최저임금제 논란이 이어진다. 그러나 제1차 세계대전 이후, 실추된 정부의 권위와 사회적 혼란에 대응하고 특히 사회주의의 고조에 대처하려면 최저임금제를 도입하고 여러 복지제도를 강화하는 것이 필요하다는 주장이 더 힘을 얻었다. 그래서 1946년 국제연합 산하기구로 된 국제노동기구에서는 1929년에 협약 제26호로 최저임금결정제도의 수립에 대한 협약을 만들어 각국의 최저임금제 도입을 촉진하게 된다. 종교계에서도 교황 피우스 9세가 1931년에 생활을 이어갈 수 있는 수준까지 임금을 맞춰주어야 한다는 호소문을 내놓았다.

미국의 경우 1910년대에 일부 주에서 최저임금을 도입했으나 연방차원에서는 대법원의 위헌판결이 나와 저지되는 등 우여곡절 끝에 1938년에 공정노동 기준법으로 전국에 도입된다. 당시 대통령 프랭클린 루스벨트는 "노동자에게 생활에 필요한 수준 이하의 임금을 주어야만 버틸 수 있는 기업이라면, 이 땅에서 말끔히 없애버려야 한다"고 목청을 높였다.

그러나 주마다 최저임금 액수는 다르며, 심지어 최저임금제가 없는 주도 있다. 최저임금을 논하는 것이 우스울 만큼 임금수준이 높은 관리직과 전문직 외에 소규모 언론사, 농업종사자, 신문배달원, 20세 미만의 청소년에게는 최저임금을 적용하지 않는다. 소규모 언론이나 농업은 최저임금 적용이 경영을 위태롭게 할 수 있으며. 신문배달원이나 청소년은 비정규적으로 아르바이트 방식의 일을 하는데, 최저임금을 적용할 경우 고용수요가 급감하여 오히려 그들을 곤란하게 만들 수 있다는 이유 때문이다.

프랑스에는 1950년에 '제반 직종 최저임금법'이라는 이름으로 처음 도입되었다. 당시에는 농업분야는 분리하여 별도의 최저임금을 마련했는데, 1970년에 하나로 통합되어 지금에 이른다. 일본에는 1959년에 최저임금법으로 처음 도입되었다. 지역과 업종에 따라 최저임금의 액수가 다른데, 갈수록 도시와 농촌 간의 격차가 심화되는 추세가 사회문제로 여겨지고 있으며 일부 지역에서는 자체 조례에 따라 법정수준 이상으로 최저임금을 정하고 있기도 하다. 경제불황으로 "비정규직 가장의 가정이 늘고 있다"는 보도에 따라 2005년~2013년에는 최저임금을 가파르게 인상하기도 하였다.

최저임금제의 발상지인 영국에서는 최저임금제가 1909년에 임금위원회법으로 재도입되는데, 당시 소장파 하원의원이던 윈스턴 처칠이 하원에서 "국왕 폐하의 신민 중에서 애써 일을 했는데도 생활임금 이하의 보수를 받는 사람이 하나라도 있다는 것은 중대한 국가적 범죄다"라고 연설한 것은 유명하다. 그러나 '생산성이 저하되고 노동시장이 경직된다'는 이유로 1993년 폐지된다. 신자유주의 정책으로 유명한 대처의 보수당 정부에서는 유럽연합의 움직임에 동참하지 않는 대표적인 이유로 최저임금제를 따를 수 없다는 것을 들었을 정도였다. 그러다가 토니 블레어의 노동당으로 정권이 바뀐 다음인 1999년에 재도입된다.

우루과이, 칠레, 푸에르토리코 등의 라틴아메리카 국가들은 미국의 대통령 케네디가 라틴아메리카 공산화를 막기 위한 빈곤 극복 프로그램으로 추진한 진보 동맹의 목표에 따라 1960년대에 최저임금제를 도입했다. 사회주의 국가로서 최저임금이라는 개념이 존재할 수 없었던 중국도 2004년에 처음으로 최저임금제를 도입했다.

최저임금제만이 최선은 아니다

하지만 상당수의 나라에는 아직 최저임금제가 없다. 그리고 뜻밖에도 선진 복지국가로 이름 높은 여러 나라, 즉 스웨덴, 노르웨이, 핀란드, 덴마크, 아이슬란드, 스위스, 그리고 이탈리아가 아직까지 최저임금제를 실시하지 않고 있다. 독일도 2015년에 가서야 처음으로 최저임금제를 도입했다. 왜 그럴까?

이들 나라는 노동조합의 힘이 세고, 노사 간 단체교섭 과정이 잘 정비되어 있다. 그래서 굳이 전국적인 임금 가이드라인을 정하지 않아도 부문별 협상을 통해 만족스러운 결과를 얻을 수 있으므로 최저임금제가 필요 없는 것이다. 스위스의 경우에는 2014년에 전국적 최저임금제 실시 여부를 국민투표에 붙였으나 부결되기도 했다. 노사협의가 잘만 된다면 최저임금제는 오히려 부담스럽다. 업종마다 사정이 다른데, 일률적인 적용을 받아야 하기 때문이다. 지역별 차이도 문제가 된다. 시간당 얼마로 정했을 때 낙후된 지역에서는 사용자 쪽에 큰 부담이 되는 반면 수도 권에서는 최저생활도 힘들 수가 있기 때문이다. 그래도 덴마크와 핀란드 등은 업종별로 합의된 최저임금이 존재하기는 한다. 독일 도 마찬가지 입장이었으나, 최근에는 노조가 약해지고 이주민 등 소외계층이 늘면서 최저임금제 도입을 결정하게 되었다.

일하는 기계, 한국 노동자의 피눈물 나는 역사

제17조 모든 국민은 근로의 권리와 의무를 가진다.(1948년, 제헌 헌법)

제28조 ①모든 국민은 근로의 권리를 가진다. 국가는 사회적 · 경제적 방법으로 근로자의 고용의 증진에 노력하여야 한 다.(1963년, 제3공화국 헌법)

제30조 ①모든 국민은 근로의 권리를 가진다. 국가는 사회적 · 경제적 방법으로 근로자의 고용의 증진과 적정임금의 보장 에 노력하여야 한다.(1980년, 제5공화국 헌법)

제32조 ①모든 국민은 근로의 권리를 가진다. 국가는 사회적 · 경제적 방법으로 근로자의 고용의 증진과 적정임금의 보장 에 노력하여야 하며, 법률이 정하는 바에 의하여 최저임금 제를 시행하여야 한다.(1987년, 제6공화국 헌법)

대한민국 헌법에서 노동자의 권익관련 조항이 변천한 것을 보면 이 땅에서 노동자가 어떤 대우를 받아왔는지 알 수 있다. 바로 일하는 기계다. 노동자가 사용자와 노사협의를 할 권리도 제헌헌법에는 "근로자의 단결, 단체교섭과 단체행동의 자유는 법률의 범위 내에서 보장된다"고 하여 따로 입법이 되지 않는 이상 권리를 행사할 수 없게 되어 있었다. 그리고 1980년의 제5공화국 헌법에서 "근로자는 근로조건의 향상을 위하여 자주적인 단결권과 단체교섭권 및 단체행동권을 가진다. 다만, 단체행동권의 행사는 법률이 정하는 바에 의한다"라고 하여 단체행동인 파업과 태업을 할 권리를 묶어 두었고, 1987년 헌법에 이르러서야 단체행동권을 제한한 단서조항을 뺄 수 있었다.

일제강점기 직전에 이 땅을 찾은 서양선교사들은 입을 모아 "한국인은 세상에서 가장 게으른 민족이다", "두뇌는 나쁘지 않으니 부지런하기만 하면 잘살 수 있을 텐데, 게으름을 벗어나지 못하니 안타깝다"고 했으며 그들의 가르침을 받은 지식인들은 게으른 탓에 나라를 잃었다고 생각했다. 1950년대 내내 사람들은 우리에게는 천연자원도 없고 과학기술도 없으니 이 지긋지긋한 가난에서 벗어나려면 남녀노소가 팔 걷어붙이고 피땀 흘려 일하는 수밖에 없다고 여겼다. 그래서 영미권에서는 오래전에 자리잡은 최저임금제는 생각할 수도 없었고, 노동3권도 명목상으로만 인정된 상태였다.

1953년에 근로기준법이 제정되면서 비로소 노동3권이 구체적으로 인정받을 근거가 마련되고, 그 가운데 "사회부는 필요에 의해 일정한 사업 또는 직업에 종사하는 근로자를 위하여 최저임금을 정할 수 있다"는 조항도 포함됨으로써 최저임금제의 근거가 처음 마련되었다. 그러나 강제조항이 아니어서 '필요에 의해 정하지 않으면' 그만이었다. 근로기준법 자체가 구색을 맞추기 위한, 있어도 지키지 않는 법이었다. 1970년 11월에 전태일이 "근로기준법을 준수하라!"고 외치며 청계천에서 분신자살한 사건 이후 정치적 민주화 위주의 민주화 운동에 노동운동이 포함되었고, 정부에서도 노동자의 입장을 어느 정도 고려하게 되었다.

그래도 최저임금제에 대해서는 진전이 없었다. 1980년대 초에 산업은행이 노조조직률이 낮은 우리나라는 단체협상으로 노동자의 권익이 보호되기 힘드니 최저임금제가 필요하다고 권고하면서 한동안 논의가 일었다. 하지만 재계가 국제경쟁력 약화, 기업의 지불능력 부족, 고용감소 등을 이유로 반대하여 1980년대 말에 가서야 겨우 최저임금제에 관해 진전이 이루어진다. 1986년 12월 31일에 최저임금법이 제정, 1988년 1월 1일부터 시급 462원이라는 최저임금이 시행되었다. 그나마 상시노동자 10인 이상의 제조업 사업장에만 실시되는 것이라 모든 업종과 업체와 지역을 가리지 않는 일률적인 가이드라인이라는 최저임금제의 취지가 무색했다. 하지만 1987년을 기점으로 억눌릴 대로 억눌려온 노동자들의 목소리가 터져나옴에 따라 1990년에 제조업 외의 업종에도 최저임금제가 적용되고, 1999년에는 상시노동자 5인 이상으로 그 대상 업체가 확대되었다.

이후 매년 노·사·정 각각 9명씩으로 구성된 최저임금위원회에서 다음 연도 최저임금을 심의하고, 임금안을 노사의 이의신

짜짜장면, 햄버거값도 안되는
4320
밥은 먹고 살아야죠!!

생생여성노동행동 주최로 열린 '최저임금 인상 요구 여성계 캠페인　최저임금제는 일률적이다. 그 정도 면 그럭저럭 생활은 가능한 수준의 임금이라는 개념의 생활임금과도 미묘한 차이가 있기 때문에 모순적 이다. ⓒ연합뉴스

청을 거쳐 노동부에서 결정하도록 하고 있다. 그런데 최저임금제 에는 일률적이라는 것 말고 또 하나의 함정이 있다. 그야말로 최 저임금(minimum wage)이기 때문에 그 정도면 그럭저럭 생활은 가능한 수준의 임금이라는 생활임금(living wage)과는 미묘한 차 이가 있다는 것이다. 그래서 매년 노동자 측에서는 "이거 가지고 어떻게 살라는 말이냐"라는 목소리가, 사용자 측에서는 "경제에 미치는 영향을 생각하면 이것도 많다"는 서로 다른 논리가 부딪 쳐왔다. 노동자의 논리는 노동자 개인의 소득이라는 미시경제에 초점이, 사용자의 논리는 경기나 물가 같은 거시경제에 초점이 맞춰져 있으니 「이솝 우화」의 학과 여우의 손님 초대상처럼 될 수밖에 없다.

　생활임금적 시각에서 한국의 최저임금을 보면 매우 실망스

럽다. 한국노총이 발표한 2016년 표준생계비는 1인 기준 217만 원이다. 여기에 2016년 최저임금 6,030원으로 주당 40시간 일한 다고 할 때, 월급은 126만 원 정도 된다. 최저생계비의 58퍼센트 정도라면 생활임금에 한참 못 미치므로 최저임금을 1만 원으로 올려야 한다는 최근 노동계와 여러 진보정당의 주장이 타당하게 보인다.

그런데 다른 주장도 있다. 거시경제적 시각에서 한국의 최저임금은 중위임금(전체 임금분포에서 중간점에 해당되는 임금)의 48.5퍼센트에 해당되고 경제학자들이 최저임금은 중위임금의 50퍼센트 선이 적정하다고 말하는 것을 보면, 지금 수준의 최저임금은 결코 낮지 않다는 것이다. 애초에 최저임금=생활임금이 아니기 때문에, 국가별로 차이는 있으나 대개의 경우 그것만으로 충분한 생활을 하기에는 부족한 것이 최저임금이라는 것이다. "일해봤자 먹고살 수도 없다면 뭐하러 일하느냐?" 하는 반발에 대해서는 "최저임금 직종은 대개 아르바이트다. 아르바이트로 충분히 먹고살 수가 있다면 누가 많은 시간과 노력을 들여 전문기술을 배우겠느냐?"고 반박하기도 한다.

그러나 한국의 경우에는 중위임금이 다른 나라들, 적어도 OECD(경제협력개발기구)국가들에 비해 너무 낮다. OECD 국가 중 우리나라는 임금불평등 정도가 두 번째로 높고, 특히 대기업과 중소기업, 남성과 여성 사이의 임금격차가 두드러지게 높다.

1980년대 말의 민주화 이전까지는 정부와 기업이 노동계를 억누르면서 저임금으로 묶었지만 전체적인 임금격차는 심하지

표 1 OECD 주요 회원국 저임금 노동자 비율(단위: 퍼센트, 2012년)

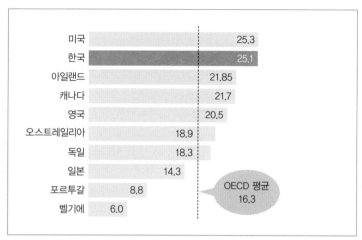

저임금 노동자 비율: 중위임금의 3분의 2 이하를 받는 노동자 비율
자료: OECD 2014 임금보고서(단위: 퍼센트)

표 2 주요 국가들의 성별 임금 격차

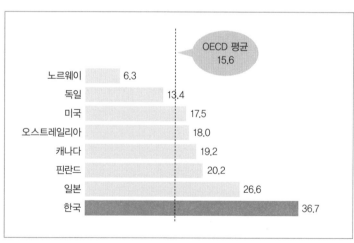

기준 시점은 2014년 또는 2015년
자료: OECD 2014 임금보고서 (단위: 퍼센트)

않았다. 그런데 이후에는 정규직 중심, 강한 목소리를 내는 대형 노조가 있는 업계 중심, 대기업 우선, 남성우선 식으로 임금 인상을 허용하여 전체적으로는 임금수준을 낮은 수준으로 묶어두려 했다.

이것이 지금의 경제구조인 이상, 그 틀을 빠르게 고치려들면 파국이 올 수 있다. 특히 한국의 경우에는 최저임금을 많이 올리면 정규직 근로자들이 반발을 하고, 이에 따라 산업 전반적으로 임금이 오를 가능성이 있다. 2000년대 초중반에 최저임금이 매우 빠른 속도로 올랐으나 임금격차는 별로 달라지지 않았는데, 그런 상승유도 효과가 일어났기 때문으로 풀이된다.

최저임금 상승이 오히려 노동자에게 도움되지 않는다고 생각하는 경제학자들도 많다. 비숙련 노동자의 임금이 크게 올라 숙련 노동자의 임금과 비슷해지면 고용주로서는 약간의 인건비 상승을 감수하고라도 숙련 노동자를 쓰려고 하기 때문에 비숙련 노동자들이 대량으로 해고된다는 것이다.

이를 반박하면서 오히려 최저임금 상승이 고용을 증대시킨다는 연구와 재반박하는 연구가 1990년대와 2000년대에 미국 경제학계를 뜨겁게 달군 적이 있다. 결론은, 확실한 것은 없고 때와 장소에 따라 상황이 달라질 수 있다는 것이다. 또한 늘어난 비용이 물건값에 전가되어 물가가 오르고, 수출경쟁력이 떨어지기 때문에 수출이 무엇보다 중요한 우리나라로서는 최저임금을 급하게 올릴 수 없다는 것이 1980년대부터 계속 이어지는 재계의 주장이다.

　지금 여러 나라가 거시경제적 차원에서도 최저임금을 높이려 하고 있으며 최저임금을 생활임금화하려는 조짐까지도 보인다. 1994년에 미국 볼티모어시가 지자체로서는 처음으로 생활임금을 도입하고, 일본도 여러 지자체에서 해당 지역의 최저임금을 넘는 수준의 임금을 조례로 정해서 실행하고 있다. 영국은 2016년에 생활임금을 처음으로 의무화하여 25세 이상 노동자는 최저임금보다 50펜스를 더 많이 받을 수 있도록 했다. 영국은 2020년까지 지속적으로 생활임금 기준을 인상할 계획이다. 러시아도 최저임금을 20퍼센트나 인상하겠다고 발표했으며, 미국도 캘리포니아주에서 최저임금을 2020년까지 50퍼센트 인상할 뜻을 밝혔다. 실현되면 연방차원 최저임금의 두 배 이상이 된다.

　왜 외국 정부는 최저임금을 올리려 할까. 여러 나라가 겪고 있는 경제불황으로 가계소득이 지나치게 낮아지면 크게 두 가지 점에서 국가경제에 악영향을 준다. 첫째, 당장의 생활비를 위해 빚을 지는 사람이 늘고, 이들 가운데 다수가 빚을 갚지 못해 사회 전체적으로 부실채권이 늘면서 금융이 부실해진다. 둘째, 사회보장 비용이 빠르게 늘어난다. 보험금과 세금으로 사회보장비를 내는 직업인이 줄고 사회보장 혜택만 입는 사람이 늘면 정부재정에 과도한 부담이 될 수밖에 없다. 그래서 영국이 생활임금제를 실시할 때, 사회복지 지출은 줄이겠다고 한 것이다. 아동, 노인, 학생, 병자, 장애자, 무직자 등 노동하지 않는 사람들에게 돌아갈 복지비를 줄이고, 임금수준을 높여서 노동인구가 비노동 인구를 먹여살리고, 학생이나 무직자도 노동에 뛰어들게 하려는 것이다.

우리나라의 경우, 최저임금을 대신해서 생활을 보조해주는 사회보장제도가 빈약하다는 것이 함정이다. 복지수당도 별 볼일 없는데 최저임금도 먹고살 수준에 못 미치면 어떻게 살라는 말인가. 사회취약계층으로서는 그야말로 생존이 걸린 문제가 될 수 있는 상황이다.

『21세기 자본』이라는 책으로 최근 선풍을 일으킨 피케티는 최저임금이 오르는 것과 저소득층의 생활수준이 개선되는 것이 정비례했음을 보여주면서, 복지제도와 최저임금제를 함께 강화해야 전 세계적인 빈부격차의 심화를 막을 수 있다고 한다. 한국의 상황에서는 여러 문제점에도 불구하고 최저임금을 꾸준히 인상할 필요가 있다. 과거에는 식구 10명 가운데 1명만 일해도 먹고살았다. 유교적 가치관에 따라 부모형제는 물론 사촌, 육촌까지 기꺼이 부양하려 했고, 무엇보다 기본 물가가 싸고 삶의 질을 위해 필요한 요소들이 많지 않았기 때문이다.

그러나 이제는 그런 시대와 거리가 멀다. 국민의 소득을 충분하고 고르게 확보할 수 있는 제도 마련에 대해 모든 사회 주체의 고민과 합의가 필요하다. 그러려면 최저임금론과 거시경제적 시각에서 편향성이 사라져야 할 필요 또한 있다.

#최저임금제 #근로기준법 #생활임금 #복지제도

사회복지와 기본소득,
어떻게 빈곤에서 벗어날 것인가

이러한 현실적 우려는 모두 제4차 산업혁명의 본격적 도래 이전의
현실이라는 점에서 기본소득은 계속 연구해나갈 필요가 있다.

경제는 먹고살려는 것이다. 만족할 만
한 또는 '만족스럽지는 않지만 그럭저럭 참을 만한' 소득이 있어
야 경제활동을 할 맛이 난다. 그런데 경제란 곧 국민경제고, 사회
는 갈수록 커지고 복잡해지기 때문에 국민이 소득을 챙기는 일도
복잡해진다. '보이지 않는 손'에 따라 단순한 수요-공급으로는
국민 다수에게 적당하고 타당한 소득이 보장되지 않는다. 그래서
정부의 역할을 생각하게 된다.

예부터 정부가 시장에 개입하여 국민의 소득을 보전해주는
데는 크게 두 가지 방식이 있었다. 하나는 국민에게서 세금이나
보험료를 거두었다가 일정한 기준에 따라 국민에게 되돌려줌으
로써 소득의 균등성을 갖추는 것, 바로 복지제도의 핵심인 사회
보장제도다. 다른 하나는 공공재원을 가지고 국민에게 일정한 소
득을 주는 것, 바로 공공부조제도였으며 그 궁극의 형태가 기본
소득제도다.

처음에 국민에게 복지를 누리게 하려는 노력은 국가가 아닌 민간에서 행해졌고 정신적 가치에 기댄 것이었다. 『예기』에 "태어나서 어릴 때에 부모의 양육을 받고, 장성하면 배우자의 도움을 받으며, 늙어서는 자식의 봉양을 받는다. 사람은 평생 혼자 살지 말아야 한다"는 내용이 있다. 가족의 유대를 이용해 '요람에서 무덤까지'의 복지를 도모한 것이다. 그러나 나이든 부모를 봉양하는 것이 반드시 자연스럽게 되는 것이 아니기 때문에 내 몸을 희생해서라도 부모를 모시려 하지 않는다면 인륜을 저버리는 자라고 비난하며 효(孝)를 강조하여 실천하도록 했다.

한편 서양에서는 종교가 그 역할을 맡았다. "구원을 받고 싶다면 네가 가진 모든 것을 팔아 가난한 이에게 주라", "너희 가운데 가장 보잘것없는 자에게 해준 것이 곧 나에게 해준 것이다"라고 외쳤던 예수의 말씀을 본받아, 초기부터 중세까지 기독교는 구빈(救貧)과 청빈(淸貧)을 신앙의 중심에 두었다. 초기의 사도들은 모든 소유물을 공유했고, 프란치스코수도회 수도사들도 옷가지 말고는 모든 소유를 포기했다. 교회는 각기 교구의 빈민을 먹이고 재우는 책임을 맡았으며, 자신의 농지의 곡식이나 과수원의 과일을 잘 돌보지 않고 방치하는 평신도에게는 가난한 이들이 가져가도록 하라는 말을 하기도 했다. 중세까지의 기독교는 재산이란 신께서 우리에게 잠시 맡긴 것이고 생존에 필요한 만큼 이상의 이익추구는 바람직하지 않다고 여겼으며 이에 따라 단테의

『신곡』에서는 오늘날이라면 창조적 발상으로 재산을 불렸다고 칭송받을 대부분의 사람이 지옥에 빠졌다.

이슬람교에서도 구빈과 청빈을 강조했다. 자카트와 사다카는 이슬람교도의 5대 의무 가운데 하나로, 일정한 돈이나 노동력 등을 가난한 사람들에게 기부하는 것이다. 지금도 이슬람의 율법인 샤리아를 지키는 금융기관인 이슬람 은행에서는 대출이자를 받지 않는다. 화폐를 치부의 수단으로 삼으면 안 된다는 계율에 따른 것이다.

그러나 자기 이익을 추구하려는 욕망 앞에서 인간의 양심은 무력하다. 중국과 한국에서 그토록 효자가 칭송받은 까닭은 그만큼 효자가 드물었음을 뜻하며, 당장 먹고살기가 힘든 백성들은 늙은 부모를 산에 버리거나 산 채로 파묻었다. 효를 그렇게 강조한 유교사회에서 노비를 물건으로 여겨 그 부모와 자식을 각기 다른 집에 팔아버리는 일을 막지 못했고, 청빈을 그렇게 강조한 서구에서는 성직자가 부와 권력을 추구하며 세속 귀족처럼 되는 일을 막지 못했다. 그나마 사회 전체적인 부의 수준이 낮고 사람들의 생활영역이 대부분 고향 마을에 국한되어 있을 때는 윤리와 관습으로 서로를 돌보게 했으나 근대 산업사회에서는 어려운 일이 되었다.

동아시아에서는 '환·과·고·독'이라고 하여 가족이 돌볼 수 없는 사람들은 국가가 먹여살려야 한다는 관념이 일찍부터 있었다. 우리나라의 역대 왕조는 이런 불우한 사람들이나 재난으로 삶의 터전을 잃은 사람들에게 세금을 면제하고, 휼전(恤典)을 베풀었다. 그리고 진대법(賑貸法), 사창제(社倉制)와 같이 춘궁기에 식량이 바닥난 사람들에게 저장해둔 곡식을 빌려주는 제도도 있었다.

이런 관습이나 제도가 특별히 불우한 사람들에 대한 선별 복지였던 반면, 빈부귀천을 가리지 않고 나라의 백성이라면 모든 이에게 혜택을 주려는 보편 복지도 있었다. 이것은 공자의 "천하를 다스리는 사람은 반드시 넉넉하지 못함보다 고르지 못함(不均)을 근심해야 한다"는 가르침으로 집약되었다. 고대 중국의 주나라에는 정전제(井田制)가 있었다고 한다. 우물(井) 모양으로 땅을 9등분해 공동으로 경작하여 그 가운데 땅의 소득은 세금으로 내고 나머지 땅의 소득을 나눠 가져 생활하는 이 제도는 춘추시대에 사라졌으나 맹자를 비롯한 여러 유학자에 의해 '가장 이상적인 소득평준화 제도'로 칭송되었다. 기원후 8년에 한나라 왕조를 찬탈해 신(新)왕조를 세웠던 왕망처럼 실제 정책으로 옮기려는 지도자도 있었으나 끝내 실현되지는 못했다. 정전제와 가장 비슷한 제도로는 485년, 이안세 등의 건의에 따라 북위의 효문제가 실시한 균전제(均田制)를 꼽을 수 있으며, 정전제를 가장 열심히 연구하여 실현 가능한 모델로 구현하려 했던 사람은 조선의 정약용이었다.

북위의 균전제는 15세 이상의 남자에게 40무(畝), 여자에게 20무의 토지를 나눠주는 것으로 남녀 간에 토지배분의 차별이 있었으나 신분차별은 없었다. "고르지 못함을 근심해야 한다"는 공자의 가르침이 묘하게도 공자가 "피발좌임(被髮左衽)의 오랑캐"

라고 멸시한 북위의 군주에 의해 착실히 실행된 셈이다. 하지만 이것이 가능했던 까닭은 여러 전쟁을 치르면서 토지대장이 많이 유실되어 새로 수립된 정부가 모든 토지를 공유화하고 다시 배분할 수 있었기 때문이다. 그러나 시간이 지날수록 토지는 소수의 부자들의 손으로 합쳐졌다. 중앙정부는 이를 억제하려 했다. 하지만 외적의 침입을 막기 위해 지방의 호족들에게 의존하든지 아예 중앙정부가 문벌귀족에게 장악되어, 갈수록 중앙의 힘은 약해졌다. 이렇게 해서 빈부격차가 극에 달하고 삶의 터전을 잃은 백성들이 유랑민이나 도적으로 내몰리면 왕조가 쓰러지고, 한참 동안의 난세를 거쳐 다시 토지개혁을 내세우는 새로운 왕조가 세워지곤 했다.

한반도는 일찍이 기자가 평양에 정전제를 실시했다는 전설도 있을 정도였으나, 가장 유교적인 나라였던 조선에서도 정전제가 실현될 가능성은 매우 낮았다. 부호들이 소유하던 토지를 빼앗을 방법도 없을뿐더러 평야가 많은 중국과 달리 산으로 가로막혀 들쑥날쑥 삐뚤빼뚤하게 만들어진 농경지를 네모반듯하게 나눌 방법도 없었다. 또 대부분 물을 대는 논이라 물길 따라 이루어진 농경지를 공평하게 경작할 방법도 마땅치 않다고 여겼기 때문이다. 그러나 조선 후기의 정약용은 옛 성현들이 가능하다 한 일이 지금 불가능할 리가 없다고 하며 서양에서 들어온 기하학과 측량학도 동원하여 고르지 않고 물길이 필요한 농경지에서도 정전법을 쓸 방안을 마련해냈다. 그러나 나라도 나 몰라라 한 그의 연구를 실천에 옮긴 정치가는 없었다.

어쨌든 이는 모두 농업소출과 농경지 배분을 위주로 보편복
지를 증진시키는 방안이었다. 상업과 공업의 소득까지 망라하여
화폐를 중심으로 선별복지, 나아가 보편복지를 증진시킨 쪽은 서
양이 먼저라고 할 수 있다. 그 시초는 고대 바빌로니아에서 유대
에 이르는 오리엔트 국가들에서 고아와 과부를 돌보는 것을 국가
의 책임으로 규정했던 데서 찾을 수 있다. 2세기에 로마제국을 다
스린 트라야누스는 재정을 털어 로마의 빈민에게 화폐와 곡물을
무상대여하고 각 속주의 총독에게 대신 납부하도록 했다. 그러나
결국 일시적이고 즉흥적인 시혜로 그쳐 제도적으로 뒷받침되지
는 못했다.

무함마드를 이어 632년에 이슬람 국가의 초대 칼리프, 아
부 바크르는 "모든 이슬람교 신도에게 매년 10디르함의 소득을
보장한다"는 사상 최초의 기본소득제를 실시했다. 이는 나중에
20디르함까지 오르며 이슬람의 융성에 한몫했지만, 기본적으로
정복이 왕성하던 시기에 쏟아져 들어오던 전리품을 바탕으로 실
시한 것이어서 제국이 안정되자 슬그머니 사라지고 말았다.

1349년, 에드워드 3세는 노동 조례를 통해 페스트 대유행 뒤
천정부지로 뛰어오른 노동자 임금을 억제하려고 했다. 이것이 최
저임금제의 효시라고 본다는 점은 앞서 밝혔는데 이것을 국민복
지법제도의 시초로 보는 경우도 있다. 최고임금제에 따른 반발을
무마하느라 '모든 사람은 생활을 유지할 수 있을 만큼의 소득을

얻어야 한다'는 원칙을 법조문에 처음으로 명시했기 때문이다. 왕의 입장에서는 지나친 고임금으로 산업이 몸살을 앓는 일도 문제였지만, 노동자를 비롯한 다수의 민중이 생활 터전을 잃음으로써 세금을 내고 군대에 나갈 자원이 줄어드는 일도 극복해야 할 문제였다. 그래서 이후 역대 영국 왕들은 국민복지에 관심을 기울이게 된다.

1388년에는 케임브리지법으로 빈민과 부랑자가 떠돌아다니지 못하게 하고, 각 지방교구에서 이들의 최저생계를 책임지도록 했다. 이는 1495년 헨리 7세의 부랑자법으로 더 보완되었으며, 1598년에는 이를 토대로 최초의 구빈법이 나왔다. 빈민과 부랑자, 고아나 장애자 등에게 보호시설을 제공하고 생활수단을 제공하도록 한 것이었다. 1601년의 엘리자베스 구빈법은 체력 있는 빈민과 부랑자에게는 노동을, 병자나 장애자에게는 최소한의 구제를, 아동에게는 도제로서 일을 배울 기회를 부여했는데, 기존 구빈제도를 통합했을 뿐 아니라 그러한 복지서비스의 책임을 교회교구가 아니라 국가에 돌렸다는 점에서 획기적이었다. 그래서 이를 서구 근대 복지제도의 시작으로 보기도 한다.

그러나 이는 대상자들을 작업장과 구빈원에 가두고 강제노역을 시키는 제도여서 근대적인 자유와 인권과는 거리가 멀었다. 또한 운영실태를 보면 노동능력이 없는 장애자나 아동에게까지 강제노역을 시키거나, 말도 안 되는 저임금으로 노동을 착취를 하는 경우가 많았다. 그래서 이런 구빈법은 오히려 원성과 반발을 살 수밖에 없었다.

이런 문제점은 거의 200년이 지나서야 완화되는데, 1782년의 길버트법은 빈민구제위원회를 만들고, 빈민들을 작업장에서 강제노동을 시키는 대신 적당한 곳에 취업시키도록 했다. 이 일을 맡아 하는 구빈사무원은 오늘날의 사회복지사에 해당된다. 그래도 폐단이 여전히 남아 있어서, 빈민이나 일반 시민이 계속 불만을 토로했다. 반세기가 흐른 뒤, 1834년에 '신(新) 구빈법'이 제정된다. 이는 구빈비용을 절감하는 것을 목적으로 했다. 빈민입장에서는 가혹하기도 했지만, 그때까지도 교회교구 단위로 이루어지던 구빈 사무를 전국 단위로 통합한 점에서 국가 복지제도의 진보라고 볼 수 있었다.

이처럼 주로 영국에서 선별복지 차원에서만 발전해온 복지제도는 일반인에게는 해당되지 않았고 예산부족과 인권유린 문제가 해결되지 않아 벽에 부딪쳤다. 이때 다른 방향으로 접근한 나라가 있었다. 오랜 분열 끝에 프로이센에 의해 통일을 이룩한 독일에서, 의료보험법(1883년), 산업재해보험법(1884년), 노령 및 폐질 보험법(1889년)이 잇달아 입법된 것이다.

이 3대 복지입법을 추진한 독일의 철혈재상 비스마르크는 결코 이상주의적 진보정치인도, 인도주의가 넘치는 사람도 아니었다. 다만 독일이 국력을 높이려면 산업역량이 강해져야 한다고 생각했다. 따라서 노동자들이 열악한 환경을 견디지 못해 질병과 사고로 일찍 퇴출되는 것을 안타깝게 여겼다. 당시는 마르크스의 『자본론』이 출간된 시기로 노동자들 사이에서 사회주의가 유행하고 사회주의자들이 의회에까지 진출해 사회주의혁명의 위협

독일의 철혈재상 비스마르크(왼쪽)와 마르크스(오른쪽) 비스마르크는 독일의 국력을 높이기 위해 산업 역량이 강화하고자, 노동자들이 열악한 환경을 개선하고자 했다. 마침 당시는 마르크스의 『자본론』이 출간된 시기로, 노동자들 사이에서 사회주의가 유행하고 있었다.

이 커지고 있었다. 노동자들의 불만을 무마하고 자생력을 길러주어야겠는데, 그만한 예산은 없었다. 따라서 노동자들의 월급에서 일정액을 떼어 훗날 질병이나 재해를 당했을 때 요긴하게 쓰도록 사회보험제도를 마련한 것이다. 또한 은퇴한 다음에도 생활할 수 있도록 노령연금도 추가했다.

이렇게 마련된 최초의 사회보장제도는 영국 구빈제도가 뛰어넘지 못했던 한계를 보기 좋게 돌파했으며, 생활능력이 없는 사람들만 위하던 선별복지의 테두리도 넘어서는 것이었다. 이 제도는 산업화 도상에서 비슷한 문제를 안고 있었던 다른 서구 국가들로 빠르게 확산되었다. 1894년에는 프랑스에서 해고노동자에게 퇴직금을 지급하도록 했고, 1898년에는 뉴질랜드가 노령연금을 도입했다. 1905년에는 영국에 실업 노동자법이, 프랑스에 전문 직업 보험법이 생겼다. 1911년에는 독일이 기존의 3대 노동자 보험법을 제국보험법으로 통합하고, 노동자만이 아니라 사무직 근로자들에게도 혜택을 주고자 직원보험법을 신설했다. 영국도 국민보험법을 설치해 블루칼라와 화이트칼라, 모든 국민이 보험에 가입하게 되었다. 1913년에는 스웨덴이 최초로 국민연금을 마련했는데, 급여를 기반으로 한 보험에다 퇴직노인에 대한 정부의 생활보조를 혼합한 것이었다.

세계대전과 대공황, 사회주의국가인 소련의 출현은 자유방임적 자본주의에 경종을 울리고, 사회보장제도가 세계적으로 확산되고 강화되는 계기가 되었다. 유럽의 복지제도 발전에도 내내 자유방임을 고수하던 미국은 1935년 프랭클린 루스벨트 행정부에서 사회보장법을 제정함으로써 수정주의로 접어들었다.

일본은 1938년에 국민건강보험법으로 농어민과 자영업자에 의료보험을 제공하고, 1941년에는 노동자연금보험법으로 사회보장제도의 틀을 완성했다. 그러나 그것은 보험적립금으로 제2차 세계대전의 전비를 조달하려는 속셈을 숨긴 개혁이었다. 일본이 복지국가의 명색을 갖춘 때는 1973년부터였다. 선진 복지국가들은 보편복지에 이르렀다. 1938년, 뉴질랜드의 노동당 정부는 보편복지국가를 천명하며 노령연금을 노령수당으로 바꾸어 모든 노인에게 과거에 보험금을 납부했든 안 했든 일정액을 지급하기로 했다.

1942년에는 영국에서 「베버리지 보고서」가 나왔다. 여기서 '사회구성원 모두가, 소득, 성별, 나이, 출신 등에 상관없이 더 나은 삶을 누리고 인권을 보장받을 수 있도록 한다'는 보편성의 원칙이 복지제도의 기본원칙으로 천명되었다. 이후 「베버리지 보고서」는 전후 복지국가 체제의 성전이 되었다.

스웨덴에서는 1932년 집권한 사회민주당이 "우리는 노동계급만의 이익추구를 포기하며, 자유와 평등을 중심으로 하는 시민협력을 추구한다"고 천명하고는 노-사-정 합의 아래 보편복지를 가장 적극적으로 밀어붙였다. 1946년에는 국민연금에서 자산조사에 따른 차등지급제를 폐지하여 보편성을 확보했다. 1955년에는 국민의료보험법을 제정했는데 그때까지 임의가입이었던 의료보험을 요즘 방식처럼 강제가입으로 바꾼 것으로는 처음이었으며, 1959년에는 소득에 비례한 보충연금제를 내놓았다. 이후 노르웨이나 핀란드 등도 스웨덴을 따라하면서 북유럽 모델은 보편주의 복지국가의 모범사례가 된다. 싱가포르도 영국에서 독립하기 전인 1955년, 자치식민지 시절에 국민기초연금제를 도입하면서 아시아권에서는 드물게 일찍부터 현대 복지국가로 진입했다.

그러나 1970년대에 석유파동을 겪은 뒤 오랜 불황 속에 물가가 치솟는 최악의 경제상황인 스태그플레이션이 전 세계를 덮쳤다. 케인스주의 복지국가 체제 때문에 그런 상황이 초래했다는 비판이 일면서, 영국과 미국은 복지축소, 정부기능축소, 기업세금 감면, 노동유연성 증대, 민영화 확대 등을 골자로 하는 신자유주의 노선으로 전환한다. 특히 복지제도가 사회의 생산성을 떨어뜨린다는 비판을 등에 업은 영국 수상 대처, '래퍼 곡선'에 반해서 감세가 경기활성화의 구세주라고 믿은 미국 대통령 레이건 등이 그 선봉장이었다. 현대 경영학의 대부라는 피터 드러커나 IT혁명의 총아였던 빌 게이츠 등도 복지국가 망국론에 힘을 보탰다. 이들의 주장은 다음과 같았다. 사회보장제도는 결국 개인의 돈을 염출해서 국가가 가지고 있다가 개인에게 돌려주는 것인데, 이 과정에서 사회복지사, 사회복지 담당공무원, 의료보험공단 직원 등의 봉급 같은 쓸데없는 비용으로 빠지는 것이 많다. 그럴 바에야 개인이 자신이 번 돈을 요령 있게 쓰게끔 도와주는 편이 낫다. 돈 벌 능력이 없는 극빈층이나 장애인은 유능하고 또 선량한 부자들의 기부로 유지되는 비정부기구 자선활동으로 충분하다는 것이었다.

지금은 신자유주의가 대안으로 제시했던 '신나게 일하는 개인과 기업이 가져오는 사회 전반의 낙수효과'가 현실에서 확인되지 않음에 따라 신자유주의 역시 강한 비판을 받고 있다. 개인이 돈을 요령 있게 쓰게끔 도와준다면 결국 돈 많은 개인은 자기 배만 불리는 쪽으로만, 더더욱 많은 돈을 버는 쪽으로만 쓰는 요령만 익히기 마련이기 때문이다.

그렇다고 케인스주의 복지국가 체제가 되돌아온 것도 아니다. 북유럽 모델은 적은 인구, 균질적 사회, 천혜의 자원, 유럽 본토라는 거대 시장의 존재 등이 운 좋게 겹쳐져 이루어진 성공사례이며, 그 조건 다른 나라가 섣불리 받아들이는 것은 곤란하다며 그 예로 최근 경제파탄을 맞은 그리스를 드는 경우가 많다. 그리스는 유럽에서 가장 복지수준이 낮은 국가였고, 그리스의 경제난은 복지보다 부정부패에서 찾아야 한다고도 한다. 하지만 그리스가 북유럽 모델을 따라하기로 한 결과 경제난이 온 것처럼 보이는 것도 사실이다.

묻지도 따지지도 말고,
국민이면 최소생활은 할 수 있게 도와주자

2010년대 들어서는 사회보장제도와는 다른 국민복지 접근 방법이 주목을 받고 있다. 공공부조제도, 그중에서도 보편복지로서의 공공부조제도. 이는 개인과 집단의 독자성이 본래부터 두드러졌던 서구와는 달리, 대규모 관료국가가 일찍 수립된 아시아에서 먼저 생겨난 제도다. 앞서 이야기한 중국의 정전제나 무슬림 기본소득제 등이 그렇다.

한편 서구에서는 구빈법 등 선별복지 정책 이외에 정책은 오랫동안 이론가들의 이상으로만 거론되다가, 국가기구가 정비된 현대에 들어서 현실적 대안으로 부상했다.

1516년 영국의 토머스 모어는 『유토피아』에서 정부가 국민의 최저소득을 보장해야 한다고 말했다. 후안 루이스 비베스도 그 직후에 발표한 『구빈론에 관하여』에서 빈민에게 최소소득을 지급해야 한다고 주장했다. 1748년 『법의 정신』을 펴낸 몽테스키외와 프랑스대혁명 당시의 로베스피에르도 '사회가 모든 시민의 물질적 생존을 보장해야 한다'고 주장했다. 1796년에는 역시 프랑스대혁명의 대의에 공감하던 토머스 페인의 『토지분배의 정의』와 콩도르세의 『인간정신의 진보에 관한 역사적 개관』이 나왔으며, 이 저서에서는 모두 현대의 기본소득과 비슷한 개념이 제시되어 있었다.

한편 구빈법의 일환으로 제정된 1795년의 영국 스핀햄랜드

법은 보통의 구빈법이 빈민들에게 강제로 일을 시켜 먹고살 수 있게 하는 데 중점을 두었던 반면, 노동자의 임금이 지나치게 낮으면 공공재원으로 보충해주는 내용을 담음으로써 가족수당, 최저소득보장제도의 기원을 이루었다. 그러나 그만큼 재원 마련의 어려움에 따른 문제점과 빈민의 생활개선 의지의 저하, 또 기존 일반임금의 저하('공적으로 부조해주는데 우리가 많이 줄 필요가 없지?' 하는 생각에 따른 것이었다)와 같은 부작용을 낳기도 하여 19세기 초 신구빈법에 의해 폐지되었다.

19세기에는 공리주의자들과 사회주의자들이 나란히 최소소득의 공적부조 논의에 참여했다. 1849년 J.S. 밀은 『정치경제학 원리』에서 모든 사회구성원이 생존에 필요한 최소한의 소득을 정부에서 배분받아야 하며, 그 이상의 소득은 각자의 노동, 자본, 재능에 따라 정해져야 한다고 보았다. 1918년에는 영국의 철학자 버트런드 러셀이 『자유로 가는 길』에서 사회주의와 무정부주의를 배합한 경제체제를 제시하고, '뜨내기의 품삯'을 모두에게 지급할 것을 제안했다. 1891년 덴마크에서 처음 현대적인 공적 부조가 도입되는데, 국가가 가계자산을 조사하여 빈곤층에게 일정한 자금지원을 해주는 형태였다. 이런 시스템은 차차 독일, 영국, 스웨덴 등 다른 나라로 확산되며 사회보장과 더불어 복지국가의 주요 축이 되었으나 사상가들은 그 이상을 원했다. 가계자산의 수준을 막론하고, 국민이면 무조건 일정액을 부여하는 기본소득이 그것이었다.

미국 정계에서 공공부조제도와 기본소득제도는 오래전부터

논의되어왔다. 대통령 프랭클린 루스벨트가 사회보장제도를 추진하던 1930년대에 그에 맞서는 정치인들이 노인수당이나 시민수당을 대안으로 제시했는데, 특히 상원의원 휴 롱은 모든 국민에게 연간 5,000달러를 배당하라는 운동으로 한때 선풍을 일으켰으나 1935년에 암살되었다. 휴 롱은 사실 파시즘과 인종차별 성향이 두드러진 정치인이기도 했는데, 우파에게는 사회보장보다 공공부조가 더 매력적인 대안이었던 것 같다. 단지 당장의 표를 모으기 위한 포퓰리즘적 슬로건이었을지도 모르지만…….

특히 1962년에 신자유주의의 사상적 대부라고 불리게 될 시카고학파의 밀턴 프리드먼이 기본소득제로 볼 수 있는 대안을 내놓았다. 바로 마이너스 소득세였다. 그것은 전 국민에게 소득세를 걷되 여러 공제조건에 따라 마이너스로 계산되는 사람에게는 오히려 나라에서 보조금을 주어야 한다는 개념이었다. 선별복지제도처럼 보일 수 있으나, 공제 조건이 중첩되면 있는 그대로 소득세를 내야 할 사람은 극소수가 되고 대다수의 국민이 혜택을 받을 수 있으므로 보편복지에 가까웠다.

또 다른 신자유주의의 성인(聖人)인 하이에크도 1973년 『법, 입법, 그리고 자유』에서 보편적 기본소득을 주장했다. 이처럼 국가중심적 복지제도를 혐오하는 경향의 경제학자들이 오히려 보편복지의 일환인 기본소득을 주장한 까닭은, 그것이 개인의 돈을 국가로 모으고는 국가가 그것을 관리하다가 다시 복잡한 기준에 따라 배분하는 과정을 생략하여 국민이면 무조건 매월 얼마씩 지급하는 것으로 처리할 수 있으므로 중간에 새는 비용이 사라진다는 데 있었다. 또한 최소한의 소득수요가 충족된 사람들이 소비와 추가노동에 참여함으로써 경기도 활성화될 것으로 보았다.

2000년대 초 독일 DM의 창업자 괴츠 베르너가 기본소득을 주장한 것도 그 맥락이다. 그는 연금과 여러 복지 대신 1인당 매달 800유로~1,500유로를 보조해주자면서 그러면 복지서비스를 위한 행정비용이 절감될 것이라고 했다. 그는 또한 법인세 등 직접세를 폐지하면 물가가 하락할 것이고, 고용이 증대할 것이라며 간접세 위주로 나라살림을 짤 것도 주장했다. 2006년에는 미국기업연구소의 보수파 논객 찰스 머레이가 사회보장과 의료보험을 없애고 연간 1만 달러 보조금을 주자는 주장을 했다. 물론 진보성향의 경제학자 제임스 토빈, 좌파 경제학자 오토 안데르손, 흑인민권운동가 마틴 루서 킹 등 진보진영에서도 꾸준히 기본소득 지지자가 나왔다.

그러나 보수 일반에게 기본소득이란 일하지 않고 놀아도 된다고 부추기는 일로 비쳐졌고, 진보 역시 애써 쌓아온 사회보장제도와 이를 맞바꾸기를 주저했다. 그래서 경제학자 1,200명의 청원을 받아들인 닉슨 행정부가 1969년에 프리드먼의 마이너스 소득세를 법안화했지만 의회에서 부결되었다. 닉슨은 이를 수정하여 1972년에 의회로 올렸으나 또다시 부결되고 말았다. 그리고 같은 해, 닉슨은 재선에 돌입해 워터게이트 파문에도 불구하고 자신의 안보다 더 야심적인 기본소득제안을 내세운 조지 맥거번을 누르고 당선되었다. 하지만 결국 워터게이트 때문에 사임함으로써 한동안 기본소득제는 미국 정치의제에서 사라진다.

신자유주의의 대표적인 학자 하이에크(왼쪽)와 프리드먼(오른쪽)　하이에크는 저서 『법, 입법, 그리고 자유』(1973)에서 보편적 기본소득을 주장했다. 프리드먼도 전 국민에게 소득세를 걷되, 마이너스로 계산되는 사람에게는 오히려 나라에서 보조금을 주어야 한다고 주장했다.

오늘날 기본소득제는 두 개의 서로 다른 개념에 근거해 있다. 하나는 정부가 국민에게 지원하는 공공부조를 기초생활자 수당, 노인수당 등과 같이 일부 저소득계층에게 한정하지 말고 모든 국민에게 고르게 지원하자는 것이며, 다른 하나는 정부와 무관하게 국민 개개인이 당연히 받아야 할 배당을 받는다는 사회적 배당(social dividend) 개념에 따르는 것이다. 피터 반스와 같은 진보적 지식인이 주창하는 사회적 배당이란 다음과 같은 생각에서 비롯되었다. '우리가 향유하는 재화는 공공재와 사유재가 있고 사유재가 노동에 따라 각자의 몫을 는 공기, 태양빛, 아름다운 경치 등은 사람이라면 누구나 무료로 누릴 수 있다. 그런데 토지라거나 천연자원같이 유한하며 경제적 가치가 높은 자원들도 공공재의 성격을 가지므로, 거기서 나오는 수익은 모두에게 고루 분배되어야 한다.' 따라서 이런 개념은 프리드먼의 마이너스 소득세 같은 제도는 배제하고, 페인의 토지분배에 따른 사회적 소득

배당을 이론적 기원으로 삼는다. 결과적으로는 둘 다 같은 결론일 수 있으나, 사회적 배당으로서의 기본소득은 원칙적으로 세금에 근거해서는 안 된다.

그런 '세금 아닌 재원의 기본소득'의 좋은 예는 1976년에 성립되고 1982년부터 배당이 시작된 알래스카 영구기금이다. 알래스카에서 나오는 석유를 알래스카 주민의 공유재산으로 하고, 그 수익금을 주민에게 골고루 배당하는 것인데 아직까지 별 문제 없이 잘 운영되고 있다. 수익금 일부는 훗날 석유가 고갈될 때를 대비해 기금으로 적립하고 있기도 하다. 또 1996년부터 노스캐롤라이나의 체로키족이 카지노 수익을 가지고 기본소득 배당을 하고 있기도 하다.

그러나 좋지 않은 사례도 있는데, 남태평양의 섬나라 나우루가 그렇다. 1968년 영국에서 독립했고 인구가 1만 명 남짓한 이 나라는 오랜 세월 동안 쌓인 새똥이 거대한 인광석(燐鑛石) 더미를 이루고, 그 가치가 밝혀지면서 돈방석에 앉게 되었다. 인광석 수출 수익금 배당만으로 온 국민이 아무 일도 하지 않고 호화로운 생활을 할 수 있었던 것이다. 그러나 인광석 매장량이 점차 줄고 2003년에는 바닥을 드러냄으로써 2004년에 국가부도를 맞았다. 이후 추가적으로 인광석이 매장된 곳을 찾아내 채굴에 들어갔으나 이전 같은 수익은 기대할 수 없었다. 그래서 국제난민을 임시수용하고 그 대가를 외국에서 받는 것으로 부족한 수입을 메우는데, 난민에 대한 열악한 대우와 가혹행위 의혹으로 국제문제를 빚고 있기도 하다. 이렇게 나우루는 일하지 않고 놀고먹은 베짱이의 최후로 알려져서 기본소득제를 비롯한 무상복지에 반대하는 이들이 즐겨 드는 사례가 되고 있다.

기본소득제는 2004년에 브라질 대통령 룰라가 기존의 가족수당제를 개편하며 도입했고, 2008년에 나미비아, 2011년에 인도에서 일부 지역을 대상으로 시험도입했으며(성과는 매우 좋다고 나왔다), 핀란드에서는 2017년부터 1만 가구에 시험적으로 2년 동안 도입하기로 했다. 스위스는 2016년 6월에 국민투표로 도입을 시도하다가 실패했으며, 일본도 2010년대 들어 소비세를 늘려 기본소득 재원을 마련하는 방안을 논의 중이다. 인공지능의 발달에 따른 대규모의 실업이 예상되는 제4차 산업혁명 시대에는 보편적 기본소득 개념을 도입해야 비인도적인 사태를 막을 수 있다는 주장도 나오고 있는 등, 기본소득제는 21세기의 가장 핫한 복지제도 개혁안이 되고 있다.

그래서 경제규모에 비해 복지수준은 떨어지는 나라로 내외의 평가를 받아온 한국에서도 기본소득 논의가 한창이다. 2010년 지방선거에서 무상급식이 쟁점이 되고 이후 일부 지자체의 무상교복과 청년수당 등이 시행됨으로써 보편복지로서의 공공부조 시스템이 최근 각광을 받음에 따라 그 연장선에서 기본소득도 주목받게 된 것이다. 학계에서는 2009년에 여러 기본소득 관련 포럼이 열린 다음, 2010년에 기본소득연합이 발족했다. 2012년에는 기본소득청소년네트워크가 발족하고, 기본소득 국제대회를 한국에서 개최하기도 했다. 정치권에서는 사회당이 제17대 대통령 선거와 제18대 총선에서 기본소득제도 실시를 공약으로 내놓고 녹

색당이 당론으로 기본소득을 채택한 것이 최근까지 전부였다. 그러나 2017년 대선을 앞두고 여러 유력 대선후보들도 기본소득을 공약으로 채택하거나 도입을 검토할 의사를 보여, 2010년대가 지나기 전에 한국에서 기본소득이 도입될 수도 있다는 전망도 나오고 있다.

기본소득 도입의 어려움 — 통일이 기회인가?

기본소득은 장점을 갖고 있다. 그가운데 하나로 권위주의적 가부장 문화를 청산할 수 있는 점을 들기도 한다. 가장 한 사람의 소득으로 먹고사는 것이 아니라 가족구성원 모두에게 일정한 소득이 주어지기 때문이다. 또한 가족의 유대감을 강화한다고도 한다. 가족이 뭉칠수록 많은 돈을 공유할 수 있기 때문이다. 하지만 특히 한국에서 기본소득제를 전면적으로 시행하는 것에는 생각해볼 점이 많다.

첫째, 현실적인 재원 마련 방안이 필요하다. 미국의 경우는 최저생계비 수준으로 전 국민에게 기본소득을 지급할 경우 연간 3조 8,000억 달러가 들며, 만약 머레이의 주장대로 기존의 사회보장을 일체 없애고 그 예산을 전용한다 해도 1조 5,000억 달러가 모자란다는 보고가 있다. 한국의 경우에는 한국노총이 2016년 1인 최저생계비로 발표한 월 217만 원을 5천만 국민에게 지급할 때, 정부의 보건복지 노동 예산 규모(2016년 122조 9,000억 원)는 물론 총지출 규모(2016년 386조 4,000억 원)를 훨씬 뛰어넘는 연간 약 1,302조 원이 필요하다. 최저임금 6,030원(2016년 기준)으로 주당 40시간을 일할 때 받는 월 126만 원을 기준으로 다시 따져보자. 그래도 756조 원이 필요하다. 알래스카나 나우루처럼 노다지가 있지 않는 한, 대규모의 증세가 없이는 어렵다는 말이다. 기본소득 옹호론자들은 부유세와 법인세 위주의 부자증세와 대기업의 적립금 몰수, 예산누수 차단 등으로 가능하다고 하지만 그래도 모자란다. 전시체제나 혁명상황에서나 가능할 강제력이 아니라면 이루어지지 못할 것이다.

물론 월 126만 원보다 액수를 더 줄이는 방법이나 정치권 일부에서 주장하듯 보편적 기본소득이 아니라 가족단위로 맞추거나 일부 계층에게 한정한 부분적 기본소득으로 실행하는 방법 등이 있으나 그러면 기본소득의 취지에 맞지 않는다. 사회적 배당으로서의 기본소득을 추구하여 토지나 하천 등의 수익을 지금과는 전혀 다른 방식으로 배분한다면 가능할지도 모르지만, 이 역시 혁명적인 변화가 필요하다.

둘째, 기본소득제도가 사회보장제도를 대체할 때, 국민입장에서는 오히려 손해일 수도 있다. 예를 들어 기본소득을 주는 대신 의료보험을 폐지하고 의료민영화가 되었다고 해보자. 의료비는 천문학적으로 뛸 것이며, 잘못하면 연간 기본소득을 의료비로만 소진하거나 그 이상이 필요해질 수도 있다. 마찬가지로 기본소득을 받는 대신 초등학교, 중학교, 고등학교 납입금이 모두 현실화되고 대학등록금까지 자율화된다면 오히려 손해 보는 느낌

'장애인 기본소득 도입하겠습니다'라는 내용에 서명하고 있는 이재명 성남시장　이재명 성남시장이
2017년 3월 2일, 서울 은평구 서울혁신센터를 방문, 장애인연대 정책협약서에 서명한 뒤 악수하고 있다.
ⓒ연합뉴스.

이 들 수도 있다. 그렇다고 사회보장제도를 존치하면서 기본소득
제를 추가하는 식으로 한다면 재원문제가 더 심각해질 뿐이며,
적어도 우파 쪽의 기본소득 옹호자들로서는 성에 차지 않을 것이
다. 2016년 스위스에서 기본 소득제도 찬반을 묻는 국민투표에서
스위스 국민이 기본소득제를 외면한 것은 기존의 사회보장제도
를 잃고 싶지 않다는 것이 컸다. 독일도 2013년 학계와 정치권에
서 기본소득제를 검토했으나 그런 까닭으로 포기했다.

　셋째, 기본소득제가 과연 경기를 활성화하고 노동의욕을 높
일수 있을지 불확실하다. 옹호론자들은 말한다. "학문이나 예술
에 재능이 있으면서도 밥벌이 비전이 없다 보니 원치 않는 직업
을 갖는 사람이 많지 않은가? 기본소득이 보장되면 그들이 원하

는 직업을 택할 것이다. 그러면 그들의 삶의 만족도가 오를뿐더러, 더 활기차고 여러 재능이 발휘되는 사회가 될 것이다"라고. 그러나 비관적인 견해도 있다. "놀아도 100만 원~200만 원, 일해도 100만 원~200만 원이 들어온다면 과연 누가 열심히 일하려고 할까?" 이것은 사실 인간심리에 대한 논쟁과 연결된다. 노동 없이도 생활을 유지할 수 있다면 '더 가치 있는 일을 위해 노력할 것'이라는 주장과 노력 자체를 그만둘 것이라는 주장이 대립하는 것이다. 나미비아나 인도 등에서 행해진 실험 결과, 노동의욕이 고취되었다고 하지만 한정된 지역에서 일시적으로 벌인 실험결과를 일반화하기란 어렵다.

다만 한국의 경우에는 조금 다른 상황이 벌어질 수도 있다. 세계인의 가치관 비교조사에서 가장 물질적 욕구가 큰 국민으로 꼽히는 한국인, 경쟁을 당연시하고 남보다 더 많은 물질을 소유한 것으로 삶의 의의를 찾고자 하는 한국인이라면 기본소득을 준다 해도 열심히 노력하지 않을까? 꿈이나 이상이 아닌, 큰 집이나 비싼 자동차를 위해서 말이다. 과도한 물질주의가 유교적 가치관이 무너진 뒤 국가도, 친족집단도 나를 챙겨주지 않으니 이 악물고 벌어야 한다는 의식이 강화된 결과라면, 장기적으로는 기본소득이 물질주의와 경쟁을 완화해줄 수도 있다.

이 밖에 물가가 상승할 가능성, 기본소득을 지급받는 것을 목적으로 하는 이민자가 폭증할 가능성, 갑자기 늘어난 가처분소득이 투기나 도박 등 불건전한 쪽으로 소비될 가능성 등이 지적된다. 그럼에도 불구하고, 이러한 현실적 우려는 모두 제4차 산업혁명이 본격적으로 도래하기 이전의 현실이라는 점에서 기본소득을 계속 연구해나갈 필요가 있다. 임금을 기반으로 이루어지는 사회보장제도는 일자리가 자꾸만 사라지는 상황에서 유효할 수 없기 때문이다.

그리고 한국의 경우 통일을 기본소득제 실현의 하나의 기회로 생각해볼 수 있다. 대한민국을 넘어 통일 한반도 공화국으로 가는 길에 꿈과 지혜를 모은다면, 북한의 토지와 천연자원을 알래스카나 나우루처럼 활용할 수도 있을 것이다. 그러면 2천만 북한 주민들을 먹여살려야 한다는 골치 아픈 문제도 해결될뿐더러, 5천만 남한사람들에게도 통일이 진정으로 '대박'으로 다가올 수 있지 않을까.

#기본소득 #사회적 배경 #선별복지 #보편복지 #사회보장제도

2
돈과 권력의
집중을 막아라!

국무총리, 권력의 실세와 허세 사이

정치가 권력의 제로섬 게임일 수밖에 없다면,
누군가는 갑, 누군가는 을이 된다.

국무총리, 총리대신, 승상, 대재상, 수상 등등 역사 속에서 여러 이름으로 불리는 총리라는 관직은 한마디로 행정부에서 가장 높은 자리다. 과거 우리나라의 정치형태인 군주제에서는 '일인지하 만인지상'(一人之下萬人之上, 신하로서 오를 수 있는 최고의 자리)이라는 표현에서 그대로 드러나듯이, 신하의 우두머리 격인 오늘날의 총리란 왕의 입장에서 보면 두 역할 중 하나를 맡거나 겸하는 사람이었다.

한가한 명예직과 최고의 실권자

그 역할 가운데 하나는 왕의 최고 고문으로, 오래 관직에 몸담은 나이 많은 관리가 왕에게 국정을 자문해주는 것이었다. 중국 주나라의 삼공(三公)인 태사, 태부, 태보가 이에 해당된다. 이들의 자리 옆에는 세 그루 회화나무를 심어서 신하의 우두머리임을 특별히 표시했다고 하는데, 크고 보기 좋게 자라는 회화나무가 노련한 관료의 기풍을 담기도 하고, 회화나무를 나타내는 한자 '괴'(槐)가 우두머리를 뜻하는 '괴'(魁)와 발음이 비슷해서 그랬던 것 같다. 삼공은 삼괴(三槐)라고도 불렀고, 그중 태사가 삼공 중에서도 가장 지위가 높았으니 총리 격에 해당한다고 하겠다. 이들 대부분은 명예는 높지만 실권은 없었다. 주나라 초기에는 무왕의 동생인 주공이 어린 조카 성왕을 도와 소공, 태공과 함께 실질적으로 나라를 이끌며 태평성대를 이루기도 했다. 하지만, 왕권이 바로 선 상황에서 삼공은 왕이 예의상 존중할 대상은 되어도 권력을 나눌 대상은 되지 못했다.

다른 한 역할은 왕을 보필하는 것 아니면 첫째가는 보좌관, 또는 행정부 수반을 맡는 것이다. 행정실무의 최정점에 서서 왕이나 국가원수 다음의 권력을 누리는 것이다. 오늘날의 말로 '실무형 총리'는 중앙집권 수준이 높아지며 행정실무가 왕이 혼자서 처리하기에는 많고 복잡해지면서 나타났다. 중국의 경우 춘추전국시대인 기원전 309년에 진(秦)나라 무왕이 좌승상과 우승상을 두어 지금의 국무총리와 부총리 격으로 관료들을 이끌고 국정을 총괄하도록 한 것이 최초다. 이어서 진나라는 승상을 한 사람만 두었고 한나라도 이를 따랐다.

승상은 왕이 아닌 사람에게 권력이 집중되는 성격을 지녔던 직위였기에 왕권 차원에서는 불안요소였다. 왕의 업무를 분담하기 위해서는 승상이 필요했지만, 권력을 나눈다는 점에서는 껄끄러운 존재였던 것이다. 그래서 한나라 왕조는 나중에 승상을 대사도라 바꿔 부르고, 대사마와 대사공을 신설하여 '삼공'이라고 불렀다. 대사도가 국정총괄자인 한편 대사마는 군사부분의 정무를, 대사공은 토목건축의 정무를 총괄하도록 하여 대사도의 권한을 분산시킨 것이었다. 그 뒤 시대에 따라 어떤 때는 승상의 권력이 강화되고 대사마나 대사공은 유명무실해지기도 했고, 어떤 때는 승상이나 대사도는 명예직에 가깝고 하위직급이 실권자가 되기도 했다.

이런 이유로 역대의 유명한 승상을 보면 그 성격이 다양하다. 『삼국지』의 제갈량은 병권(兵權)을 포함해 사실상 전권을 쥐었던 승상이었는데, 야심을 품지 않고 끝까지 유선을 받들어서 충신의 귀감이 되었다. 비슷한 처지였던 조조나 사마의 등은 결국 왕조를 뒤엎었는데 말이다. 또 당나라 태종의 승상 위징은 쓴소리의 본보기였다. 당나라 태종은 독재적이고 다혈질적인 성격이었는데 그에게 듣기 거북할 정도의 쓴소리를 서슴지 않아서 정치가 폭정으로 내닫는 일을 막고 '정관(貞觀)의 치(治)'라고 불리는 태평성대를 이루는 데 기여했다는 것이다. 한편 한나라 고조를 보필한 소하나 당나라 현종의 요숭 등은 자신의 정치적 목소리를 내지 않고 실무만을 챙겼던 행정의 달인 격인 승상으로 이름이 높다.

당나라에 이어 중국을 통일한 송나라에서는 황제의 권력을 더욱 강화하려 했다. 그래서 승상-대사도의 직위를 재상부에, 대사마의 직위를 추밀사에, 대사공의 직위를 삼사사에 옮기고

명태조 주원장(왼쪽)과 명말의 유학자 황종희(오른쪽) 재상의 권력을 약화시켜 황제 독재권을 확립한 명태조 주원장. 그런 주원장의 정책을 비판했던 명말의 유학자 황종희. 『명이대방록』의 저자이기도 하다.

각각 집단적으로 운영되도록 했다. 송나라 때에도 조보, 왕안석, 사마광, 진덕수 등등 유명한 재상이 있었으나 그들은 법적 권한이 아니라 정치력으로 '일인지하 만인지상'의 권력을 누린 사람들이었다.

원나라는 중동의 영향을 받은 듯 다시 한 사람에게 권력을 몰아주는 승상제를 부활시켰고, 고려 출신의 기황후와 함께 국정을 논했던 탈탈(脫脫,) 같은 승상이 유명하다. 반면 명나라를 세운 태조 주원장은 황제의 전제권을 추구했고, 개국공신이며 승상이던 호유용(胡惟庸)을 모반혐의로 없앤 다음 승상제를 폐지했다. 또한 재상부와 같은 집단합의형 국정총괄기구조차 설치하지 않고 내각의 실무를 스스로 관장했다.

거대한 제국을 다스리는 일은 혼자 힘으로는 버거울 수밖에 없다. 그래서 황태자를 국정에 적극 참여시켜 마치 부통령처럼 최고권력의 보조자이자 유사시의 대리자, 그리고 장차의 계승자로 활용하려 했다. 그러나 이후 많은 황태자가 너무 어리거나 자질이 부족하여 이 구상은 실현되지 못했고, 즉위하긴 했지만 능력이 크게 못 미치는 황제들이 권력을 직접 장악하기 어려워졌다. 곧이어 명나라는 황제를 돕는다는 구실로 권력을 사유화해간 비선측근들(대체로 환관들)과 내각의 정통관료들 사이의 다툼으로 어지러워졌다. 대학자 황종희는『명이대방록』(明夷待訪錄)에서 '명나라 태조가 왕권을 강화하느라고 승상제도를 폐지하고, 황제 이외의 목소리를 조정에서 원천봉쇄한 것이 명나라 멸망의 단초였다'며 통렬히 비판하기도 했다.

일본에는 9세기부터 간바쿠, 또는 다이코라 불리는 총리 격의 관직이 있었다. 간바쿠는 귀족층 대표가 맡았으며 보통 일왕이 어릴 때는 섭정을 맡다가 장성하면 일왕을 보좌하는 동시에 중요한 결정에 대해 조언하며 왕과 함께 나라를 다스리는 자리였다. 직제상의 최고위직인 태정대신은 겸하기도 하고 겸하지 않기도 했다. 간바쿠가 중국의 삼공과 비슷했다면 태정대신은 승상이었다고 하겠다. 일왕이 실제로 일본을 통치했던 나라시대와 헤이안시대에는 간바쿠가 종종 일왕의 결정도 뒤엎을 만큼 큰 목소리를 냈지만, 1192년 이후 막부의 쇼군이 실권을 쥐면서부터 유명무실해졌다. 도요토미 히데요시에 의해서 잠시 그 권위가 부활하기도 했는데, 쇼군은 일왕과 혈연관계가 있는 사람만 될 수 있다는 관례 때문에, 미천한 출신인 도요토미 히데요시가 쇼군이 되지 못하자 대신 간바쿠로서 일본을 통치했던 것이다.

중동에서는 전제군주의 비서 개념 격인 재상을 와지르 또는 비지르라고 불렸는데 그중에서 와지르 알 아크바르, 와지르 웃 다울라 등으로 불리는 대(大)재상이 칼리프나 술탄 다음의 지위를 차지했다. 그 기원은 3세기~7세기 이란을 중심으로 중동을 제패했던 사산조 페르시아의 우주르그 프라마다르(대공)라고 한다. 이들은 대체로 귀족층의 대표자인 경우가 많아 간바쿠처럼 군주와 긴장관계에 있는 일이 많았다.

『아라비안나이트』에서 이름 높은 군주로 그려진 아바스왕조의 칼리프 하룬 알 라시드는 대대로 대재상을 배출한 바르마크가(家)의 자파르를 제거하는 일에 총력을 기울여야만 했다. 오스만 튀르크의 전성기를 이룬 술레이만 1세 역시 어려서부터 친구이자 매부이기도 했던 이브라힘 파샤를 처단해야 했다. 11세기 셀주크튀르크의 니잠 알 물크는 이슬람 역사상 가장 위대한 대재상이었는데, 1092년 이루어진 그의 암살에도 배후에 군주인 말리크 샤가 있다는 설이 유력하다. 물론 2인자가 희생되기만 한 것은 아니다. 십자군을 물리친 이슬람의 영웅으로 유명한 살라딘은 파티마왕조에서 대재상을 지내다 쿠데타를 일으켜 아이유브왕조를 세웠다.

의원내각제, 이원집정부제, 총통제

서양의 수상(prime minister)은 1625년에 프랑스 루이 13세를 보좌하던 리슐리외 추기경에게 처음 주어진 직위라고 하지만, 그 역할에 해당되는 직책은 이전에도 있었다. 6세기의 궁재(宮宰, major palati)는 본래 왕의 집사로서, 국정을 맡는 것이 아니라 왕의 개인 생활을 살피고 재산을 관리해주었다. 그러나 왕의 개인 업무와 국정업무가 구분되기 어렵다 보니 점점 권력이 강해져서, 나중에는 왕권에 버금가는 권력자가 되었다. 칼 마르텔처럼 메로빙거왕조의 궁재였다가 실권을 잡고 카롤링거왕조를 세우는 사람도 나온다.

한편 지금의 대법관이라 할 수 있는 로드 챈슬러(Lord Chancellor)도 있었다. 로드 챈슬러는 카롤링거왕조에서는 왕의 옥새를 책임지는 관리였으나, 중세 후기에는 고위성직자로서 옥새를 관리할 뿐 아니라 왕의 고해신부 역할도 맡았다. 그래서 '왕의 양심을 관리하는 사람'이라는 중의적인 칭호를 얻었으며, 영국 등에서는 새로운 왕이 즉위할 때마다 로드 챈슬러 앞에서 신앙고백을 한 다음 로드 챈슬러가 씌워주는 왕관을 받고, 로드 챈슬러가 건네주는 옥새를 받았기 때문에 중국의 삼공처럼 영예로운 나라의 큰 어른으로 대접받았다. 또 로드 챈슬러가 내주는 옥새를 찍음으로써 비로소 왕명을 내릴 수 있었으므로 귀족을 대표해 왕권을 보좌하고 견제하는 역할도 했다. 그러나 르네상스 시대로 넘어갈 무렵에는 왕실 자문회의가 발전한 귀족의 의회인 상원의 의장이자 대법원장으로서의 역할이 더 중시되었기 때문에 성직자가 아니더라도 법률가라면 로드 챈슬러가 될 수 있었다.

앤 불린과의 결혼을 위해 로마 교회와 결별한 헨리 8세의 독단적 행보에 맞서다 끝내 처형당한 『유토피아』의 저자 토머스 모어 역시 법관으로서 그 자리에 앉은 적이 있었다. 영국에는 지금도 이 직위가 상원의장이자 대법관으로, 수상(prime minister) 다음가는 서열로 자리하고 있다.

수상이라는 칭호를 처음 얻은 리슐리외는 뒤마의 소설 『삼총사』에서 보이는 악역으로 유명하다. 그는 프랑스 절대왕정 체제를 구축하고 30년 전쟁에서 실리외교를 선택해 프랑스의 국익에 기여했을 뿐 아니라 전후의 베스트팔렌조약에서 근대 국민국가 시대를 열도록 하는 데 중대한 기여를 한 인물이다. 그는 성직자로서 루이 13세의 왕비 안 도트리슈의 고해신부로 있다가 신임을 얻어 추기경의 자리에 오르고, 총리의 권한도 얻었다. 이런 점에서 로드 챈슬러의 역할을 한 셈이며, 프랑스에서는 수상이라는 직함을 고집하지 않아 루이 14세 때는 치프 미니스터(chief minister)라는 직함으로 마자랭이, 또 재무총감이라는 직함으로 콜베르가 리슐리외와 같은 역할을 했다.

수상이라는 직함을 고집한 나라는 영국인데, 16세기와 17세기 영국에서 로드 챈슬러나 프린시플 세크러터리(Principle Secretary)의 별칭으로 쓰이다가 1721년 조지 1세 때 하원의장이던 로버트 월폴이 비로소 법제상의 최고 대신, 행정부의 수반 격으로서의 수상의 직위를 확립했다. 청교도 혁명과 명예혁명 이후 왕권이 약해져서 왕에게는 직접 행사할 수 있는 실권이 얼마 없었다. 조지 1세는 스튜어트왕조의 계승자가 없어 독일의 하노버가에서 데려온 사람이라 영어를 한 마디도 몰랐기에 더더욱 왕권을 행사할 수 없었다. 그래서 수상이 실질적으로 국정을 맡아 자기 뜻대로 장관을 뽑고 내각을 운영했으니, 현대 민주주의체제의 하나인 의원내각제와 수상이라는 직위의 탄생은 거의 같았던 셈이다.

이후 여러 걸출한 수상에 의해 영국의 민주정치는 발전했다. 그 과정에서 대영제국의 영광을 상징하는 디즈레일리, 민주적 선거법 개정을 이룬 그레이 같은 사람들은 조용하고 합의를 중시하는 방식으로, 노예제 폐지를 주장한 윌리엄 피트(소小 피트)와 국민교육을 실시한 윌리엄 글래드스턴 등은 불꽃 같은 카리스마로 내각을 이끌었다. 전자는 거래형 리더십, 후자는 혁신형 리더십의 모델로 종종 거론된다.

한편 수상이라는 직함을 처음 썼던 프랑스에서는 대혁명을 치르고도 한참 뒤에야 수상이라는 직위가 다시 나타났다. 프랑스 최초의 대통령이 되었다가 쿠데타로 황제가 된 나폴레옹 3세가 1875년 프로이센-프랑스 전쟁에서의 패배로 몰락하고, '왕정이고 제정이고 이젠 넌덜머리가 난다. 한 사람에게 권력이 집중되는 대통령제도 싫다'고 여긴 민중의 뜻에 따라 제3공화정이 수립된 다음 사실상 처음 도입되었다. 수상의 직위는 영국의 헌정을 참조하여 의회의 권한을 대폭 확대하고 대통령은 명목적인 국가원수의 지위로 끌어내림으로써 수립되었다.

사실 대통령과 수상은 하나의 정부 안에서 함께 있기가 껄끄러운 관계였다. 대통령은 과거의 왕을 대신해 국정을 총괄하는 사람이고, 수상은 왕을 대리해 국정을 총괄하던 사람이었기 때

대통령의 권한이 제각각이었던 프랑스의 루이 나폴레옹(왼쪽)과 샤를 드골(오른쪽)　루이 나폴레옹으로 인한 분란을 겪은 뒤 프랑스 국민은, 한 사람에게 권력을 몰아주는 대통령 중심제를 기피했다. 제2차 세계대전 후, 드골에게 좀 더 강화된 대통령의 권력을 주는 제5공화국이 출범됐다.

문이다. 여기서 '존재하지 않는 왕을 대통령이 대신해 국가원수를 맡고, 그의 대리자로서 수상이 국정을 맡는다'는 개념이 탄생했다. 오늘날까지 대통령과 총리가 공존하는 체제는 그런 개념을 응용하고 있다고 하겠다.

그 개념이 응용된 한 가지가 바로 이원집정부제다. 대통령에게 이름뿐인 국가원수의 지위 말고도 일정한 실권을 부여하는 것이다. 프랑스의 제3공화정이 나치 독일의 공격으로 붕괴한 뒤 괴뢰정부였던 비시정부 이후로 프랑스의 국가체제가 다시 세워져야 했다. 이때 의회권력을 회복하려는 야당정치인들과 "이런 비상시에는 최고지도자에게 권력을 몰아줄 필요가 있다"고 주장한 드골 사이에 대립이 불거졌다. 분개한 드골이 정권을 내놓고 칩거하는 등의 오랜 진통 끝에 새로운 헌법이 1958년 국민투표로 통과되었다. 이로써 대통령의 권한이 대폭 강화된 제5공화국이 수립되었다. 보통 대통령은 외치를 맡아 외교와 국방을 관할하고 수상은 내치를 맡아 재무를 관할하고 인사권을 갖는 것으로 알려져 있으나 프랑스에서는 그 경계가 모호하며 그때그때의 정치상황에 따라 달라진다. 즉 선거결과 대통령과 다수당이 다른 당일 때는 대통령이 외치를 맡고 반대당의 수상은 내치를 맡는다. 만약 대통령과 수상이 같은 당에서 나온다면 대통령은 사실상 국정 전반을 총괄하며 수상을 보좌역으로 삼을 수 있다. 프랑스의 이원집정부제를 따라한 핀란드는 이런 체제의 성격이 모호하다는 점을 들며 '외치는 대통령, 내치는 수상'이라고 헌법에 분명히 밝혀놓았다. 그럴 경우 국가리더십이 이원화되고, 양자 간에 갈등이 생길 가능성 또한 내재한다.

또 다른 방식으로 응용된 모습은 '총통제'다. 독일이 제1차 세계대전에서 패망한 뒤 성립한 바이마르공화국은 대통령과 수상이 권력을 분점하는 이원집정부제였다. 잇따른 사회혼란 속에 히틀러가 등장했으며, 그는 1932년 4월 대통령 선거에서는 힌덴부르크에게 밀려 낙선했으나 그해 7월 총선에서 나치당을 제1당으로 올려놓으며 선풍을 일으켰다. 1933년 1월 수상에 임명되자 히틀러는 권력독점을 추진하며 1933년 3월 24일 수권법으로 행정부가 입법부의 권한을 대행하도록 했다. 1934년 8월 힌덴부르크 대통령이 죽자 히틀러는 국민투표를 통해 "대통령이 수상을 겸임한다"는 헌법수정안을 통과시킴으로써 1인 독재체제인 총통제를 완성했다. 이렇게 국가원수로서의 대통령과 행정부 수반으로서의 수상의 권력이 하나로 합쳐진 체제가 제왕적 대통령제라는 이름으로 대한민국과 여러 제3세계 국가가 지금도 채택하고 있는 정부형태다.

처음에는 총리중심제였던 대한민국

우리나라는 고구려의 대대로나 신라의 상대등이 귀족의 대표자로 군주를 보필하는 동시에 견제하는 역할, 즉 중국의 삼공이나 일본의 간바쿠와 비슷한 역할을 맡았던 것으로 보인다. 고려시대 때는 왕의 집사였던 시중이 문하시중이라는 이름으로 실권을 행사했는데, 중국의 승상이나 카롤링거왕조의 궁재와 비슷한 문하시중은 시대별로 권력이 축소되거나 확대되곤 했다. 조선시대에는 영의정, 좌의정, 우의정 체제가 만들어지는데, 왕권강화에 따라 고문으로서의 삼공의 지위가 강조된 형태다. 영의정도 시대에 따라 다른 모습을 보여서 세종 때의 황희는 국정의 동반자, 영조 때의 홍봉한은 왕의 최측근이라는 의미가 강했으며 단종 때 수양대군은 왕의 숙부이면서 영의정 자리에 앉아 최고 실권자로서 국정을 이끌기도 했다.

현대의 국무총리는 총리대신이라는 옛 직함에서 따왔다고 한다. 이 직책은 1793년 수원 화성의 축성을 총괄책임지는 직책으로 처음 한국사에 등장한다. 영의정을 지냈던 채제공이 이를 맡았으니 격이 아주 높은 공사감독관인 셈이다. 그런데 우리가 아는 의미의 총리대신, 왕의 첫째가는 보좌역 또는 행정부의 수반 격으로서의 총리대신이라는 직책은 1880년에 근대화를 추진할 기관으로 통리기무아문을 설치하면서 신설되었다고 하겠다. 전통의 직함이 아니라 일본의 수상직이었던 총리대신을 따와 만든 듯하다. 최초의 총리대신은 영의정이던 이최응이 맡았다. 통리기무아문은 1882년에 폐지되나 기무처, 군국기무처, 의정부, 내각으로 국정총괄기구가 바뀌었지만 총리대신은 그 기구의 장으로서 행정부 수반 격으로의 역할을 계속 맡았다. 대한제국 최후의 총리는 나라를 팔아먹은 매국노로 불리는 이완용이었다.

1919년 3.1운동 뒤 수립된 대한민국 임시정부는 같은 해에 공포된 임시헌법에 따라 대통령과 총리의 이원집정부제를 채택했다. 대통령은 명목상의 국가원수 권한과 외교권만 갖고, 임시정부의 실질적 운영은 국무총리가 맡아 했다. 초대 대통령에 선출된 이승만 대통령이 상하이에는 가물에 콩 나듯 오면서 주로 하와이에 머물렀던 점도 작용한 결과일지 모른다. 그러나 이승만 대통령은 이에 불만이 컸고, 주변 인사들을 동원해 초대 국무총리 이동휘를 압박했다. 이승만도 이동휘도 임시정부를 등진 뒤 1925년의 개헌으로 임시정부는 국무령 체제가 되었으며, 한동안 우리 역사에는 대통령도 총리도 등장하지 않는다.

두 직함은 해방 후, 1948년 제헌헌법을 만들 때 부활했다. 서상일 등 30인의 헌법기초위원은 본래 1919년의 임시헌법 때보다도 대통령의 권한을 축소한, 총리 중심의 내각책임제 헌법을 만들려 했다. 그러나 이승만 대통령이 맹렬히 반대했다. 내각책임제에서는 다수당의 당수가 총리가 되는데, 당시 이승만 대통령은 스스로 '국부'(國父)라 하며 어떤 정당에도 발을 들이지 않고 있었다. 내각제로 간다면 자신은 실권은 하나도 없는 대통령에 그치고 말 것이 아닌가. 그리고 내각제에서는 언제든 민심의 향방에 따라 다수당이 소수당으로, 집권당이 야당으로 바뀐다는 점 역시 이 프린스턴대학교 정치학 박사인 이승만은 고려했을 것이다.

결국 제헌헌법은 이승만 대통령의 뜻에 따라 대통령이 국가원수이자 행정부 수반이 되고, 미국의 순수 대통령제를 따라 부통령도 두며, 총리는 국무회의 부의장을 맡는 것으로 정부직제를 정리했다. 다만 두 가지 방식으로 최소한의 독재방지책을 마련했다. 하나는 국회에서 대통령을 뽑는 것이었는데, 이는 이후 한국전쟁의 혼란을 틈타, 이승만 대통령이 피난지 부산에서 '부산정치파동'을 일으키면서 직선제로 개헌함으로써 무력화되었다. 다른 하나는 국정 최고의결기구로 국무원을 설치해 대통령과 총리, 각부 장관 등의 국무위원들이 의결을 거쳐 정책을 결정하도록 하는 내각제적 요소를 도입한 것이었다. 이승만 대통령은 자유당을 창당하고 총리 이하 국무위원들을 자기 측근들로 뽑아 앉힘으로써 국무회의의 의결기능을 무력화했다. 총리는 부통령으로 넘어간 정치적 2인자 위상을 결여한 단지 행정부의 2인자가 된다. 정부 업무 가운데 국방부와 재무부 등 각 부처로 나뉜 나머지의 업무를 맡는 일종의 무임소장관이자 지금의 대통령 비서실장과 비슷한 역할이었다.

초대 국무총리는 광복군 참모장 출신이며 반공·극우 성향이 강했던 이범석이 임명되었다. 그는 한때 이승만 대통령의 측근으로 자유당 창당 등에도 주역으로 나섰으나, 사조직인 민족청년단의 영향력을 마땅찮게 본 이승만 대통령에 의해 1950년 숙청된다. 그 뒤 장면, 장택상 등이 총리직을 이어갔는데 이들은 모두 이승만의 정적으로 돌아섰다. 이는 이 대통령에게 '아무나 총리를 시켜서는 안 되겠다'는 인식을 심어주었다. 더구나 부통령과 달리 총리는 국회인준을 받아야 정식취임할 수 있었기 때문에 목사 출신이며 이승만의 측근이었던 이윤영은 네 번이나 총리에 지명되고도 야당의 강한 반대로 서리(署理)직함을 떼어보지도 못하고 낙마했다. 그러다 보니 이승만 대통령체제 최후의 무리수 개헌인 1954년의 사사오입 개헌에 따른 정부조직에서는 아예 국무총리가 사라지기까지 했다.

1960년 4.19혁명 뒤 출범한 제2공화국은 대한민국의 정부형태가 될 뻔했던 '명목상 대통령과 실권 총리'의 의원내각제로 출범했다. 그러나 집권 민주당 내의 구파(舊派)와 신파(新派) 사이의 대립이 심각했다. 구파였던 윤보선 대통령은 신파이면서 실권을 독점하던 장면 총리가 못마땅했다. 그래서 박정희 등이 5.16쿠데타를 일으켰을 때, 처음에는 "각하, 이것은 반정(反正, 잘못된 왕을 몰아내고 올바른 왕을 세우는 일)입니다!"라는 쿠데타 주동자들의 말에 현혹되었다고 한다. 곧 속았음을 알고 야당 지도자로서 분투하게 되지만 말이다.

제3공화국에서는 제왕적 대통령제를 부활시켰을 뿐 아니라,

정책의결기구였던 국무원을 없애고 심의만 하는 국무회의만 남겼다. 국무총리는 국정을 총괄하며 대통령을 보좌할 뿐 실질적으로 아무런 독자적 권한을 행사하지 못하는 존재가 되었다. 손에 남은 것은 국무위원의 임명제청권과 정책의 부서권뿐이었다. 어느 것이나 요식행위로만 치부되어서 실질적으로 대통령의 인사권과 행정통솔권을 제어할 수가 없었다. 바로 그것이 지금까지도 이어지는 대한민국 국무총리의 위상이다. 고대 중국의 삼공처럼 최고권력자의 실권 없는 고문, 정권의 얼굴마담 노릇만 하는 실속 없는 행정부 서열 2위의 직위인 것이다.

제5공화국부터는 대통령 단임제가 되면서, 대통령은 정책을 마음대로 펼치고 그에 대한 책임을 지지 않는 반면 총리는 정책에 대한 권한은 없으면서 책임은 지는 이상한 모양새가 굳어졌다. 총리는 임기가 정해져 있지 않은 만큼 대통령이 내킬 때마다 그만두게 할 수 있기 때문이다. 그래서 정치적 위기국면마다 "내가 물러날 수는 없지만 대신 이 사람이라도"라는 식으로 국민 앞으로 애먼 총리의 등을 떠다미는 것이 대통령이 통상 쓰는 민심수습용 카드였다.

하지만 총리의 해임은 대통령 마음대로이나 임용은 국회의 동의를 얻어야 하므로 마음대로만 할 수는 없다. 여당이 원내 과반수를 확보하던 일이 민주화 이후 쉽지 않게 되고, 2000년부터는 인사청문회도 열게 되었기에 더더욱 아무나 총리로 지명할 수는 없었다. 그래서 여러 정치적 상징성과 대표성을 고려해서 총리후보를 낙점해왔다. 33년 만에 군사정권의 잔재를 없애며 문민정부를 출범시킨 김영삼 대통령의 제1호 총리는 황인성이었는데, 그는 육사출신이었다. 또한 전라북도 출신이기도 했는데, 김영삼 대통령과 당시 민주당 대표였던 김대중의 치열한 선거전이 영·호남 싸움으로 비쳐진 점까지 고려한 것이었다. 한편 노무현 대통령의 제1호 총리는 자신보다 8년 연상이며 온건보수이자 행정의 달인이라는 평가가 있던 고건이었다. 노 대통령의 상대적으로 젊고 진보적이며, 어디로 튈지 모르는 이미지를 보완하기 위해서였다. 또 노태우 대통령은 학계의 원로 이미지가 강하고 경제통인 이현재를, 이명박 대통령은 외교전문가 이미지를 가진 한승수를 국정의 첫 파트너로 발탁했다. 경제전문으로서 전문가를 강조한 자신의 이미지와 맞추기 위해서였다. 그리고 1982년 총리가 된 김상협은 고려대 총장으로 재직하며 정권에 쓴소리를 서슴지 않는 인물로 유명했고, 그때까지 한 번도 총리를 배출하지 못한 호남 출신이기도 했다. 전두환 대통령이 그를 제5공화국의 두 번째 총리로 선택한 데는 당시 우범곤 순경의 62명 연쇄살인 사건이 터지고, 장영자-이철희 어음사기 사건도 터지면서 사회정화를 표방해온 정권에 심각한 흠집이 나자 총리지명으로 어수선해진 민심을 수습해보려 한 것이다.

이처럼 되도록 당대 대통령의 성향과 겹치지 않는 인물을 총리로 지명하려는 경향이 있었고, 그 경향은 특히 지역안배에서 두드러졌다. 박정희 대통령에서 김영삼 대통령까지 35년 동안 영남 출신으로만 청와대가 채워졌는데, 그사이 영남 출신 총리는 2명, 즉 1979년의 신현확, 1990년의 노재봉뿐이었다. 노태우, 김

대한민국 유일의 '실세 총리'였던 김종필(왼쪽), 유일한 여성 총리 한명숙(오른쪽) 국무총리는 되도록 대통령의 성향과 겹치지 않는, 보완되는 이미지인 사람을 뽑는 경향이 있다. 이 가운데 김종필은 두 번이나 실세 총리 역할을 했던 유일한 인물이다. ⓒ연합뉴스.

영삼, 노무현, 이명박은 재임 중 1명 빼고는 모두 공통적으로 서울대 출신을 총리로 뽑았다. 그런데 역대 여성총리는 2006년, 노무현 정권에서의 한명숙뿐이었다.

역대 총리는 크게 고위관료 출신과 학계 출신으로 나눌 수 있는데, 대체로 정국을 수습할 필요가 있을 때 유덕한 학자 이미지를 가진 사람을 총리로 지명하는 경향이 있었다. 이제까지 십여 명의 대학총장이나 교수가 총리로 지명되어 폴리페서의 표본이 되는 한편 '지식만 있지 실무를 모르는, 그야말로 얼굴마담'이라는 분위기를 풍길 때가 많았다. 그것도 대통령에 따라 취향이 갈려서, 노태우는 총리 5명 중 4명, 김영삼은 6명 중 4명을 교수나 총장 가운데서 고를 만큼 학계를 선호했으나 박정희, 김대중, 노무현, 박근혜는 학계 인사를 별로 지명하지 않았다.

얼굴마담에 그치기를 거부하며 자기 목소리를 내려고 애썼던 총리들도 있었다. 박정희 정권에서 한 차례 총리를 했다가 박정희 대통령과의 권력다툼으로 자의반 타의반 총리에서 물러났던 김종필은 20여 년 만에 김대중 정권에서 다시 총리가 되었다. 그는 예사 총리가 아니었다. DJP 연합으로 정권을 창출함으로써 정권의 절반의 지분을 가진 존재였기 때문이다. 그 결과 총리의 국무위원 제청권이나 정책부서권이 대한민국 역사상 처음으로 곧이곧대로 실행되었다. 당시 김대중 지지자들은 "김대중이 대통령이 되면 화끈하게 개혁을 할 줄 알았는데, 골수보수인 김종필의 눈치를 보며 아무것도 못하고 있다"며 볼멘소리를 내기도 했다.

그러나 김종필은 2년이 채 지나지 않아 두 번째로 버림받는다.

김영삼 정권 때의 이회창은 감사원장으로 재직하며 이전 정권의 비리를 날카롭게 파헤쳐 '대쪽'이라는 이미지를 얻었는데, 총리로서도 법에 명시된 권한을 행사하려들어 김영삼 대통령과 계속 충돌했다. 그리고 결연히 사표를 던지고 물러나는 모습이 국민의 큰 호감을 얻어, 이후 신한국당 대통령 후보로서 아들의 병역비리가 문제되기 전까지는 누구도 따라올 수 없는 인기를 누렸다. 이명박 정권의 총리 정운찬은 동반성장이라는 자신의 경제 개혁을 강력히 밀어붙여, 동반성장위원회까지 창립했다. 하지만 대통령의 미온적인 태도에 가로막혀 충분한 지원을 얻지 못하고 절반의 개혁에 그친 채 물러나야 했다. 한편 노무현 정권의 총리 이해찬은 자기 목소리를 내면서도 대통령과 대립하지 않았고 외교는 대통령, 내치는 총리라는 식으로 임의의 이원집정부제까지 지향하며 협력하는 모습을 보였다.

존중과 타협의 정치문화가 필요하다

최근의 측근실세 게이트에서도 보듯 매번 임기 말이면 불거져 나오는 대형 비리는 제왕적 대통령제의 폐해다. 그렇게 집중된 권력이 부패하고 남용될 여지가 있는 것은 죽으나 사나 한 사람만 바라보는 정치를 하며 5년에 한 번 한 사람만 잘 찍으면 그만인 한국 민주주의의 한계다. 이제는 대통령과 국무총리 제도에 대한 새로운 고찰이 필요하다. 그런 고찰에는 "국무총리가 대통령에게 집중된 권력을 일정 정도 이상 분점할 필요가 있다"는 주장이 대개 따라붙는다.

한국 민주주의의 한계를 넘을 방안으로 첫 번째는 현행 헌법을 유지하면서 국무총리의 권한을 최대한 보장해주는 책임총리제를 실현하는 것이다. 대통령 마음대로가 아니라 총리가 추천한 사람 가운데 각료를 임명해야 하고, 어떤 정책이든 총리가 부서(副署)를 거부할 경우 시행되지 못한다면 제왕적 대통령제가 발붙일 틈은 없을 것이다.

이제껏 책임총리제를 실천하겠다고 공언했던 대통령 후보가 한둘이 아니지만 아직 실행되지 않은 것을 보면, 제도개혁 없이 대통령의 의지에만 기댈 문제는 아닌 것으로 보인다. 공언을 그대로 실천할 의지가 강한 대통령이 있다 해도, 대통령의 손에 해임권이 있는 이상 총리가 대통령과 다른 의견으로 소신껏 권한을 행사할 경우에도 대통령의 그 의지가 변함없을 것이라고 장담할 수 없다. 그러므로 총리에게 임기를 제도적으로 보장하거나 국회 다수당에서 총리후보를 내게 함으로써 대통령이 아무 때나 총리를 해임하지 못하게 만드는 개혁이 이루어져야 한다. 그런데 거꾸로 총리가 권한을 최대한 이용해 대통령을 무력화할 가능성이 있다면 국민이 직접 선출한 권력을 선임된 권력이 제어하는 것이 되어 그 또한 문제가 된다. 결국 양자가 서로의 권한을 존중하고 타협, 협력하려는 태도가 자리 잡지 않는 이상 대통령과 총리 어느 한쪽이 을(乙)이 될 가능성이 높을 수밖에 없다.

이런 이유로 그러한 존중과 타협을 하도록, 또는 군이 존중과 타협을 할 필요가 없도록 법제화하는 두 번째 방안이 있다. 바로 이원집정부제나 의원내각제로 개헌을 하는 것이다. 대통령에게 외교와 국방부분의 권한만 주거나 아예 권한을 주지 않는다면 그것보다 제왕적 대통령제의 폐해를 더 확실히 예방할 방안이 있겠는가?

이는 1987년에 민주화가 이루어진 뒤로 학계와 정치계에서 끊임없이 제기되어온 방안이다. 이후 대통령의 자리에 오른 사람치고 그 필요성에 공감을 표하지 않은 사람이 없지만 실행되지 못했다. 전 세계적으로 보아도 민주주의 국가는 대통령제보다 의원내각제 국가가 압도적으로 많다. 서구의 거의 전부, 그리고 일본과 인도가 내각제며 대통령제로 민주주의를 잘 운영하는 나라는 미국 정도다. 우리도 임시정부부터 해방 직후까지 내각제 또는 이원집정부제를 지향했던 만큼 "우리에게는 대통령제가 맞다"고 주장할 수는 없다. 그러나 이원집정부제 아래서는 대통령과 총리 사이에 협력과 타협이 잘 이루어져야 하고, 내각제 아래서는 여러 정당 사이에 협력과 타협과 존중의 문화가 정착되어 있어야 한다. 그런 점에서 국회의 권력을 지금보다 크게 강화하는 개헌은 아직 시기상조라고 말할 법 하다.

그렇다면 세 번째 방안으로 그 반대는 어떨까? 국무총리 직을 없애버리는 것이다. 아울러 정부체제에 녹아 있는 내각제적 요소도 없애고 대통령과 부통령이 러닝메이트가 되는 미국식 순수 대통령제를 지향하는 것이다.

국가원수이자 행정부 수반을 겸임하는 미국식 대통령제가 히틀러가 세운 총통제와 같다는 비판을 별로 안 받는 까닭(다만 제2차 세계대전 때 미국으로 망명했던 유명한 수리논리학자인 괴델은 "미국 정부형태는 잘못하면 히틀러 같은 독재자를 낳을 가능성이 아주 높다"며 경고했다.)은 무엇보다 미국의 대통령은 연방제 국가의 대통령이기 때문이다. 미국에서는 각 주의 자치권이 높은 수준으로 보장되므로 한 사람이 국가의 모든 것을 쥐고 흔들 수 있는 여지가 독립 당시에는 더 낮았다. 그때는 뉴욕주가 영국과 전쟁하는 동안 뉴햄프셔주는 영국에 무기를 팔아도 문제가 안 될 정도였다.

또한 미국은 삼권분립이 잘 되어 있으며, 의회는 인사청문회 등에서 여 야를 따지지 않고 대통령의 행정부 견제에 뜻을 같이한다. 그리고 중임제를 통해, 대통령이 자신의 결정에 책임을 지지 않으면 안 될 계기를 마련해둔다. 그러므로 우리가 확실하게 대통령제로 나가려 한다면 부통령제 신설, 중임제로의 개편, 그리고 연방수준으로 지방자치단체의 자율성을 강화하는 등의 폭넓은 개혁을 개헌으로 이루지 않으면 안 된다.

그리고 정치문화 차원에서 세 가지 방안 중 어느 것을 택하더라도, 다른 당파와 권력자들끼리 상호존중, 대화, 타협, 협력의 문화를 정착시키지 않으면 모두 헛수고로 그칠 공산이 크다. 사람을 완전히 믿을 수 없기에 각 나라는 권력을 분립하고 상호견제 장치를 만들어 민주주의를 보호한다. 그러나 그것은 절반일 뿐이다. 제도화된 부분 이외의 부분에서 서로를 믿고 더불어 발전하려는 의식이 없다면, 정치가 권력의 제로섬 게임일 수밖에 없다면, 결국 또다시 누군가는 갑, 누군가는 을이 되는 상황이 초래될 것이다. 그래서 갑은 을이 되었을 때의 공포 때문에, 을은 갑이 되고야 말겠다는 원한 때문에 국민이 아니라 당리당략만을 보고 정치를 할 것이다. 이러한 어리석은 악순환을 이제는 끝내야 한다.

#이원집정부제 #대통령제 #총리 #수상

고독한 권력자의 의지가지, 비선측근

"지금은 여러 후보자 가운데 누구를 지지한다는 플러스 투표밖에 없지만
누구만은 제발 당선되지 말았으면 좋겠다는
마이너스 투표도 병행하면 어떨까?"

"대체로 군주는 먹고 자고 생활할 때,
좌우·전후에 환관들로 둘러싸여 있습니다. 그래서 자연스레 그
들과 친근히 어울리니, 조정 대신들처럼 가끔씩 엄숙하게 만나
보는 것과 다릅니다. 그중 영리하고 말재주가 있는 자, 군주의 기
색을 잘 살펴 뜻을 잘 맞추는 자, 책임을 맡기면 능숙하고 흡족하
게 해내는 자, 어떤 명령에도 군소리 없이 받드는 자가 있으면 군
주는 날로 의지하고 신임합니다. 당면 정치과제를 더불어 의논하
고, 국가기밀까지 밝히며 그 의견을 묻게 됩니다. 그러면 저들은
감언이설로 미혹시키고 교묘한 술책으로 엮습니다. 군주가 기분
이 좋으면 영합하여 사복을 채우며, 군주가 기분이 나쁘면 이를
더 부추겨 자기 반대파를 제거합니다. (……)

정부인사의 임용, 해고, 승진, 퇴출에 관여하며 그들의 처벌,
시상에도 개입하면서 연줄을 타고 들어온 청탁에 따라 스스로의
선호와 사적인 은혜를 해결합니다.

결국 자기 몸에 이익만 있으면 뭐든 하며, 나라의 권병(權柄)은 모두 그들의 손으로 옮겨집니다. 역대의 환란은 이 무리에게서 말미암은 것이 허다합니다."

1508년(중종 3년) 1월 11일에 '환관을 멀리해야 한다'는 취지로 중종에게 올린 대간의 상소문 일부다. 그 내용은 환관만이 아니라 최고권력자에게 기대어 그 총애와 신임을 이용해 국정을 농단하는 비선(非線)측근 실세를 일반적으로 묘사한 것이라 하겠다.

이들은 왕-정승-판서-참판 또는 오늘날의 대통령-총리-장관-차관 식의 국가의 공식적 위계를 뛰어넘어, 특별히 중요한 공직에 있지 않으면서도 군주나 대통령 등 최고권력자가 정당히 써야 할 권력을 자신의 권력처럼 휘두른다. 그렇지만 최고권력자를 허수아비로 세워놓고 전면에 나서서 집권하는 섭정이나 권신(權臣)과는 다르다.

측근 실세는 대체로 장막 뒤에 숨어서 최고권력자의 총애와 신임에 기대 호가호위한다. 그런 총애와 신임을 잃는다면 하루아침에 보잘것없는 신세로 추락하는 것이다.

검증받지 않는 권력이라는 점에서 이런 측근 실세는 위험하며, 국가를 뒤흔들 정도의 부패와 비리로 이어질 수도 있다. 그러나 측근 실세가 반드시 유해하다고 보기는 어렵다. 역사적으로 다음 세 유형의 측근 실세가 존재해왔는데, 그중 두 유형은 나름 긍정적인 면이 있기도 했다.

평생동지로서의 비선측근

　먼저 절친, 평생동지 유형의 측근 실세가 있다. 대개 최고권력자가 권력을 잡기 전부터 친분이 두터웠으며, 성격이 잘 맞고 능력이 뛰어나서 누구보다도 의지가 된다. 실제로 그런 사람이 가까이 있다면 누구라도 중용하고 싶을 것이다. 역사적으로 이 유형에는 최고권력자의 배우자나 가족이 많았다.

　6세기 동로마제국의 황제 유스티니아누스는 비천한 무녀 출신이던 테오도라를 끔찍이 사랑해서 로마제국의 법을 어겨가며 그녀와 결혼했으며 황제가 될 때 그녀와 공동으로 대관식을 가졌다. 그가 나중에 『유스티니아누스 법전』이라는 이름으로 로마법

동로마제국의 공동황제로 추대된 유스티니아누스(왼쪽)와 황후 테오도라(오른쪽)　유스티니아누스는 비천한 무녀 출신의 테오도라의 능력을 높이 사, 로마법을 어겨가며 그녀를 황후로 맞이했다. 두 사람의 모습은 지금도 라벤타의 산비탈레 성당에 모자이크 벽화로 남아 있다.

을 집대성한 것을 생각하면 아이러니하기도 하다. 테오도라는 단순한 황후가 아니라 공동황제로서 추앙되었다. 라벤나의 산비탈레 성당에 남아 있는 유명한 모자이크에서 유스티니아누스와 같은 크기, 같은 위엄을 띤 모습으로 묘사되어 있는 것에서 그녀의 위상을 알 수 있다. 테오도라는 532년 수도인 콘스탄티노플에서 일어난 니카 반란에서 현명한 조언으로 유스티니아누스의 생명과 명예를 구한 것을 비롯해서, 늘 제국의 통치에 대해 적절한 조언을 주었다고 한다. 그 덕분에 유스티니아누스는 로마제국의 영광을 상당 수준까지 되살릴 수 있었다.

이와 비슷하게 여걸 왕비의 능력을 높이 사서 사실상의 공동통치를 하거나 스스로는 명목상 임금에 그치고 왕비가 중요한 결정을 내리도록 했다고 알려진 임금으로는 수나라의 문제, 당나라의 고종, 대한제국의 고종 등이 있다. 수나라의 문제는 항상 국정을 독고황후와 상의해서 결정했으며, 그가 위진남북조의 오랜 분열을 마감하고 중국을 재통일할 수 있었던 데는 독고황후의 조언이 결정적이었다고 한다. 당나라의 고종도 무황후의 의견을 언제나 물어가며 정사를 돌보았는데, 무황후는 고종의 사후 스스로 황위에 올라 중국 사상 유일무이한 여황제인 측천무후가 된다.

대한제국의 고종은 아버지 대원군의 꼭두각시로서 옥좌에 올랐다. 그에게는 자신이 장성했어도 권력을 내주지 않는 아버지에 대항할 세력과 참모가 필요했다. 명성황후 민자영은 고종의 강력한 측근 실세가 되었다. 유교사상을 엄히 따라야 할 조선의 군주로서 최대의 정적이지만 아버지인 대원군을 철저히 제거할

당 고종(628~683, 왼쪽)과 조선 고종(1852~1919, 오른쪽) 고종 황제가 붕어한 뒤 시호를 '고종'으로 붙인 까닭에는 어쩌면 그가 측천무후를 비선측근으로 신임했던 당 고종처럼, 그가 명성황후에게 휘둘렸다는 비아냥이 숨어 있을지 모른다.

수는 없었기에 그의 왕권은 늘 불안했고, 그만큼 왕비와 그녀의 일가친척에게 크게 의존할 수밖에 없었다. 황현 같은 선비는 고종을 무능한 왕, 명성황후를 나라 망치는 악녀로 혹평하기도 했다. 하지만 수구파와 나중에는 일본까지 등에 업고 아들의 왕권을 탐냈던 대원군에 맞서려면 불가피했다는 점, 명성황후의 조언에 따라 서양문물을 받아들이고 개화의 초석을 놓았다는 점 등은 평가받아야 할 부분이다.

베갯머리송사라는 말처럼 대체로 좋지 않게 여겨진 배우자의 국정관여를 대놓고 했던 나라도 있다. 그것도 정식왕비가 아닌 불륜녀에 의해서 말이다. 18세기 프랑스 왕실은 왕비에게는 후계자를 낳는 역할을 맡긴 한편, 왕의 정부(情婦)에게는 왕에게 쾌락과 안락을 제공하는 일 말고도 대외정책을 비롯한 국정전반에 대한 자문 및 대행 역할을 맡겼다. 루이 14세의 맹트농 후작부인, 루이 15세의 퐁파두르 후작부인 등이 대표적 인물이었다. 당시 프랑스와 외교관계를 맺으려면 외무장관은 만나지 않아도 반드시 왕의 정부는 만나 호감을 얻어야 했다고 한다.

1756년~1763년에 프랑스, 오스트리아, 러시아와 7년 전쟁을 치렀던 프로이센의 프리드리히 2세는 "짐은 세 여자의 등쌀에 고달프다"고 푸념했다고 한다. 오스트리아의 마리아 테레지아 여제, 러시아의 엘리자베타 여제, 그리고 프랑스의 퐁파두르 후작부인을 두고 한 말이었다. 그래서 그는 궁정에서 키우는 개들에게 마리아, 엘리자베타, 잔(퐁파두르 부인의 본명은 잔 푸아송이었다)이라는 이름을 붙이고 신경질이 날 때마다 화풀이했다고 한다. 프랑스 왕의 정부들은 외교를 관장할 뿐 아니라 학문을 장려하고 교육사업을 벌이기도 했다.

미국 대통령 중에도 영부인에게 기대며 국정을 이끈 이가 많았다. 제4대 대통령 제임스 매디슨과 결혼한 돌리 매디슨은 내성적이고 말수가 적은 남편을 보좌하여 일찍부터 워싱턴 정가에서의 교류에 앞장섰으며, 남편이 백악관의 주인이 되는 데 큰 역할을 했다. 영부인이 된 다음에도 타고난 밝은 성격과 빼어난 미모를 최대한 활용해 내치와 외교에서 맹활약했고, 전쟁 직전까지 갔던 영국과의 외교갈등을 그녀가 해결하자 "돌리는 미국의 국보 제1호다"라는 말이 나돌기도 했다.

제28대 대통령 우드로 윌슨의 아내 이디스 윌슨도 알아주는 여걸이었다. 중요한 정책이나 법안까지 직접 만들어 남편에게 발

1920년 6월의 우드로 윌슨(왼쪽), 이디스 윌슨(오른쪽) 부처 우드로 윌슨 대통령이 정상적으로 집무하고 있는 것처럼 보인다. 하지만 이 사진은 연출된 것이며, 사실상 모든 사무를 영부인이 대행하고 있었다.

표시키는 일이 잦았기에 윌슨 행정부에 '속치마 정부'라는 비아냥이 따라붙기도 했다. 그녀는 1919년 9월에 남편이 뇌졸중으로 쓰러져 업무를 수행할 수 없게 되자 그 사실을 숨기고 대통령이 건재한 듯한 장면을 언론에 연출하면서 모든 결재를 자기 손으로 했다. 윌슨이 정식 퇴임한 1921년 3월까지 미국은 그녀의 손으로 통치된 것이다. 나중에 그 사실이 드러나자 미국 여론이 들끓었으며, 그 뒤로는 백악관에서 부인이나 가족에게 권한을 맡기는 일이 금기시되었다.

그러나 제35대 대통령 존 F. 케네디는 부인은 내세우지 않되 선거 때부터의 최측근인 동생 로버트를 법무장관에 앉히고 법무만이 아니라 모든 국정문제를 그와 협의했다. 제40대 대통령 로널드 레이건의 영부인 낸시는 '장막 뒤의 대통령' '낸시 여왕'으로 불릴 만큼 대통령에게 강력한 영향을 미쳤다. 제42대 대통령 빌 클린턴도 영부인 힐러리가 국정에 적극적으로 개입하는 것을 막지 않아 "이디스 윌슨이 돌아왔다"는 말이 나오기까지 했다. 이 밖에 중국-대만의 쑹메이링, 아르헨티나의 에비타 페론, 필리핀의 이멜다 마르코스 등도 독재자인 남편의 등 뒤에서 권력을 휘둘렀던 여성들이다.

세상 밖에서 나를 도와줄 사람은 없느냐?
'이세독립지인'에게 건 희망

두 번째 유형의 측근 실세로는 최고권력자의 심복을 들 수 있다. 최고권력자의 주위에 적대적이거나 믿을 수 없는 사람들이 가득하다 보니 공식 권력기구 밖에서 그를 돕게 된 이들이라 하겠다.

1192년 미나모토노 요리토모는 헤이시가문과의 오랜 싸움을 승리로 끝내고 일왕과 중앙 귀족이 주도하던 일본 정치판에 종지부를 찍으며 일본 최초의 막부체제인 가마쿠라막부를 열었다. 그에게는 그런 대업을 이뤄낼 배짱과 지혜가 있었다. 그러나 말 위에서 천하를 다스릴 수는 없는 법. 전혀 새로운 정치방식이었으므로 구체제 출신들은 잘 적응하지 못했고, 마음으로 순응하는 일도 적었다. 믿을 수 있는 신진세력이 필요했던 그는 자신과 직접 주종관계를 맺어 자신만을 섬겨온 '조키시'(雜色)들을 중용했다. 신분제 사회에서 하층이나 최하층에 머물렀던 조키시들은 명목상 높은 관직을 받지 못했음에도 미나모토노 요리토모의 측근세력이자 친위세력으로 활약했다.

중국 역대 왕조에서 사대부들의 혐오와 비판의 대상이 되었음에도 환관들의 힘을 키워주고 그들에게 대체로 공식 직위 밖에서, 때로는 재상이나 대신 등의 공식직위를 맡겨 권력을 휘두를 수 있게 해준 것은 정규 관료조직과 상층집단에 맞서 황제의 친위세력이 필요했기 때문이었다. 오스만튀르크에서도 사회적으로 소외된 이들인 이교도 고아들을 술탄의 직속노예로 뽑아 그들을 비선측근으로 활용했으며, 한동안 재상마저 그런 출신으로만 뽑아 거의 전권을 위임하다시피 했다.

군벌과 사대부의 제휴로 출발한 조선왕조에서는 처음부터 끝까지 사대부의 강력한 견제로 환관이 힘을 쓰지 못했고 그런 만큼 군주의 권력도 제한되었다. 그래서 폭군의 대명사로 통하는 연산군은 관리인 채홍사를 보내 팔도에서 미녀를 뽑아 들였을 뿐 아니라, 그중 재능이 있는 여인들에게 글과 무예를 가르쳐 측근으로 삼으려 했다고 한다. 미친 임금의 엽기적 기획으로 보기보다는 조선적이지 않은 절대군주를 꿈꿨던 연산군이 말을 듣지 않는 사대부들 대신 자신에게만 충성하고 자신에게만 의존하는 측근 집단을 육성하려 했다고도 볼 수 있다.

이처럼 환관이나 여성, 천민, 이교도 등 주로 전통사회의 소수자들이 신흥 최고권력자에게 발탁되어 비선측근이 되기도 했고, 종교인이 그런 역할을 맡기도 했다. 고려의 신돈과 러시아의 라스푸틴이 그러한데, 신돈이 '소수자이면서 심복'인 비선측근의 유형에 더 맞는 사람이다.

태생도 분명치 않고 사찰에 소속되어 있지도 않은 걸식승이던 신돈이 공민왕의 눈에 들어 영도첨의사사와 판감찰사사 등의 최고위 여러 관직을 겸임하고, 2선에 물러난 공민왕을 대신해 국정을 장악한 때는 1359년이었다. 그는 전민변정도감을 설치해 권문세족이 함부로 빼앗은 전답을 돌려주고 노비를 해방시켜 "생불이 나셨다"는 칭송을 받았다. 순자격제를 실시해 권문세족들이 종신토록 거머쥐던 고위직을 번갈아 맡도록 하고, 과거제를 개선해 신진사대부가 조정에 들어올 길을 여는 등 여러 개혁 정책을 폈다.

그러나 여색과 재물을 밝혀 도성의 부녀자들을 숱하게 겁간하고, 집을 몇 채씩 가졌다는 비난을 받기도 했다. 권문세족들이 벌이던 작태에 비하면 그의 행실은 천인공노할 일은 아니었으나, 개혁의 선봉이자 왕사(王師)로서 취할 몸가짐은 아니었다. 기득권을 위협받은 권문세족은 물론 신돈 덕분에 빛을 보았으되 신진사대부들도 임금의 권력을 승려 출신이 마음대로 휘두르는 일을 눈뜨고 볼 수 없었다. 그들까지 신돈을 가만두지 않자 공민왕은 6년 만에 역모혐의를 씌워 그를 처단해버린다. 신돈에게 실망해서 또는 그에 대한 비난이 자신에게까지 옮아 올까 두려워서 그랬을 것이다. 그러나 애초에 신돈이 그 어느 세력과도 줄이 닿지 않은 사람, 세상 밖에 사는 외톨이인 이세독립지인(離世獨立之人)이었기에 그를 발탁해서 개혁의 칼을 쥐어주고, 그 덕분에 왕권이 강화되자 '수고했다. 꺼져!'라는 식으로 권력을 되찾아간 것일 수도 있다.

조선시대 정조의 집권 초기에 큰 역할을 했던 홍국영은 정조와 세자 시절부터 절친한 친구였다는 점에서 측근 실세의 첫 번째 유형에도 속할 수 있으나, 그가 맡은 역할과 권력을 휘두른 방식을 보면 두 번째 유형으로 분류해야 할 것이다. 아버지 사도세자의 죽음 뒤 실제의, 또는 환상의 위협에 시달리던 정조에게 홍국영은 든든한 바람막이가 되어주었고, 마침내 즉위한 정조로부터 "그대가 없었다면 내가 어찌 이 자리에 있었겠는가!" 하는 감사를 받았다. 그러나 정조는 그에게 조정의 중진자리를 줄 수 없었다. 서른 살도 되지 않았던 홍국영을 정승판서에 임명할 수는 없었고 내명부의 정순왕후나 화완옹주, 조정의 노론대신들에 이르기까지 죄인(사도세자)의 아들인 정조의 왕권을 인정하지 않는 분위기였기에 정조가 아무리 홍국영을 신임해도 그에게 번듯한 자리를 주어서 자신을 옹위하게는 할 수 없었다.

그 대신 정조는 홍국영을 비서실장 격인 도승지와 매일 왕과 독대할 권한이 있던 약방제조 자리에 임명해 수시로 정국을 상의할 수 있게 하고, 각 관부의 실무 핵심 자리를 거의 모두 겸임시킴으로써 홍국영을 명실공히 측근 실세로 만들었다. 선혜청과 홍문관 등등의 제조(提調) 즉 실무담당관을 겸임시켜 실제 각 관부가 돌아가는 상황을 한 손에 장악토록 하고, 윗사람인 판서, 참판, 도제조 등은 수시로 갈아치움으로써 관부를 장악할 기회를 주지 않았던 것이다. 이로써 홍국영은 영의정보다 훨씬 강력한 힘으로 내정을 쥐고 흔들 수 있었으며, 훈련대장이나 금위대장 등 주요 군사지휘직 역시 겸임함으로써 그런 권력을 지킬 무력도 손에 넣었다.

그러나 홍국영도 신돈의 길을 걷게 된다. 최측근의 자리를 더욱 굳히려면 왕과 혼인관계를 맺는 것이 좋겠다고 여겨 홍국영은 자신의 여동생을 정조의 후궁으로 들여보냈다. 그런데 그녀가 죽음을 맞자 분노한 나머지 중궁전의 음모라 짐작하고는 중궁전 나인을 함부로 문초한 것이다. 이는 중전을 욕보인 짓이라 하여 내명부에서 일제히 들고일어났고, 어린놈이 최고실권자 행세를 한다며 눈꼴시려 하던 대신들도 홍국영을 비난하고 나섰다. 그러자 정조는 그를 전격 해임하고 얼마 뒤 시골로 쫓아버렸다. 홍국영은 한을 품은 채 숨죽여 살다 고향집에서 쓸쓸히 숨을 거두었다. 정조가 형제처럼 아끼고 믿었던 그를 지킬 수 없었던 것인지, 공민왕이 신돈을 이용하고 버렸듯 용도폐기한 것인지는 분명치 않다.

변명이 불가능한 국정농단의 주역들

세 번째 유형의 측근 실세는 재평가할 여지가 가장 없다. 최고지도자의 약점을 잡거나, 기묘한 방법으로 속이거나, 마음을 빼앗거나 해서 실권을 틀어쥐고 국정을 농단하며 사리사욕을 채우기 때문이다.

1768년에 덴마크 국왕 크리스티안 7세의 주치의인 독일인 슈트루엔제는 국왕이 정신질환으로 국정에도 가정에도 충실하지 못한 점을 파고들었다. 왕의 신임하에 왕명을 조작했으며, 어전회의를 없애고 자신을 시종장으로 임명했다. 대신들이 왕에게 안건을 올리면 "국왕께 말씀드리겠소" 하고는 내실로 물러갔다가 국왕은 만나보지도 않고 돌아와 "이리 처리하라 명하셨소" 하며 자기 뜻대로 국정을 이끌었다. 그는 왕비 마틸다와 불륜관계까지 맺으며 덴마크 왕실을 휘어잡았다.

그는 루소를 열렬히 신봉하는 계몽주의자이기도 했다. 그래서 고문금지, 노예노동 금지 등등 여러 개혁정책을 폈는데, 아이러니하게도 그가 언론검열을 폐지하자 모든 언론이 슈트루엔제의 국정농단을 비난하고 나섰다. 여론이 점점 안 좋아지자 크리스티안 7세는 슈트루엔제를 체포하고 처형해버렸다. 슈트루엔제의 이러한 계몽주의적 개혁과 파렴치한 국정 농단으로 덴마크 절대왕정을 입헌군주제로 바꾸려는 흐름이 급물살을 타기도 했다.

1815년에 유럽 연합군은 엘바 섬을 탈출한 나폴레옹의 백일천하를 끝장내고 그를 다시 세인트헬레나 섬으로 유배 보냈다. 연합군의 중심은 알렉산드르 1세가 이끄는 러시아군이었다. 그런데 러시아 황제의 곁에는 크뤼데너 남작부인이라는 묘한 분위기의 중년 귀부인이 그림자처럼 따라다녔다. 젊은 시절에 끼 많은 미녀였던 그녀는 유럽을 두루 다니며 방탕한 생활을 했으나, 중년에 종교에 광적으로 빠지더니 사이비 교주로 변신했다. 그녀가 알렉산드르 1세를 만났을 때, 황제는 감격의 눈물을 흘렸고 그녀는 황제를 신의 사도이며 전 세계를 구원할 구세주로 불렀다. 이후 나폴레옹을 무너뜨리고 빈회의에서 전후 국제질서를 논의하는 과정에서 황제는 그녀의 조언에 따라 의사결정을 했으며, 그녀가 지시한 대로 개신교, 가톨릭, 정교회를 초월해 예수 그리스도를 믿는 모든 나라가 참여하는 신성동맹을 주창하게 된다.

그러나 "눈에서 멀어지면 마음도 멀어진다"는 말 그대로 크뤼데너를 유럽에 남겨두고 러시아로 돌아간 알렉산드르 1세는 점점 그녀의 지배에서 벗어난다. 그사이에 크뤼데너는 켈너라는 남자와 함께 스위스로 가서 신앙공동체를 만드느라 러시아는 안중에도 없었다. 1820년에야 러시아로 간 그녀는 그리스인들이 터키에 맞서 독립투쟁을 일으키자 "신께서 명령하시니, 그리스인들을 도와 싸우시오!"라고 황제에게 말했다. 그러나 황제는 더 이상 그녀의 말을 들을 생각이 없다고 하며 그녀의 요청을 단번에 거절해버렸다. 하지만 옛 정이 있었던지, 황제는 그녀에게 크림반도의 땅을 주고 그곳에서 신앙공동체를 꾸려갈 수 있게 해주었다.

크뤼데너 남작부인의 실권자 지배기간은 길지 않았고 신성동맹도 러시아의 위세를 높일 수 있었던 방법이었기에 그녀가 국가에 악영향을 주었다고는 할 수 없다. 그렇지만 한때나마 국가의 외교정책이 사이비 종교인에게 휘둘렸음은 문제가 아닐 수 없었다. 약 90년 뒤에는 비교도 할 수 없는 심각한 사태가 러시아 황실에서 일어난다. 바로 수도사 라스푸틴의 등장이 그것이다.

야수와 같은 몸과 마법사 같은 눈빛, 투박하면서도 악마적인 화술을 갖춘 그는 알렉세이 황태자의 병을 치료하면서 러시아 황실에 발을 디뎠다. 라스푸틴은 알렉산드라 황후를 비롯한 수많은 귀부인을 포로로 만들어갔다. "죄를 범한 다음 회개해야 구원받을 수 있다. 그러니 먼저 죄를 짓자"는 말도 안 되는 말에 유부녀들은 홀리듯 그와 잠자리를 같이했다고 한다. 숨기려야 숨길 수 없을 정도가 된 추문은 러시아 황실에 대한 국민의 실망과 불신을 키웠다. 황후를 움직이고 황후가 황제를 움직이는 방식으로 라스푸틴은 국정을 손에 쥐고 흔들었으며, 특히 인사권을 멋대로 휘둘렀다. 유능하고 도덕적인 인물은 쫓겨나고, 무능하지만 라스 푸틴에게 아첨하는 사람들이 정부요직을 채웠다. 제1차 세계대 전 초기에 러시아군이 맥을 못 춘 것은 라스푸틴이 임명한 사령 관들이 전쟁에 초보인 바지저고리였기 때문이라는 점도 있었다. 1916년에 암살되기까지 라스푸틴은 러시아 국정을 엉망진창으 로 만들어버려, 혁명과 왕조의 종말을 이끌었다.

조선왕실에도 명성황후를 유력한 비선측근으로 활용했던 고 종 때 비슷한 일이 벌어졌다. 1882년 임오군란이 일어나 명성황 후가 충주로 달아났을 때, 한 무당이 찾아와서 환궁할 날짜를 점 쳐주었는데 그 말이 들어맞았다. 그 무당이 아픈 곳을 만져주면 낫기도 해서 명성황후는 그녀를 절대적으로 신뢰하게 되었으며, 환궁한 뒤에도 극진히 대접했다. 무당이 "나는 관성제군(관우)의 딸이니 묘를 짓고 정성껏 섬기라" 하여 진령군(眞靈君)이라 부르 며 받들었다는 것이다.

진령군이 명성황후의 비선측근이 되면서 조정의 실세로 떠 오르자 저마다 진령군에게 줄을 대려고 금은보화를 가지고 찾아 왔고, 진령군의 말 한 마디면 안 되는 것이 없었다고 한다. 진령 군의 존재는 황현의 『매천야록(梅泉野錄)』 외에도 여러 곳에 나온 다. 안효제 같은 사람은 그녀를 처단하라고 상소한 뒤 귀양을 가 기도 했다. 그러나 공식기록에는 거의 나타나지 않음을 볼 때 그 녀의 실제 영향력이 다소 과장된 면이 있었던 것 같다. 시절이 어 수선하던 때였으니 고종 내외가 무속인에게 의지하려던 마음도 있었을 것이고, 고립된 최고권력자가 동원하는 비선측근으로서 진령군이 시중의 동향을 알리고 지방관들과 비밀연락을 취하는 역할을 맡았을지도 모른다.

라스푸틴이나 진령군처럼 국정을 쥐고 흔든 정도는 아니었으나 최고권력자의 측근을 움직인 사례는 20세기 말 미국에도 있었다. 레이건 대통령의 영부인인 낸시 레이건은 본래 점성술 등 미신을 많이 믿었는데, 1981년 레이건이 총격을 받은 뒤로는 퀴글리라는 점성술사에게 크게 의존했다. 이후 외국원수와의 회담이나 대국민 연설 등 주요 정치 일정은 퀴글리에게서 넘겨받은 길일에 따라 낸시 레이건이 결정했다는 것이다. 핵군축과 냉전해소를 놓고 소련의 서기장 고르바초프와 4회에 걸쳐 정상회담을 갖던 때도 퀴글리가 점을 친 대로 날짜가 결정되었다. 소련 쪽에서는 레이건이 일정을 이상하게 당겨잡거나 늘려잡아서 짜증을 내기도 했다고 한다.

비선측근 실세는 유형에 따라 최고권력자의 지혜에 보탬이 되거나 고립무원의 상황에서 담대한 개혁을 시행할 근거를 주기도 했다. 그러나 어떤 유형이든 검증받지 않는 권력의 속성을 지닌다. 독재의 한계, 다양한 시각과 의견을 확보하지 못한 채 바늘구멍으로 세상을 보고 그에 따라 중요한 결정을 내리는 한계를 가지는 셈이다. 첫 번째와 두 번째 측근 실세 유형이 라스푸틴이나 진령군의 경우처럼 세 번째 유형으로 타락할 가능성도 매우 크다. 더구나 전통시대 정치가 아닌 현대 민주정치에서 이런 검증받지 않는 권력은 선출되지 않은 권력의 문제까지 갖는다. 민주공화국에서 모든 권력은 국민으로부터 나오며 원칙적으로 중요한 결정권자는 국민이 선출해야 정당성을 얻는다고 할 때, 사실상 엉뚱한 사람이 통치하고 있고 기껏 뽑은 최고권력자는 허수아비에 지나지 않는다면 큰 문제가 된다.

노무현 정권 때 총리 이해찬에게 권력을 대폭 위임하여 사실상의 이원집정제처럼 운영하겠다고 한 일도 이런 면에서 논란거리였다. 국민은 노무현을 대통령으로 뽑았는데, 대통령에게 임명된 총리가 대통령의 권력을 임의로 절반이나 가져간다면 민주주의 원칙에 부합되는 것이라고 할 수 있겠는가?

비선측근이 나타나지 않게 하려면

어떻게 비선측근 실세의 등장을 막을 것인가? 제도적으로는 조선 성종 때부터 종친의 과거응시와 공직담임을 금지한 것처럼 측근이 될 가능성이 있는 사람들의 발을 묶어버리는 방법이 있다. 그러나 오늘날 이는 헌법에 위배되는 것이라 하겠다. 최고권력자와 가깝다는 이유만으로 참정권을 박탈할 수는 없기 때문이다. 또한 최고권력자가 공적인 자리 말고는 어떤 만남도, 연락도 갖지 못하게 하지 않는 이상 그 누구든 측근 실세가 될 수 있다. 오랜 정치생활 동안 가신 집단을 거느려온 김영삼, 김대중 정부 출범 당시 가신들이 측근 실세가 되지 않을까 하는 우려가 높았다. 그래서 "가신들은 현 대통령 임기 중 절대로 공직을 갖지 않겠다"는 선언과 다짐까지 나왔다. 제도적으로는 봉쇄할 수 없는 가신들의 실세화를 정치적으로 봉쇄하려 한 것이다. 그러나 대통령의 아들들이 비선측근 실세 노릇을 한 것을 보면 사전예방에는 한계가 있음을 알 수 있다.

거꾸로 그렇게 주변 사람을 단속할수록 최고권력자는 외로워지며 바로 그것이 비선측근 실세를 만들어내는 온상이 되기도 한다. 최고권력자가 국민과 소통하며 국민의 고른 지지와 관심, 애정어린 비판의 대상이 되고 있다면 비선측근 실세가 나타날 가능성은 거의 없다. 그러나 최고권력자 스스로 불통의 장막에 숨거나, 주변세력과 국민 다수가 그를 외면하고 불신한다면 절대로 믿을 수 있고, 나만을 바라봐주는 사람이 그리워질 수밖에 없다.

그런데 1987년 민주화 이후 한국의 정치게임은 갈수록 그런 상황을 부추기는 쪽으로 흘러왔다. 언제부터인가 대통령 후보들은 '온 국민의 지지'를 포기하고, '상대 후보보다 더 많은 사람의 지지'를 목표로 하기 시작했다. 그래서 상당수 국민의 증오와 원한을 살지언정 조금이라도 많은 표를 받으면 당선될 수 있음을 노렸다. 진영논리를 강화하기 위해 자극적인 말과 행동을 일삼고, 흑백논리와 인신공격을 쏟아부었다. 그래서 열광적 지지자들 말고도 '둘 다 마음에 안 들지만, 저쪽보다는 약간 낫다'고 여긴 사람들의 표까지 끌어모아 대통령이 되었다.

진정한 지지기반은 소수인 상황에서 취임 이후 실정이 부각될 때마다 상대 진영의 원한에 찬 매도는 거듭된다. 그러다 보니 덜 나쁘기 때문에 선택했던 지지자들도 떨어져나가 임기 말이 되면 지도력이 공백상태가 되는 상황이 반복되었다. 이런 이유로 총리도 여당도 믿을 수 없다고 생각하며 믿을 사람은 측근에 있는 이들뿐이라는 함정에 빠지고 마는 것이다.

이를 위해 제도적 방책으로 마이너스 투표제를 실시해보면 어떨까. 지금은 여러 후보자 가운데 누구를 지지한다는 플러스 투표밖에 없지만, 누구만은 제발 당선되지 말았으면 좋겠다는 마이너스 투표도 병행하는 것이다. 그래서 양자를 합산하여 결과를 낸다. 그러면 적어도 상대의 저주를 각오하고 자기 진영표를 굳히려는 정치운동은 줄어들고 국민 대다수가 반감을 갖지 않는 사람이 승리할 것이다. 그럴 경우 정치색이 뚜렷한 사람보다 무난하고 어찌 보면 재미없는 사람이 최고지도자가 될 가능성이 높다. 하지만 고심해서 뽑아놓고 몇 년만 지나면 "속았다. 내 손가락을 자르고 싶다"며 분개하는 일은 줄어들지 않을까.

#비선측근 #신돈 #명성황후 #라스푸틴 #홍국영

또 하나의 선거, 인사청문회

영국처럼 새로운 대통령 당선자가 섀도우 내각을 구성해 발표하고
정권인수 기간 동안 검증한 다음
적격으로 판정되면 계속 임용하게 하면 어떨까?

대한민국은 민주공화국이다. 주권은 국민에게 있고 국민이 직접 나라를 다스리는 것이 마땅하다. 하지만 비현실적이어서 선거라고 하는 방식으로 국민의 대표자를 뽑아 공직에 앉히는 것으로 주권자임을 확인해왔다.

그렇지만 현실적으로 모든 공직을 선거로 뽑지도 못한다. 그럴 만한 시간과 돈이 없을뿐더러, 국민의 관심을 촉구하기도 만만치 않다. 그래서 다수의 고위공직자가 시험으로 뽑힌 다음 연공서열에 따라 고위직에 오르거나 선출된 고위공직자인 이때 총리나 장관, 대법관, 국가정보원장, 금융감독원장처럼 권력이 막강하고 국민생활에 미치는 영향력도 큰 자리가 대통령과의 인연만으로 채워질 가능성도 있다. 국민이 후보자를 불러다 놓고 이모저모 따져보고는 쓸 만하다 싶을 때 임명에 동의해줘야겠지만, 여건이 여의치 않으니 국민의 대표자인 국회의원이 검증을 맡는다. 이것이 인사청문회 제도다.

　　청문회란 의회를 비롯한 정부기구가 중요한 결정을 내려야
할 때, 정확한 판단을 하기 위해 증인, 참고인, 감정인 등을 출석
시켜 관련진술을 듣는 회의다. 그 기원은 1215년 영국의 「대헌
장」이라고 한다. "사법청문회를 거친 다음에야 신체의 자유와 재
산권에 제한을 가할 수 있다"는 조항이 청문회의 시초라는 것이
다. 재판과 기본적으로 차이가 없었던 셈인데, 이후 변천을 거쳐
오늘날 사법청문회는 일종의 약식재판으로서 영미권에 남아 있
다. 한편 영국정치에서 의회의 권력이 점점 강해지면서 청문회는
의회에서 활발히 열렸다. 오늘날 영국의 의회청문회에는 법안심
사 과정에서 정부관계자의 의견을 듣는 입법청문회, 정부활동을
조사하고 감사하는 조사·감독청문회(우리나라의 국정감사와 국정
조사가 이와 비슷하다), 그리고 인사청문회가 있다.

　　인사청문회의 기원은 미국이다. 그것은 대통령제의 기원이
미국인 사실과 밀접하게 연관되어 있다. 1776년 영국의 13개 식
민주(州)들이 모인 대륙회의에서 영국으로부터의 독립이 합의되
었다. 그러나 새로운 국가의 정부형태를 어떻게 할 것인지에 대
해서는 논란이 거셌는데, 군주제 말고는 의원내각제 정부밖에 경
험하지 못했던 당시 사람들로서는 의원내각제로 가는 것이 자연
스러웠다. 그러나 그럴 경우 주마다 넓이와 인구 수가 달랐던 만
큼 각 식민주의 독립성이 어떻게 보장될 것이냐가 문제였다. 또
한 독립성을 보장하면서도 영국과의 전쟁수행 등을 위해 전체 주

영국의 존 왕이 「대헌장」에 서명하는 장면   1215년, 영국의 존 왕이 귀족들의 압력에 굴복해 「대헌장」(Magna Carta)에 서명을 하고 말았다. 여기서 청문회 제도가 비롯되었다고 하지만, 사실은 1787년 미국에서 시작된 것이다.

의 통일된 행동을 이끌어낼 단일 정부가 있어야 한다는 목소리도 높았다. 결국 그들은 연방정부를 수립하고, 그 최고책임자로 군주는 아니되 국가원수로서의 권한을 갖는 대통령이라는 직위를 창설할 것에 합의했다.

헌법을 만들기 위해 개최된 1787년 제헌의회에서는 다음과 같은 논쟁이 벌어졌다. "연방정부가 살림살이를 하려면 공직자들을 뽑아야 한다. 그러면 누가 공직자들을 뽑을 것인가? 의회인가, 대통령인가?" 가까스로 합의된 원칙은 이러했다. "연방정부 공무원은 대통령이 선임한다. 그러나 의회, 그중에서도 상원이 청문회를 거쳐서 인준해야만 비로소 공직에 취임할 수 있도록 한다."

미국 헌법 제2조 2항에 삽입된 인사청문회 규정은 그 뒤 미국 고위공직자 선임의 필수조건이 된다. 하지만 이는 초대 연방 정부의 고위직을 뽑을 때만 엄격하게 적용되었고, 이후로는 임용 후보자를 두고 특별한 청문회 과정 없이 승인만 해주는 식으로 한동안 이어졌다. 헌법상 인사청문회를 반드시 거쳐야만 하는 것이 아니라 의회의 뜻에 따라 생략할 수 있다는 식의 해석이 가능했기에 그러했다. 또한 19세기 초까지는 몇 안 되는 명망 있는 가문 출신들만 임용후보로 나왔으므로 서로 다 아는 처지에 뭘 물을 필요도 없다는 분위기여서 그랬다.

서부의 보잘것없는 서민 출신으로 대통령이 된 앤드루 잭슨이 1829년에 엽관제(spoils system)를 도입하면서 이런 분위기는 차차 바뀐다. 잭슨은 공직사회의 기득권을 타파하려면 서민들이 많이 임용되어야 한다고 믿었다. 그래서 대통령이 내놓는 인물이면 의회에서 묻지도 따지지도 말고 '승자에게 전리품(spoil)을 챙겨주는 자세로' 받아들여야 한다고 주장한 것이다. 이는 당연히 반발을 살 수밖에 없었고, 생략되거나 형식적이었던 청문회가 비로소 제자리를 찾는 계기가 되었다. 그러나 엽관제는 19세기 말까지 미국 공직 임용제도를 지배했는데, 이것은 임용후보자가 청문회를 대비하여 임용 전부터 상원의원과 친분을 쌓고 정치적 유대관계를 맺는 활동을 했기 때문이다. 또한 백악관에서도 부적격 인물을 내놓았다가 망신당하지 않도록 사전 인사검증을 더 신중하게 했다.

20세기 초까지는 미국에서도 장관과 대사를 비롯한 행정부 고위직에 대해서만 청문회가 실시되었으며, 대법관과 같은 사법부 고위직을 비롯한 상당수 고위직은 계속 형식적인 승인만 받고 자리에 올랐다.

그러다가 1916년 윌슨 대통령이 루이스 브랜디스를 대법관 후보로 지명했을 때 새로운 국면이 벌어졌다. 브랜디스는 유대인이었는데, 일찍이 미국 대법관 중 유대인은 없었다. 게다가 그는 정의파 변호사로서 악덕기업들을 매섭게 공격했다. 전직 대통령 태프트, 전직 국무장관 루트 등을 비롯한 상원의 원로들이 일제히 브랜디스의 임용을 반대하고 나섰으며, 이에 따라 대법관 임용을 위한 최초의 청문회가 열리게 된다. 그러나 당시의 청문회에서는 해당자를 변호하거나 비판하는 증인들만 출석했고, 당사자는 출석하지 않았다.

당사자도 나와서 입장을 밝히고 의원들과 질의응답을 하게 된 때는 1939년이었다. 당시 대법관으로 지명된 펠릭스 프랑크푸르터는 유명했던 '사코와 반제티 사건'에서 무정부주의자들의 변호인을 맡았던 경력이 있어 "사상이 의심스럽다! 직접 불러다놓고 이야기를 들어봐야 한다"는 주장이 불거졌던 것이다.

이런 식으로 청문회의 형식과 실질적 성격이 시간이 갈수록 다듬어져갔고, 그 대상범위도 차차 확대되었다. 2012년 이래 현재 미국에서는 1,217개의 주요 공직이 청문회를 거치도록 되어 있다.

지금의 미국 인사청문회는 '해당 임용후보자가 해당 공직을 맡을 직무 적합성과 전문성이 있는지'를 평가하는 자리다. 하지만 백악관을 중심으로 한 사전검증에서 세밀히 추려지며 그 과정에서 각 정당의 입장도 반영된다. 이 때문에 청문회장에서는 후보의 도덕성만을 따지거나 청문회를 열지 않고 인준하기로 하는 경우가 많고, 절반 정도가 청문회가 생략된 상태로 임용된다. 후보자의 도덕성 문제가 가장 적나라하게 터졌던 사례는 1991년에 있었다.

> "클래런스 씨, 증인과의 대화 가운데 '내 콜라 잔에 네 음모 (陰毛)가 빠져 있어'라는 말을 한 적이 있습니까?"
>
> "아뇨. 그런 적이 없습니다."
>
> "힐 교수와의 대화에서 음…… 그러니까 '롱 동 실버'라는 언급을 한 적이 없나요?"
>
> "결코 없습니다. 롱 동 실버가 뭐죠?"
>
> "그게 무엇인가 하면……."

롱 동 실버는 성인용품 상점에서 판매하는, 거대한 남자의 물건을 형상화한 여성용 자위기구였다. 엄숙한 상원 의석이 당혹스러운 한숨과 혼잣말로 웅성거렸다. 텔레비전으로 시청 중이던 미국 가정의 부모들은 황급히 채널을 돌리고, 식탁에 함께 앉아

2013년 오바마 대통령 취임식 현장에 참석하고 있는 **클래런스 토머스(오른쪽)** 미국 인사청문회는 해당 임용후보자의 '직무 적합'을 주로 평가한다. 하지만 1991년, 후보자의 도덕성 문제로 대법관에 인준되지 못할 뻔한 사례가 있었는데, 클래런스 토머스가 그 주인공이다. ⓒ연합뉴스.

있던 아이들에게 방으로 가라고 했다.

인사청문회장에서 왜 이렇게 낯 뜨거운 질의가 오간 것일까? 당시 대통령 조지 H. 부시가 대법관 후보로 클래런스 토머스를 지명했다. 그런데 청문회 도중 토머스가 아니타 힐이라는 법관과 고용평등위원회에서 함께 일하던 시절, 힐에게 성추행을 했다는 의혹이 제기된 것이다.

청문회장은 발칵 뒤집혔고, 당시에는 법관을 그만두고 법대 교수로 재직하던 힐이 소환되어 토머스와 마주보면서 정확히 어떤 일이 있었는지 밝히게 되었다. 상원의원들은 토머스 후보자가 힐 교수에게 했다는 행동과 음담패설을 토씨 하나 빼놓지 않고 그대로 하도록 했다. 포르노 소설을 읽는 듯한 적나라한 표현이 난무하는 가운데 "이건 교육상 좋지 않고 국가적으로도 수치다"라는 주장도 있었지만, 공직후보자에 대해서는 철두철미하게 진실을 밝혀야 한다는 원칙에 따른 것이었다. 그 결과 성추행 가능성을 부정할 수 없지만 긍정하기에도 증거가 불충분하다고 여겨져, 토머스는 52 대 48이라는 아슬아슬한 차이로 대법관에 인준되었다.

한편 영국은 청문회의 원조국가임에도 인사청문회는 내내 없었다. 영국은 의원내각제여서 행정부의 권력을 의회가 견제한다는 의미가 약했기 때문이다. 그 자리에 맞는 인물인지 검증이 필요하다는 요청에는 '섀도우 내각'이라는 것으로 부응해왔다. 제1야당이 외무장관, 법무장관, 재무장관 등 역할을 정해서 소속 의원들에게 맡기고, 그들을 중심으로 해당 부처의 정책을 검토하여 비판하게 한다. 그리고 집권하면 실제로 섀도우 내각 구성원들이 해당 부처의 장관이 되어 국정에 임함으로써 집권 이전부터 해당 업무에 적합한 사람인지를 검증할 수 있게 해주는 것이다.

그러나 그런 영국에서도 '똑같이 의회의원인 장차관급의 고위공직자에 대한 의회청문회는 난센스이지만, 행정부처 산하 공공기관장 중에는 국민생활에 미치는 영향이 막대한데도 특정 의원과의 친분 따위로 임용되는 경우도 있지 않을까?' 하는 의문이 고개를 들게 된다. 그래서 1995년에는 공공인사감독관실을 설립해 행정부처 산하 공공기관의 장과 이사진 인사를 관리감독하게 되고, 2007년에는 브라운 총리의 제의로 공공인사감독관실 소관의 임명고위직에 사전 인사청문회를 실시하게 되었다. 지금 60개 고위직이 그 대상인데, 국가 예산과 금융에 대한 기관장들 말고는 청문회 결과가 나쁘다고 인사를 수포로 돌릴 권한까지는 없다.

일본도 영국처럼 의원내각제를 실시하다 보니 청문회라 부르는 제도는 없지만, 국회동의인사제가 있다. 식품안전위원회, 원자력규제위원회 등의 주요 위원회 위원장과 위원이 모두 해당되는데, 중의원과 참의원 운영위원회에서 비공개로 소신을 듣고 질의응답을 진행한다. 37개 기관 250명 이상에게 실시되는 이 동의인사 절차에서 양원 모두의 동의가 있어야 인준이 이루어진다.

이원집정부제를 채택하고 있는 프랑스의 경우는 어떨까? 역시 오랫동안 청문회는 없었다. 대통령이 임명하는 직위와 의회가 임명하는 직위가 함께 존재한다는 것만으로 상호견제의 의미가 충분하다고 여긴 듯하다. 2008년에 이르러 개헌으로 청문회가 도입되어 2010년부터 실시된다. 현재 45개 직위의 청문회 대상자 가운데는 공영 라디오방송국 사장, 전력공사 사장, 철도공사 사장등 공기업 대표가대부분이며 장차관은 빠져 있다. 또한 대통령이 임명하는 인사는 상하원의 상임위원회의 동의를 얻어야 하나, 상하원의 의장이 임명하는 인사는 각 원의 상임위원회에서만 동의를 얻으면 된다. 상임위원회 위원의 5분의 3 이상이 임용에 부정적일 때 임용을 무산시킬 수 있다.

마르코스나 지금의 두테르테처럼 강력한 권력을 휘두르는 대통령이 집권했던 필리핀에서는 하원에 고위공직자 인준위원회를 설치해서 청문회처럼 운영하고 있다. 그러나 지명 자체를 거부할 권한은 없고 심사만 할 뿐이다.

1,000년 전통의 한국 인사청문회?

우리나라의 경우, 어떤 의미에서는 오래전부터 청문회 같은 것이 있었다고 하겠다. 권력에 의한 자의적 인사를 방지하고 그 자리에 맞는 인물을 쓰도록 조언과 동의를 하는 절차의 의미로 본다면 말이다. 바로 서경(署經)이다. 왕이 관료를 임명해도 관리와 감찰이나 언론의 역할을 맡은 소장파 관료들이 승인을 해주어야 그 자리에 앉을 수 있는 있었다.

청문회처럼 후보자를 불러 앉혀놓고 공개적으로 질의응답을 하는 것은 아니었지만, 당사자와 친인척의 비리혐의와 당사자의 능력, 도덕성 등을 광범위하고 세세하게 조사해서 승인 여부를 결정했다. 50일 동안 승인을 받지 못하면 임용은 무산되었다. 고려시대부터 있었으니 1,000년 전통인 셈이다. 고려시대의 서경은 정1품부터 모든 공직자가 서경을 거치는 등 철저히 시행되었다. 그러나 왕의 인사권을 과도히 제약한다 해서 조선시대에는 5품 이하의 관료에게만 적용되었다. 특히 문제 삼았던 점은 부정부패 였다. 한 번 부정이 발각된 관리는 장리(贓吏)라 하여 그 자손, 외손, 서손이 모두 벼슬길이 막혔으니 부패를 막기 위한 강력한 수단이 아닐 수 없었다.

한편 조선이 성리학의 왕조가 되면서 관리선발에서 폐단도 있었는데, 도덕성과 직무능력 중에서 도덕성을 지나치게 강조하는 면이 점점 두드러진 것이다. 성종 22년(1491년)에는 김석이 이미 사실무근 판결을 받은 사건이었음에도 "상중에 기생과 관계했다"는 소문만으로 서경을 거부당했다. 이듬해에는 문윤명이 그의 어머니가 수절하지 않고 개가했다 해서 서경을 받지 못했다. 이러다 보니 서경을 담당하는 사헌부와 사간원을 장악하려는 움직임이 일었고, 당쟁이 심해진 조선 후기에는 이들 기구가 특정 당파의 색깔에 따라 운영되면서 자기네 당파는 큰 흠이 있어도 그냥 넘어가고 상대 당파는 티끌만 한 문제도 걸고 넘어지는 상황이 초래된다. 조선 말기로 넘어가면 서경은 있으나 마나 해지고, 특정 문벌의 자손들이 고관대작을 독점했다.

그러면 미국 모델을 본뜬 근대식 청문회는 언제 시작되었을까? 김대중 정권 시절에 제16대 국회에서 "행정부 견제, 공직자의 도덕성과 직무수행 능력 검증"이라는 취지에 따라 청문회가 처음 도입되었다. 길고 긴 군사독재 시절이 지나 1987년 민주화가 이루어진 다음에도 13년이 지난 2000년에야 대통령의 인사를 국민의 대표인 의회가 국민의 눈앞에서 감시하고 검증해야 한다는 발상이 실현된 것이다. 2000년 당시에는 국무총리를 비롯해 대법원장, 감사원장, 헌법재판소장, 대법관, 그리고 국회선출 몫의 헌법재판관과 중앙선관위 위원 후보들에게만 인사청문회를 실시해 총 23인에 그쳤다.

2003년에는 국정원장, 검찰총장, 국세청장, 경찰청장 등이, 2005년에는 국회선출 몫 이외의 헌법재판관과 중앙선관위원도 청문회 대상이 되고, 각부 장관들도 추가되어 국무위원 전원이 청문회 대상이 된다. 2006년에는 합참의장, 2008년에는 방통위원장, 2012년에는 공정거래위장, 금융위원장, 인권위원장, 한국은행 총재, 2014에는 특별감찰관과 KBS 사장도 추가됨으로써 현재 총 63명이 청문회 대상자다. 다만 장관이나 검찰총장, 한국은행 총재 등등 2003년 이후에 청문회 대상자로 추가된 공직자들은 인사청문회를 받되 그 결과에 구속력은 없다. 청문회에서 부정적 판정을 받아도 대통령이 임명을 강행할 수 있는 것이다.

인사청문회가 처음 도입된 지 10여 년을 넘기고 있는 지금, 인사청문회 제도에 대해 긍정적 시각보다는 부정적이고 회의적인 시각이 많아 보인다. 왜 그럴까?

먼저 청문회의 효력이나 운영이 상당히 미흡하기 때문이다. 미국의 청문회 대상 고위직 공직자가 1,217명이라는 수치부터 우리 제도의 미흡성이 드러난다. 더 자세히 보면 미국은 건국 초부터 대사와 공사를 비롯한 주로 외교관직에도 청문회를 실시했다. 그러나 우리는 여러 해에 걸쳐 청문회 대상을 추가하면서도 외교관직만은 대통령과 외교부 장관의 인사권을 건드리지 않는 것으로 하고 있다. 외국에서 우리나라를 대표하는 사람이자 외국에 나간 우리 국민을 보호하고 변호해야 할 사람인 외교관을 다만 기술관료로만 보는 셈이다. 우리나라 사람이 외국에서 곤란에 처했을 때 대사관의 외면과 냉대를 받는 일이 많다는 점과 이런 사실은 무관하지 않을 것이다.

미국은 장관만이 아니라 차관보까지 청문회 대상으로 하고 있고, 대통령 중심제가 아니기 때문에 장차관 청문회는 하지 않는 영국, 프랑스, 일본 등에서도 전력공사 사장이나 식품안전위원회장 같은 공기업과 위원회 대표 및 간부들을 청문회에 세우고 있다. 이들이 국민생활에 미치는 영향력이 크기 때문이다. 미국은 물론 필리핀도 군간부의 인사적합성을 묻는 장치가 마련되어 있고, 이해충돌방지 원칙을 두어 대통령은 물론 장관이나 대법관

의 친인척과 측근인사 등이 연줄에 따라 임용될 가능성을 방지하
고 있다.

우리는 청문회에 제출할 신상자료가 직업, 학력, 경력, 병역,
5년간의 소득세, 재산세, 종합토지세 납부 및 체납 실적, 범죄경
력에 그친다. 미국은 여기에 재산의 거래내역도 넣음으로써 재산
을 은닉하거나 특정 고위직과 인맥을 형성한 정황도 들여다볼 수
있도록 한다. 마지막으로 한국의 청문회에서는 국가기밀, 근친자
의 형사책임 가능성, 업무상 비밀 등의 이유로 답변을 거부할 수
있고 그런 핑곗거리가 없어도 "모르겠다. 기억이 나지 않는다"라
고 하면 그만이지만, 미국 청문회에서 그럴 경우 의회모독죄를
범하는 셈이 된다. 당사자 외의 증인이 거짓말이나 증언거부를
해도 위증죄가 되는데, 우리는 증인의 불성실을 처벌할 방법이
없다. 또한 자료제출을 거부하거나 위조된 자료를 제출해도 문제
가 없다.

그런데도 청문회 때문에 임용이 물거품이 되었을 뿐 아니라
망신살까지 뻗친 인사들이 우리나라에는 많다. 김대중 정부 때인
2002년 7월, 장상 전 이화여대 총장이 사상 최초의 여성 국무총
리 후보로 지명되었으나 아들의 미국 국적취득 문제, 부동산 투
기 및 위장전입 문제 등으로 낙마했다. 뒤이어 장대환 전 매일경
제신문 사장이 후보가 되었지만 역시 부동산 투기 문제 등으로
낙마했다. 노무현 정부 때는 윤성식 감사원장 후보자, 김병준 부
총리 겸 교육부 장관 후보자가 코드 인사, 논문표절 등의 의혹을
받고 낙마했으며, 전효숙 헌법재판소장 후보자가 절차문제에 발

청문회에서 낙마한 장상 국무총리 후보(왼쪽)와 김병준 교육부총리 후보(오른쪽). 장상은 최초의 여성 국무총리가 될 뻔했으나 청문회에서 낙마했다. 김병준은 노무현 정부에서 교육부총리로 추천됐지만, 청문회를 통과하지 못했다. 그는 다시 박근혜 정부에서 총리로 지명되었으나 탄핵에 따라 청문회장에 서보지도 못한 채 물러났다. ©연합뉴스.

목이 잡혀 최초의 여성 헌재소장이라는 이름을 얻지 못했다.

이명박 정부 때는 김태호 국무총리 후보가 뇌물수수 의혹 등으로 낙마한 것을 비롯해서 장관급 3명이 청문회에서 인사 길이 막혔고, 남주홍 통일부장관 후보자 등 3명의 장관급 인사가 비리 의혹을 못 이기고 청문회 개최 전에 사퇴했다.

박근혜 정부 때는 안대회 국무총리 후보가 전관예우 문제로, 문창극 후보가 역사관 문제로 청문회에 앞서 총리의 꿈을 접어야 했고, 정성근 문화부 장관 후보 등 장관급 3명이 청문회 이후 사퇴했다. 2002년부터 2016년까지 모두 17명의 장관 이상급 후보자가 청문회와 직간접적으로 얽혀 낙마했으며, 13년 동안 3년을 제외하면 해마다 청문회를 둘러싼 의혹 제기와 낙마가 이루어졌다. 국민들이 인사청문회에 염증을 내고, 우리 사회의 엘리트 층을 불신할 만하다.

왜 그럴까. 일단 인사청문회의 검증기준에 공직자의 도덕성을 세계에서 유일하게 언급하고 있는 한국은 청문회에서 후보자의 관련 직무능력이나 업무비전을 알아보기보다 논문표절, 부동산 투기, 자녀 병역기피 등등 도덕성 관련 문제만 집요하게 파고드는 경향이 있다. "토머스 대법관 후보 청문회에서 보듯, 미국에서는 우리보다도 더 도덕성을 따진다"고 반박하기도 하지만, 그것은 미국이 청문회에 앞서 직무능력이나 정책성향, 그리고 비리혐의 등을 세세하고 객관적으로 살핀 다음 내놓기 때문이다.

미국은 주요 공직자 후보를 정할 때 백악관의 대통령인사실, 법률고문실, 입법담당실을 비롯해서 연방수사국, 국세청, 정부윤리처, 해당부처 윤리담당관 등 여러 기관이 후보자에 대한 정보와 의견을 활발히 교환하면서 입체적이고 철저하게 검증한다. 청문회 이전에도 의회와 각 정당에 사전의견을 묻고 조율하는 과정도 거친다. 그 과정에서 적합한 인물이 아니라는 결론이 나면 아무리 대통령이 미는 사람이라 해도 청문회가 열리기 전에 지명이 철회되는 것이다.

그러나 우리는 사전 검증과정이 매우 단순하고 폐쇄적이다. 대통령이 낙점하면 비서실장이 좌장인 청와대 인사위원회와 민정수석실에서 살펴보고 끝이다. 그러다 보니 코드인사, 함량미달

인사가 여과되지 못하고 청문회까지 간다. 따라서 본격적 검증이 청문회에서 시작되면 "대체 뭘 믿고 저런 사람을 뽑았나"는 탄식이 나올 만큼 문제가 많이 발견되기 마련이다.

또한 행정부 권력을 의회가 견제하는 것이 청문회의 본질이지만 한국에서는 여야의 정치싸움판이 되어버린다. 야당은 시답지 않은 문제까지도 끈질기게 물고 늘어지고, 여당은 상당히 큰 문제가 드러나도 보호해주기 바쁘다. 여야 따로 없이 의원 각자의 판단에 따라 심의하고 심판하는 미국과는 전혀 다른 모습이다. 심지어 국정감사 때 흔히 보듯, 청문회와는 상관없는 내용을 가지고 대국민 발언기회를 써먹음으로써 자기 이름 알리는 일에 급급한 국회의원들마저 있다.

이렇게 되니 제도적으로는 '대통령의 낙점→청와대의 겉핥기식 검증→청문회장에서의 여야 힘겨루기→여러 문제에도 불구하고 부적격 인사의 고위직 임용'이 가능해졌다. 장관 등 다수의 공직자는 청문회 결과를 무시할 수 있기 때문에 그동안 23명의 후보자는 청문회의 부적격 의견에도 불구하고 임용되기도 한 것이다. 정치적으로는 야당이 여당을 흔들고 자신들의 성과를 높이기에 연연한 나머지 유능한 고위직 후보들이 희생양이 되어 낙마할 가능성도 생기게 된다.

인사청문회가 선거를 대신하는 의미가 있다. 그만큼 합리적이고 효과적이면서 당파성을 떠나 중립적이고 객관적으로 치러져야 마땅하다. 우리나라의 청문회 역사가 짧고, 미국의 청문회도 오랜 시행착오를 거쳐 오늘날의 모습으로 발전했음을 생각하면 발전가능성을 회의할 필요는 없다. 무엇보다 청문회 대상을 늘리고, 절차를 체계화하고, 청문회 이전과 도중에 청와대와 국회가 임하는 태도가 달라져야 한다. 영국의 예를 참고로 새로운 대통령 당선자가 섀도우 내각을 구성해 발표하고 정권인수 기간 동안 검증한 다음, 적격으로 판정되면 임기 내내 특별한 사정이 없는 한 계속 임용함으로써 최적의 인물이 안정적으로 국정을 담당하도록 하는 방법도 좋다.

그러나 정치인은 물론 일반 국민의 이에 대한 문제의식이 별로 없다면, "청문회 같은 거 백날 해봤자 다 그게 그거지", "대통령만 잘 뽑으면 되는 거지 또 뭘 번거롭게" 이런 식으로 생각할 뿐이라면 발전은 이루지 못할 것이다.

#청문회 #섀도우 내각 #도덕성 # 인사권

첩보기관, 민주주의의 수호자 또는 파괴자

현실을 냉철하게 읽는 정보의 진리가 필요함은 당연하고 또 당연하다.
그러나 그런 노력이 정의를 우회해서는 안 된다.

"지도자가 없는 백성은 망하기 마련. 그러나 모사(謀士)라도 많다면 평안할 수 있으리." 『성서』의 「잠언」 제11장 14절의 이 말은 이스라엘의 첩보기관 모사드의 좌우명인데, 아마도 세계의 모든 첩보기관이 우러러 법한 말이 아닐까 싶다. 첩보기관은 결코 중요한 국가정책을 결정하고 국민을 이끄는 리더 역할을 할 수는 없다. 그러나 국가가 평안히 유지되는 데 빠질 수 없는 기능을 한다.

"신사는 편지를 훔쳐보지 않는다" 그러나

전쟁에서 우위를 차지하거나 외국의 동태를 파악하거나, 국내의 반란과 테러 음모 또는 부정부패 등을 알아차리려면 첩보는 필수다. 그러므로 개인 또는 팀 수준의 첩보활동은 아주 오래전부터 존재했을 것으로 보인다. 고대 페르시아 왕들은 '왕의 눈', '왕의 귀'로 불리는 비밀감찰관을 지방 곳곳에 파견해서 넓은 제국에서 벌어지는 일을 빠르고 정확하게 파악할 수 있었다고 한다. 중국 춘추전국시대의 손자는 『병법』에서 "움직이면 반드시 승리하고 더 많은 공을 세우려면 미리 적을 훤히 꿰고 있어야 한다"면서 첩자의 중요성을 강조했다. 그러나 독립된 조직과 내규, 예산 등을 가지고 독자적으로 활동했던 관료기구로서의 첩보기관이 생긴 지는 오래되지 않았다.

아무래도 대규모 관료기구가 일찍부터 발달한 중국에서 첩보기구가 처음 나타났다고 볼 수 있다. 진시황 때부터 있었던 어사대는 지금의 감사원과 비슷한 관료 감찰기구이지만, 민간풍속을 단속하거나 불순분자를 색출하는 등 국내 첩보기관의 역할도 겸했다. 명나라 태조 주원장은 어사대의 기능을 극대화하여, 어떤 대신이 아침 먹고 나와 알현을 하면 "요즘 몸이 안 좋다더니만 아침에 고기반찬을 많이 들더군?"이라고 말할 정도였다고 한다.

그의 실질적 계승자인 영락제는 1420년에 동창이라는 첩보 전문기관을 창설했다. 이는 황제직속의 환관으로만 구성되어서 관과 민간의 거의 모든 정보를 입수하고 조사했으며, 황제의 친위부대인 금의위와 연결되어 불순분자를 마음대로 체포하고 고문할 권한을 누렸다. 황제의 권력을 강화하기 위한 기구였으나, 나중에 무능한 황제들이 속출하자 황제는 허수아비가 되고 동창의 책임자가 실권자로서 천하를 호령하기도 했다.

서양의 경우, 4세기경 로마제국에 '아겐테스 인 레부스'(행정관의 요원들)라는 조직이 존재했다는 기록도 있으나 첩보기관이라고 할 수 있는 기구로는 1581년경에 영국 엘리자베스 1세의 오른팔이던 프랜시스 월싱엄이 창설한 첩보기구가 처음이다. 스코틀랜드의 메리 여왕이 사주한 엘리자베스 1세의 암살계획을 밝혀냈던 월싱엄은 이 첩보기구를 이끌며 국내의 불온한 활동을 감시하고 색출했다. 뿐만 아니라 해외에 70여 명의 첩자를 파견하기도 했다. 007의 대선배들이었다고 할까. 이보다 훨씬 일찍 첩보기구를 운영한 중국이 국내첩보와 보안 첩보를 위주로 했다고 할 때, 해외첩보와 군사첩보까지 망라하는 통합 첩보기구로는 월싱엄의 기구가 처음이었다고도 하겠다.

또 엘리자베스 여왕은 연극단으로 위장한 첩보부대를 국내외에 보내 정보를 수집하기도 했다. 영국은 이후 여러 개혁을 거쳐 외무부 산하의 비밀정보국(MI6, 이하 MI6)와 내무부 산하의 보안국(MI5)으로 첩보기관들을 정리했다.

프랑스에서는 나폴레옹 1세 때 본격적인 첩보기구가 생겼고, 프로이센과 에스파냐 등도 엇비슷했다. 여기서는 국내외 첩보만이 아니라 군사첩보가 중요한 의미를 가졌다. 오늘날 첩보기관이라고 하면 미국의 중앙정보국(CIA, 이하 CIA)이 생각나는데, 정작 미국은 서구국가 중에서 가장 뒤늦게 첩보기관을 설립한 나라에 속한다. 제1차 세계대전을 치르며 미국에 소규모 암호해독기관이 생겼는데, 전쟁이 끝나자 곧 해체해버렸다. 당시 스팀슨 미국무장관은 "신사는 남의 편지를 훔쳐보지 않는다"면서 첩보기관에 대해 역겹다는 반응을 보였다고 한다. 제2차 세계대전이 일

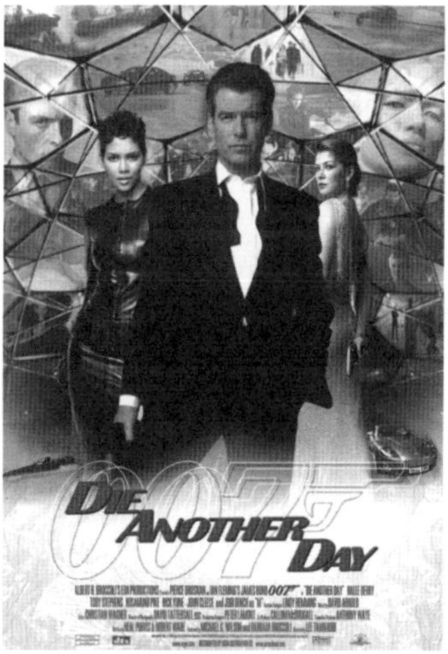

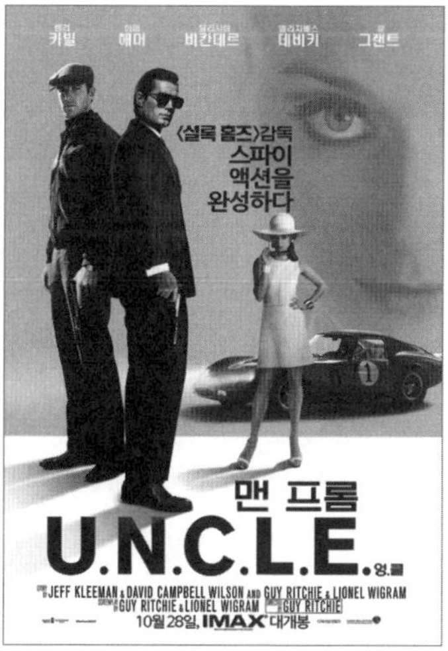

영화 「007 어나더데이」의 포스터(왼쪽)와 「맨 프롬 엉클」의 포스터　미소 냉전의 산물이라 할 수 있는 007영화 시리즈. 재미와 작품성, 두 마리 토끼를 다 잡은 좋은 예라 하지만, 이념 갈등을 단순한 오락물로 만들었다는 비난은 피해 갈 수 없었다.

어나자 전략정보국(OSS)이 설치되고, 전후에 다시 해체되었다가 1947년에 CIA로 재창설된다. 즉 이는 MI6처럼 해외첩보를 전담하는 첩보기구였고, 국내 사찰이나 수사권은 연방수사국(FBI, 이하 FBI) 등에, 군사정보는 국방부정보국(DIA) 등에 맡겨졌다.

그런데 제2차 세계대전의 치열함 속에 탄생했던 미국의 부서 가운데 작전관리부(DO)라는 것이 있었다. 적국에 침투해 주요 시설을 파괴하고, 요인을 암살하며, 선전선동을 통해 적의 민심을 교란하는 비밀공작을 담당하는 부서였던 작전관리부는 전후에 폐지냐 존속이냐를 두고 논란이 있었다. 하지만 결국 CIA에 편입되었다. 이렇게 '전혀 신사답지 못한' 조직이 CIA의 일부가 됨으로써 1950년대부터 온갖 악명 높은 공작이 미국의 손으로 이루어진다. 1961년 쿠바 혁명정권 전복을 시도한 픽스만 침공, 1953년 이란의 팔레비왕조 복위, 1960년 콩고의 초대 대통령 루뭄바 암살, 1973년 칠레 아옌데정권 전복 등등이 그것이다. 때로는 성공하고 때로는 실패한 이들 공작과정에서 CIA는 오직 미국의 국익만을 판단기준으로 삼았다. 1910년대에 윌슨 대통령이 먼로주의적 고립노선을 깨고 세계정세에 개입하는 미국의 명분을 '인류 보편적인 가치들, 자유, 인권, 민주주의 등의 수호'로 천명한 것과는 완전히 딴판이었던 것이다. CIA는 그 과정에서 여러 독재자와 심지어 마피아 같은 범죄조직과도 필요하면 한편이 되면서 해외의 애국자, 민족주의자, 민주주의자를 수없이 좌절시켰고 여러 죄 없는 생명을 앗아갔다.

그런 CIA의 더러운 활동은 미국의 진보적 지식인들을 비롯한 많은 사람 비난을 받았고, 1980년대 초 CIA를 해체하자는 운동까지 일어났다. CIA는 다른 각도에서도 비판을 받기도 했는데, 온 세계를 뛰어다니며 갖은 공작을 다 하면서 국내의 중대한 안보위협에 제대로 대처하지 못한다는 것이었다. 특히 과격 이슬람 무장단체들의 연이은 테러가 있을 때마다 그런 비판이 불거졌다. 결정적으로 9.11테러를 예방하지 못했음이 드러나자 2004년 국가정보국(DNI)이 창설되어 CIA와 FBI를 비롯해 16개에 달하는 미국 정보기관을 통합, 조정하는 역할을 했다. 다만 이 기구는 조정역할만 맡으며, 구소련의 국가보안위원회(KGB, 이하 KGB)처럼 모든 첩보기능을 하나로 묶은 단일조직은 아니다.

러시아 첩보기관의 역사는 16세기 후반 러시아에서 철권

통치를 편 이반 4세가 만든 오프리치니키까지 거슬러 올라가지만, 냉전기 동안 CIA의 맞수였던 소련의 KGB는 1917년 수립된 체카에서 비롯되었다. 체카는 '반혁명 분자들의 준동을 용납할 수 없다'는 레닌의 판단에 따라 세워졌고, 러시아의 여러 도시에서 암약하며 불순분자들을 수없이 잡아들이고 고문했다. 체카는 1923년 국가정치보안부로 확대·개편되고 다시 내무인민위원회, 국가보안위원회(MGB, 이하 MGB) 등으로 명칭과 조직구성이 바뀌다가 1954년에 국가안보위원회로 최종개편되었다. 이 기관은 1920년대와 30년대에는 대규모의 숙청과 강제이주를 주로 담당했다. 비밀경찰로서의 기능에 해외첩보와 군사첩보 기능과 소련 최고지도자의 경호기능, 게다가 독자적 군사력까지 갖춘 KGB로 바뀐 다음에는, 1956년의 헝가리 혁명이나 1968년 체코슬로바키아의 프라하의 봄 등 해외의 반소련 움직임을 탐지하고 붕괴시키는 일에 앞장섰다.

냉전의 물밑에서는 CIA와 KGB의 치열한 싸움이 전개되었다. 두 첩보조직의 요원들은 제3세계의 국내 갈등을 자국에 유리하게 돌아가게 만드는 과정에서 부딪쳤을 뿐 아니라, 서로에게 이중첩자를 심기 위해 갖은 애를 썼다. 공산주의 신념 또는 동성애와 간통 등 당시 미국 공직사회에서는 주홍글씨가 될 수 있던 사적인 비밀 때문에 소련의 이중첩자 노릇을 한 미국인들이 많았다. 1963년 영국 MI6의 킴 필비 국장이 이중간첩임이 드러나고 그가 소련으로 망명해 KGB 간부가 된 사건은 영국과 미국을 온통 뒤흔들어놓았는데, 화려한 여성 편력에 따른 돈 문제와 스캔들 문제가 원인이었던 것으로 보인다.

　　미인계와 미남계도 동원되었다. 1967년에 검거된 로자 슈테를린은 서독 외무부 공무원이었는데, 그녀가 열렬히 사랑해서 결혼했던 하인츠 슈테를린은 KGB 요원이었다. 로자는 자신을 통해 서독 외무부 문서를 빼낼 목적으로 결혼했을 뿐, 자신을 눈곱만큼도 사랑하지 않았다는 하인츠의 자백을 듣고는 구치소에서 목을 매 자살했다.

　　반면 KGB요원 중에는 돈에 매수되는 이가 많았다. 1954년 오스트레일리아 캔버라 주재 소련 대사관 직원이던 블라디미르 페트로프는 자신과 자신의 부인의 감춰진 신분이 KGB 요원임을 밝히고 망명했는데, 이는 CIA의 끈질긴 매수공작의 결실이었다. 또 KGB는 상대국의 내부 갈등을 증폭시키는 공작도 했다. 1960년대 KGB의 '판도라 작전'은 흑백 인종갈등이 고조되던 당시 미국에서 극우파 유대인 집단이 흑인 운동단체를 무력으로 습격할 것이라는 등의 루머를 양산하려는 것이었다. 그리스 신화에서 판도라가 상자를 열자 온갖 몹쓸 것이 세상에 퍼져나갔듯 미국 사회를 온갖 흉흉한 유언비어와 소란으로 뒤덮으려는 KGB의 작전이었다.

　　1991년에 소련이 붕괴되자 KGB도 해체되어 그 핵심은 러시아 연방방첩청(FSK, 이하 FSK)에 남고 해외 첩보부문을 비롯한 부문은 별개의 기관으로 독립했다. 그러나 1994년 FSK는 국내 사찰 기능을 되찾았으며 또다시 민간인을 사찰하고 요주의 인물을 모처에서 감금하여 심문하는 일이 시작되었다. 그리고 그 스스로

KGB 출신이던 푸틴이 권좌에 오르자 KGB 부활은 가속화되었다. 2016년 9월에 푸틴은 마침내 FSK를 개편한 기관인 연방보안국과 해외정보국을 통합하여 국가보안위원회를 만든다는 결정을 발표했다. 그것은 옛 KGB의 기능 중 마지막 남은 해외 첩보기능까지 갖춘 신 KGB의 창설과 다름없었다.

독일은 SS라는 약칭으로 널리 알려진 나치 친위대의 부속기구였던 제국보안부(SD, 이하 SD)가 유명하다. 1933년 히틀러는 독재권을 장악하기 위해 자작극으로 일으킨 국회의사당 방화사건으로 공산주의자들의 국가전복 음모를 대내외에 강조하는 한편, SD를 창설해 하인리히 힘러에게 총괄을 맡겼다.

이후 SD는 유대인, 공산주의자, 반체제 운동가와 언론인 등을 감시하고 체포하여 수용소로 보내는 일을 담당했다. 그런 점에서 악명 높은 비밀경찰 게슈타포와 같은 일을 했다. 또한 대외적으로는 오스트리아와 체코를 합병하고, 폴란드를 공략하는 과정에서 암약했다. 1943년에 하이드리히에 이어서 SD의 수장이 되었던 칼텐브루너는 전후 뉘른베르크재판에서 전범으로 재판받고 처형되었다.

SD의 기술과 KGB의 조직원리가 합쳐져 탄생한 것이 동독의 슈타지였다. 1950년 창립된 슈타지는 최대 18만 명에 달하는 인원을 거느리고, 동독 구석구석까지 감시의 손길을 뻗치는 한편 서독과 서방세계의 곳곳에서 암약했다.

아르헨티나의 정보국(SIDE, 이하 SIDE)은 정치변동에 따라 성격과 목표가 크게 바뀌어왔다. 1946년에 페론 대통령에 의해 창립된 SIDE는 그동안 4개 기관에 나뉘어 있던 첩보기능을 하나로 묶은 기관이었다. 1960년대부터 SIDE는 본격적으로 해외로 요원을 보내며 첩보전을 벌였는데, 이때의 주업무는 미국 CIA와 제휴하며 KGB와 쿠바의 라틴아메리카 공산화 계획을 막는 것이었다. 1976년에 호르헤 비델라가 군사쿠데타로 집권한 뒤 SIDE는 국내 사찰 기능을 새로 갖추고 군사정권에 반대하는 사람들을 색출하여 고문하고 살해하는 일을 맡았다. 이 기간 중 SIDE는 칠레와 우루과이 첩보부와 손을 잡고 아르헨티나 공산주의 반군지도자 마타호요, 칠레 아옌데 전대통령의 딸 이사벨 아옌데 등을 암살하는 작전을 추진하기도 했다.

그러나 1983년에 아르헨티나의 민주화가 이루어진 다음 SIDE는 첩보국과 연방정보국으로 분리되었고, 아르헨티나가 남미 최대 유대인 거주국가라는 점을 노린 과격 이슬람 단체들의 테러를 막는 대테러 임무에 중점을 두게 된다.

남아프리카공화국은 아파르트헤이트(인종분리) 정책이 기승을 부리던 1969년에 정보부(BOSS)를 세웠는데, KGB나 SIDE처럼 전방위 첩보임무를 수행하고 조사와 구속 권한을 모두 가졌다. 당연히 만델라와 같은 반 아파르트헤이트, 남아공 민주화 운동가들에게는 악명이 높았고 1973년 있었던 멀더게이트가 몇 년 뒤 밝혀지면서 몰락하게 된다.

멀더게이트란 코니 멀더 정보부 장관이 에셸 루디 정보부장과 짜고 국방부 예산을 전용하여 해외에서 아파르트헤이트 정책을 지지하는 분위기를 조성하기 위해 벌인 비밀 공작이었다. 그들은 해외 통신사 간부들을 매수하고 미국 신문인 「워싱턴스타」를 매입하는 등의 활동을 벌였다. 게이트가 터지면서 1978년에 멀더가 사임하고, 계속된 청문회에서 이 사안을 처음부터 인지하고 있었음이 밝혀진 보스터 수상도 퇴진하여 남아공 정계가 한바탕 뒤집혔다. 정보부에 대한 국민의 혐오가 극에 달했음을 본 신임 보타 수상은 정보부를 해체하고 그 기능을 국가보안부, 국방정보부, 외교부, 경찰보안과로 분산한다는 결정을 내렸다. 그러나 관료기구 내부의 저항이 만만치 않았으며 통합된 첩보기관의 필요성에 대한 지적도 끊이지 않았기에, 1980년에 기존기구를 유지하되 국가정보부라는 새로운 기관으로 거듭나도록 하는 방식으로 마무리되었다.

이 밖에 이란의 사바크, 루마니아의 세쿠리타테, 인도네시아의 콥캄팁, 필리핀의 군사보안대 등이 국가안보를 빌미로 독재정권의 앞잡이 노릇을 하다가 민주화 이후 해체 또는 개편되었다.

첩보기관의 역사에서 CIA와 KGB에 버금가는 기관은 이스라엘의 모사드다. 이스라엘 건국 이듬해인 1949년 외무부 산하 기관으로 '연구소'라는 의미의 모사드가 탄생했고, 1951년에는 총리 직속기관이 되어 본격적인 첩보기관으로 활동하기 시작한다. CIA처럼 모사드는 해외첩보만 담당하며 군사첩보는 아만, 국내 보안과 사찰은 신베트가 담당하도록 임무분화가 되어 있다.

모사드는 나치 시절 아우슈비츠 소장으로 수많은 유대인을 학살했다가 전후에 아르헨티나에서 숨어 살던 아돌프 아이히만을 1960년에 체포하여 이스라엘 법정에 세운 작전으로 유명해졌다. 이후에도 1967년 '6일 전쟁'이라 불리는 제3차 중동전쟁에서 모사드의 이중첩보원 엘리 코헨 등의 활약에 힘입어 이스라엘이 기적적인 승리를 거둘 수 있었다. 모사드는 1976년 우간다의 엔테베공항에서 벌인 이스라엘 인질 구출 작전, 1982년 에티오피아의 검은 유대인들 구출작전 등에서도 활약해 KGB 뺨치는 모사드라는 명성을 얻었다.

그러나 모사드는 목표를 위해 잔혹한 방법도 서슴지 않는 것으로도 알려졌다. 1990년에는 캐나다 공학자인 제럴드 불을 암살하여 후세인이 이스라엘을 맹공할 초(超)장거리포를 확보하려던 바빌론 프로젝트를 좌절시켰다. 2007년에는 북한에서 핵기술을 들여오려던 시리아의 계획을 좌절시키고자 시리아의 핵개발 시설을 폭격하고, 계획의 담당자였던 시리아 대통령 군사국방 보좌관 무함마드 술레이만을 암살했다.

최대 우방국인 미국에게도 때로는 단호한 모습을 보였다. 1967년 모사드는 시나이 반도 근해에서 작전 중이던 미국의 정보수집함 리버티호를 격침하고는 미국에는 실수였다. 미안하다고 둘러댄 일도 있었다. 그러나 1997년에는 이슬람 과격무장조직인 하마스의 정치국 위원장 할레드 마샬을 텔아비브에서 암살하려다 실패했다. 심장마비로 위장된 독살을 계획했으나 몇 가지

변수로 실패했다. 게다가 작전이 노출되는 바람에 이스라엘 수상 네타냐후가 한동안 얼굴을 들고 다니지 못했을 정도였다. 이에 국제사회가 모사드의 활동방식에 공분하기도 했다.

오랫동안 자신들의 국가와 생존권을 인정하지 않는 이스라엘에 저항해온 팔레스타인 사람들은 국내첩보를 맡은 신베트를 두고 이런 이야기를 하곤 했다.

어느 숲길을 CIA, KGB, 신베트 요원이 함께 걷고 있었다. 갑자기 그들 앞으로 토끼 한 마리가 지나갔다. 요원들은 누가 빨리

조 사코의 「팔레스타인」의 한 장면　CIA, KGB, 신베트 요원 중 누가 빨리 토끼를 잡아오느냐로 첩보기관들의 우열을 가려보자고 내기하고 있다. 너무나 유명한, 그러나 웃픈 장면이다.

토끼를 잡아오느냐로 첩보기관들의 우열을 가려보자는 내기를 했다. 먼저 CIA 요원이 숲속으로 들어갔고, 10분 만에 토끼를 잡아서 나타났다. KGB 요원은 코웃음을 치더니 토끼를 놓아주라고 하고는 5분 만에 다시 토끼를 잡아 나타났다.

신베트 요원의 차례. 그는 자신만만해하며 숲으로 들어갔으나 15분, 30분, 한 시간이 지나도 나타나지 않는 것이었다. 기다리다 못한 두 요원이 그를 찾아 숲으로 들어갔다. 한참 만에 그들은 어떤 당나귀를 두들겨 패며 이렇게 소리치고 있는 신베트 요원을 찾을 수 있었다. "네가 토끼라고 불어! 토끼라고 불라고!"

이 내용은 비슷한 상황에 있던 나라마다 조금씩 다른 버전으로 존재한다. 우리나라에도 있었다. 신베트 대신 안전기획부 요원이 나오고, 그는 상처투성이의 곰을 끌고 와서 CIA와 KGB 요원 앞에 내던진다. 곰은 눈물을 흘리며 말한다. "사실 제가 토끼예요." 곰 대신 사람이 나오는 버전도 있다. "사실 제가 빨갱이입니다."

첩보기관이 없는 나라와
첩보기관이 있어서 무서운 나라

우리나라는 전통적으로는 첩보부문이 유난히 약했는데, 현대에 와서는 이와 반대로 상당히 비대하고 강력한 첩보기관을 설치하여 운영했다. 삼국시대에는 고구려의 첩자 도림이 백제 개로

왕을 현혹시키고, 신라의 거칠부가 고구려를 염탐하다가 혜량법사에게 발각되는 등 적어도 첩보활동은 활발했던 것 같다. 그러나 중국의 어사대가 감찰과 첩보 역할을 겸한 반면 고려의 어사대는 풍기를 단속하는 역할만 겸했다. 조선시대로 가면 사헌부가 감찰기관으로만 활동할 뿐 아니라 사간원, 홍문관과 함께 3사를 이루어 왕의 잘못을 지적하는 간쟁기관을 겸하게 된다. 왕권을 강화해야 할 기관이 도리어 왕권을 견제하는 역할을 맡았던 것이다.

첩보기관이라고는 이따금 파견하는 암행어사가 고작이었는데, 암행어사는 활동이 부정기적일 뿐 아니라 그 활동 범위도 넓지 않아 국내 정보를 수집하는 데는 한계가 있었다. 또한 조선시대 왕이 해외의 정보를 구하는 수단은 중국과 일본에 파견하는 사신뿐이었다. 임진왜란 직전 일본에 다녀온 사신들의 말이 엇갈리는 바람에 전쟁이 임박했음을 깨닫지 못해 무방비 상태에서 국난을 맞은 일은 잘 알려져 있다. 그런데 그런 어리석은 역사는 반복된다. 아편전쟁 이후 서구열강이 아시아를 침략하는 과정에서 제대로 대응하지 못하다가 구한말의 비운을 겪게 된 것이다.

일본은 1840년의 아편전쟁에서 청나라가 한 줌도 안 되는 영국 함대에게 일방적으로 패하고 굴욕적인 강화조약을 맺는 모습을 보고 경악했다. "우리도 이러다가는 큰일 나겠다"는 경각심이 높아진 일본은 메이지유신으로 근대화로 나아가게 된다. 그러나 조선은 청나라가 전해주는 통제된 정보밖에 얻지 못했기에 아편전쟁에 대해서도 일부 서양오랑캐들이 집적대다가 제풀에 물러간 수준으로만 이해하며 아무런 대비도 하지 않았다. 이런 정보의 결정적 차이 때문에 근대화가 몇십 년 늦어지고 우리나라는 결국 외세침략의 각축장으로 전락하고 말았던 것이다.

구한말에 첩보기관이 있어야 급변하는 정세에 제대로 대응할 수 있음을 절감한 고종은 1902년에 제국익문사를 세운다. 국내외 주요 인사의 동정을 살피고 외국에 친한적(親韓的) 공론을 조성하는 공작을 수행하는 일이 주 임무였던 제국익문사는 겉 모양새를 언론사로 위장했다. 고종에게 올리는 보고서는 화학비사법이라 하여 특수한 방법으로 처리해야 보이는 물감으로 작성하는 등 치밀함을 보였다. 그 수장은 독리(督理)라 불렸고 총 인원은 60명 남짓이었다. 1996년에 발굴된 관련사료에 따르면 1907년에 고종이 강제퇴위되기 전까지 제국익문사의 활동은 일본의 동태를 탐지해 대책을 세우고, 서양 열강 사이에서 반일 분위기를 조성하는 일을 돕는 데 초점이 맞춰져 있었다. 특히 1905년에 체결된 을사조약을 무효화하기 위해 해체 직전까지 각고의 노력을 기울였던 흔적이 남아 있다.

해방 이후 우리나라에 한동안 첩보기관은 따로 존재하지 않았으며, 1961년에 5.16쿠테타 세력이 중앙정보부를 설치해 비로소 현대 첩보기관의 역사가 시작된다. 중앙정보부를 창설한 주역이자 초대 부장이던 김종필은 한국전쟁 이전 육군 전투정보과에서 복무했는데, 북한반장이었으면서도 한국전쟁의 발발을 예측하지 못해, 군의 범위를 넘어서 국가적인 중앙첩보기구를 창설할 필요성을 절감했다고 한다. 이 중앙정보부는 예사로운 첩보부가 아니었다. 미국의 CIA를 본떠 첩보기능과 FBI를 본떠 수사기능까지 겸비했다. 또 군인사들이 군복을 입은 채 요원으로 활동할 수 있었고, 최고위급 말고는 정당에도 가입할 수 있어서 노골적으로 여당을 돕는 정치공작을 펼쳤다. 말하자면 소련의 KGB와 흡사한 기관이 되면서 권력자의 손발이 되는 흑역사를 써온 셈이다. 그중 김대중 납치 사건이나 인혁당 사건 등 중앙정보부가 주도해서 벌인 사건들은 유명하다.

한편 첩보기구의 수장이 정치에 깊숙이 개입하여 스스로 정치적 목소리를 내는 바람에 최고권력자와의 권력투쟁 과정에서 희생되거나, 거꾸로 최고권력자를 희생시키는 일도 있었다. 1963년~1969년에 제4대 중앙정보부장을 지낸 김형욱이 1977년 미국에서 박정희 정권의 치부를 폭로하며 맹렬한 반박(反朴) 운동을 펼치다가 실종된 것이 그렇다. 김형욱은 아마도 정부에서 파견한 옛 부하들의 손에 암살된 것으로 보인다. 또한 김형욱 실종 사건의 주역이었다고 여겨지는 제8대 중앙정보부장 김재규가 1979년 10.26사태로 박정희 시대를 끝낸 것 등이 그렇다.

그런 비극과 악명을 꺼려하여 제5공화국 출범 이후 중앙정보부는 안전기획부(이하 안기부)로 이름을 바꿨으며 문민정부에 이르러서는 직원도 정치활동을 금지시키는 등 규정을 고쳤으나 국민의 시선은 여전히 좋지 않았다. 안기부 직원들이 대학가를 드나들며 학생들을 감시하는 일은 상식이었고, 1986년 부천 성고문 사건이나 1987년 6월 항쟁의 기폭제가 된 박종철 고문치사 사건 등 정부 여당에 불리한 사건이 터질 때마다 안기부가 주도하는 관계기관대책회의에서 대응방안이 논의되었다. 1992년 대선을 앞두고 지역감정을 부추겨 여당 후보 당선을 돕자고 모의했던 초원복국집 사건에도 안기부 지부장이 등장했다.

그리하여 김대중 정부 때인 1999년에는 국가정보원(이하 국정원)으로 이름을 다시 바꾸었다. 정치활동 금지 규정을 더욱 강화하고 예산을 국회에서 심의하도록 하는 등 과거의 악명을 벗기 위한 노력이 이어져왔다. 그리고 노무현 정부 때인 2004년에는 국정원 자체적으로 과거 대한민국 첩보기관이 행한 어두운 사건들의 진상을 파헤치는 '국정원 과거사건 진실규명을 통한 발전위원회'가 구성되어 부일장학회 헌납 및 경향신문 매각사건, 인민혁명당 및 민청학련 사건, 동백림 사건, 김대중 납치 사건, 김형욱 실종 사건, KAL858기 폭파 사건, 남한조선노동당 사건에 대한 조사가 이루어지기도 했다. 그러나 그런 가운데서도 2002년 국정원 휴대폰 감청 사건, 2006년 정치인 사찰 사건이 터져 과거의 악몽이 환기되었다.

최근에는 그 과거의 악몽이 점점 뚜렷해져, 현재의 악몽까지 되는 듯하다. 2010년 유엔 의사표현의 자유 특별보고관 프랭크 라뤼를 안기부가 미행하며 몰래 사진을 찍다 적발된 사건, 2011년 인도네시아 대통령 특사단의 숙소인 서울 롯데호텔에 잠입해 노트북을 뒤지다 절도혐의로 신고당한 사건 등이 일어나 국정원은 국제적 망신을 당했다. 또한 2012년 국정원 직원들의 여당후보 지지 댓글 사건, 2015년 국정원의 민간 스마트폰 해킹 의혹과 이에 때맞춘 듯 일어난 국정원 직원 자살 사건 등은 국정원의 정치적 중립성에 대한 신뢰를 넘어 한국 민주주의에 대한 신뢰까지 부숴버렸다.

특히 국정원 댓글 사건의 경우, 일부의 주장대로 그 정도의 댓글 때문에 대선결과가 바뀌지는 않았을 것이다. 그러나 그 영향이 아무리 미미하더라도 국가기관이 특정 후보를 위해 움직였다는 것이 문제다. 그 사건 이후 거슬리는 댓글을 두고 덮어놓고 "너, 국정원이지?" 하며 시민들이 공격하는 경향, 반대로 "이런 댓글을 썼다가 국정원에서 주목받는 거 아닌가?" 하며 움츠러드는 경향이 나타났다. 사이버공간에서 건전한 토론이 벌어지고 민주적으로 여론이 형성되어야 할 의견교환의 장이 훼손된 것이 더 큰 문제다.

정의를 배려해야 참된 자유가 가능하다

어떻게 해야 거듭되는 의혹과 비난에서 벗어나 국정원이 국민을 위한 첩보기관이 될 수 있을 것인가?

국정원 개혁을 주장하는 사람들은 대부분 먼저 국정원의 국내첩보 기능을 없애고 해외첩보에만 전념하도록 해야 한다고 주장한다. 방첩 및 대테러 임무는 FBI나 MI5 같은 별도 기관을 창설하여 넘기고, 국정원은 CIA나 모사드처럼 해외첩보만 전담하며 국내사찰이나 비밀수사권을 이용해 권력의 앞잡이로 활동할 가능성을 없애자는 것이다.

이에 대해 통합형 첩보기구의 장점을 들면서 미국도 9.11테러 이후 정보통합을 이루었음을 지적하기도 한다. 그러나 미국은 정보의 조정과 행정능력을 높였을 뿐 조직까지 통합한 것은 아니다. KGB나 CIA 같은 통합형 거대 첩보기구가 권력기구화될 우려를 접어두고라도, 새로운 안보환경에서는 정보기구의 획일화가 적절하지 않다.

이제는 냉전이나 그 이전처럼 외국의 무력침공만 조심하면 되는 시대가 아니다. 테러, 집단범죄, 해적 같은 일상적이지 않은 무력과 난민, 자연재해, 대형사고처럼 심각한 인명피해와 재산피해를 내면서 국가를 혼란상태로 몰아갈 수 있는 돌발사태를 항상 대비해야만 하는 시대다. "메르스, 세월호, 후쿠시마." 이 세 단어만으로 그런 사태가 얼마나 무시무시한지를 알 수 있으리라.

따라서 아무리 덩치가 커도 하나의 고정된 조직으로는 그런 다양한 안보위협에 제대로 대처할 수 없고, 민간기구를 포함한 다양한 조직과 정보를 교환하고 협력해야만 한다. 이런 이유로 첩보기관의 정보조정과 행정능력은 강화되어야 하지만 획일화만 하면 위험하다는 것이다.

한때 KGB를 놓고 만들어졌던 암울한 시나리오처럼 거대 통합형 첩보기구가 반대로 국익을 해치는 정책결정을 이끌어낼 수도 있다. KGB처럼 외부의 움직임을 오직 군사적 차원에서 제로섬 논리로만 읽고, 외교 압력이나 타협 같은 해결책은 모르는 조직은 위기상황에서 사태를 비관적으로만 파악하고, 선제공격 같은 강경책으로 대응하도록 정부를 움직일 수 있다는 것이다. 한

반도의 경우에는 그런 시나리오가 실현될 가능성이 없을까?

또한 보다 열린 국정원이, 국정원에 대한 국회의 통제력 강화가 필요하다. 그동안 국정원에 대한 통제수단이 꾸준히 늘기는 했으나 아직도 한참 부족하다. 모든 정부조직은 공개된 예산안에 따라 움직이며 그 실제 집행에 대해 회계감사를 받는 것이 원칙이다. 그러나 국정원만은 기밀을 핑계로 예산을 총액만 제출하고 세목은 공개하지 않는다. 그 집행내역에 대해서도 국정원 자체적으로 감사만 할 뿐, 다른 정부기구처럼 감사원의 감사를 받지 않는다. 국정원에 범죄혐의가 있더라도 국정원 댓글 사건 때처럼 국정원장의 허락이 있어야 검찰의 압수수색이 가능하며, 그나마 그 정보의 핵심인 국정원 슈퍼컴퓨터에는 접근할 수 없다.

직원 수가 1만 명 남짓이고 예산이 1조 원 이상이라는 추정이 있을 뿐, 오늘날까지도 국정원의 실체에 대한 정보는 공개되지 않는다. 이 모든 것이 국가기밀을 다루는 첩보기관의 어쩔 수 없는 속성이라는 변명은 통하지 않는다. CIA의 경우 의회의 철저한 감사를 받으며, 이 점에서 기본적으로 다른 정부기관과 차이가 없다. 또 민간에서 원한다면 원칙적으로 정보를 제공해주게 되어 있다. 첩보기관의 특성상 어느 정도의 기밀성은 인정해야 하지만, 다른 나라의 예를 본받아 좀 더 투명하고 민주적 통제가 가능한 기관으로 국정원이 거듭나야만 꼬리를 무는 의혹에서 벗어날 수 있을 것이다.

이런 지적이 나올 때마다 나오는 이야기가 우리나라의 특수한 사정이다. 북한과 대치하고 있고, 형식상으로는 아직도 전쟁이 끝나지 않은 상태임을 고려해야 한다는 것이다. 하지만 그렇기 때문에 남북관계의 긴장완화와 궁극적인 통일노력이 중요할 수밖에 없다. 냉전이 끝난 지 20여 년, 민주화를 실현한 지 30여 년이 가까운 지금까지도 한반도의 시곗바늘이 냉전기에, 그리고 그것을 빌미로 스스로를 정당화했던 권위주의 시대에 맞춰져 있다면 당연히 시곗바늘을 다시 움직이게 하는 노력이 필요하다. 우리 모두가 민주국가의 국민으로, 안심하고 자유와 정의를 누리며 살 수 있기 위해서 말이다.

국가정보원의 표어인 "자유와 진리를 위한 무명(無名)의 헌신" 좋다. 세상의 그 누가 자유와 진리의 가치를 부정할까. 일반 시민들이 자유를 누리면서 살 수 있도록 이것저것 배려하는 일은 정부의 궁극적인 사명이다. 그러기 위해 현실을 냉철하게 읽는 정보의 진리가 필요함은 당연하고 또 당연하다.

그러나 그런 노력이 정의를 우회해서는 안 된다. 그러기 위해서는 최소한 적절한 수준에 이를 때까지 그 고독한 헌신자들은 '무명'에서 벗어나야만 한다.

#CIA #KGB #안기부 #국정원 #첩보기관

부정부패와 사회상규 — 선물인가, 뇌물인가

스스로에 대한 도덕적 기준이 높은 사람은 부정부패를 저지르지 않는다.
그렇게 사람에 대한 믿음을 회복해나가는 과정이 곧
부정부패를 없애는 과정이다.

2016년 1월, 국제투명성기구가 발표한 대한민국의 부패인식지수는 58로, 조사대상국 167개국 중 36위, 경제협력개발기구(OECD, 이하 OECD) 국가 가운데서는 27위를 기록했다.

1995년 이래 조사되고 있는 이 부패인식지수는 해당 국민이 '우리나라는 얼마나 부패한가'를 인식하는 지수로서, 실제 부패 수준과는 다를 수 있다.

1999년에 99개국 가운데 50위까지 떨어졌던 데 비하면 부패 인식지수가 개선되었다고도 볼 수 있으나, 부정부패 문제는 아직도 대한민국이 선진국에 진입하지 못하게 가로막는 최대의 걸림돌로 인식되고 있다. 그리고 실제로도 그런 것으로 보인다.

표 3 한국의 부패인식지수(CPI) 변화 추이(1995~2015)

2016년 1월 27일/한국투명성기구

연도	CPI	순위	조사대상
1995	4.29/10	27	41
1996	5.02	27	54
1997	4.29	34	52
1998	4.2	43	85
1999	3.8	50	99
2000	4.0	48	101
2001	4.2	42	91
2002	4.5	40	102
2003	4.3	50	133
2004	4.5	47	146
2005	5.0	40	159
2006	5.1	42	163
2007	5.1	43	180
2008	5.6	40	180
2009	5.5	39	180
2010	5.4	43	183
2011	5.4	43	183
2012	56/100	45	176
2013	55	46	177
2014	55	43	175
2015	56	37	168

표 4 OECD 국가 2015년 CPI 현황

2016년 1월 27일/한국투명성기구

전체순위	OECD 순위	국가	2015 CPI 현황
1	1	덴마크	91
2	2	핀란드	90
3	3	스웨덴	89
4	4	뉴질랜드	88
5	5	네덜란드	78
		노르웨이	87

7	7	스위스	86
9	8	캐나다	83
10	9	독일	81
		룩셈부르크	81
		영국	81
13	12	호주	79
		아이슬란드	79
15	14	벨기에	77
16	15	오스트리아	76
		미국	76
18	17	아일랜드	75
18	17	일본	75
23	19	칠레	70
		에스토니아	70
		프랑스	70
28	22	포르투갈	63
30	23	폴란드	62
32	24	이스라엘	61
35	25	슬로베니아	60
36	26	에스파냐	58
37	27	체코공화국	56
		대한민국	56
50	29	헝가리	51
		슬로바키아	51
58	31	그리스	46
61	32	이탈리아	44
66	33	터키	42
95	34	멕시코	35

법 따로, 관행 따로의 부패문제

역사상 가장 초기의 부패문제는 대체로 사법에 관련되었던 것 같다. 기원전 1750년경의 함무라비법전을 보면 "뇌물을 받고 위증한 사람에게는 해당 사건의 처벌을 뒤집어쓰도록 한다"는 조항이 있다. 예를 들어 1억 원이 걸린 소송에서 1,000만 원 뇌물을 받고 위증을 했다면, 위증자에게 1억 원을 물어내게 했던 셈이다. 또 기원전 15세기의 이집트 문헌에서도 뇌물을 받고 위증한 자를 엄히 처벌하도록 한다는 내용이 있고, 『성서』의 「출애굽기」에도 "너희는 뇌물을 받지 마라. 뇌물은 멀쩡한 눈을 가려 올바른 사람들의 소송을 뒤엎는다"는 말이 나온다. 십계명에도 "거짓 증거하지 말라"가 있다.

이처럼 과거에는 사법관련 부정부패가 많았다. 재판을 할 때 과학적으로 수사하기 어려웠으므로 주로 증언에 의존했는데, 그 증언을 가지고 장난을 치는 경우가 많아 엄중히 단속했던 것 같다. 반면 행정에 관한 부정부패, 예를 들어 인사 청탁을 한다거나 자기에게 유리한 정책을 위해 로비한다거나 하는 일은 비교적 역사에 늦게 등장한다. 대규모 관료기구가 성립되는 일이 그만큼 늦었기 때문이다.

대규모 관료기구는 중국과 우리나라가 일찌감치 만들어냈다. 중국 춘추 전국시대에 쓰인 『위료자(尉繚子)』에는 "천금(千金)을 내면 사형이 면제되고, 백금(百金)을 내면 형벌이 면제된다"는 말이 나온다. 또 우리나라의 최초의 공직자 부패 기록은 『삼국사기』에 나온다. 7세기에 고구려와 동맹을 맺으러 갔다가 실패하고 억류된 신라의 김춘추가 선도해라는 고구려 관리에게 청포 300보를 주고 감옥에서 나올 방도를 알아냈다는 것이다. 이런 공직부패를 막기 위해 고려시대부터 부패관리인 장리를 엄중히 처벌했다. 당사자만이 아니라 3대가 벼슬을 하지 못하도록 연좌제까지 규정했다. 나중에 이를 계승한 조선에서 세종대왕이 "비록 장리의 후손이라 해도 유능한 사람은 임용할 수 있지 않느냐"고 하자 신하들이 "지금 임금님이 부정부패를 장려하시는 겁니까" 하며 반박하여 논쟁이 벌어지기도 했다.

조선은 고려보다 부정부패에 더 엄격히 대처하려 했다. 그래서 장리 처벌규정 외에도 1399년에 분경(奔競)을 금지하는 제도를 만들었다. 분경이란 인사권을 갖고 있는 고위 관료의 집에 찾아가 선물공세를 펼치며 등용을 부탁하는 것인데, 뇌물만이 아니라 관혼상제에 따른 의례적인 선물조차 금했으므로 지금의 김영란법과 비슷한 면이 있었다. 또한 1392년에는 지방관이 교체될 때 해유(解由)라고 하여 전임자 시절에 관청에 어떤 물품이 있었고 없어진 것이 무엇인지, 혹시 빼돌린 건 없는지 꼼꼼히 따져본 다음 이조(吏曹)에서 "전임자의 재임 중 책임을 이로써 해소한다"고 '해유문자'를 내려주는 제도를 만들었다. 어찌나 꼼꼼하게 확인했던지 이전 직임에 관한 해유문자를 받으려면 1년 가까이 걸렸다고 한다.

그만큼 엄격하게 공직자 부패를 단속했다면 조선은 지금보다 훨씬 깨끗한 공직사회를 이루었겠지 싶은데, 꼭 그렇지도 않았다. 조선은 예절을 중히 여기는 사회이기도 했지 않은가? 그런데 공직자라고 해서 혼례나 장례에 손님을 맞는 일도 막아버리니 불만이 나오지 않을 수 없었다. 또 모든 공직자의 집을 하루 종일 감시할 수도 없는 일이어서 분경을 금지해봤자 몰래 찾아가서 뇌물을 안기는 일을 원천봉쇄하기란 불가능했다. 그래서 분경을 금지시킨 공직자를 원래는 모든 공직자로 했으나 대신급 이상으로 낮추고, 다시 '이조와 병조 담당자만'으로 낮추는 등 그 기준이 갈수록 느슨해졌다. 그리고 권신과 간신이 날뛰고 관료의 기강이 전체적으로 해이해졌을 때는 부패를 방지하는 제도 자체가 유명무실해지고 공공연히 뇌물이 행해졌다.

명종 때의 권신인 윤원형의 집 앞에는 뇌물을 싸들고 온 사람이 하도 많아서 시장통을 연상케 했다고 하며, 심지어 번호표를 주어 순서대로 윤원형을 만나 뇌물을 바치도록 했다고 한다. 그리고 지방 관료들이 지방민에게서 받아낸 뇌물을 가득 실은 뇌물 운반선이 뱃길로 정기운항을 했다고도 한다.

광해군은 오늘날에는 평판이 좋은 임금이지만, 다른 건 몰라도 뇌물문제에는 얽힌 것이 많았던 왕이다. 서자인데다 둘째여서 그 스스로가 정통성이 부족했기 때문에 명나라 사신이 오면 으레 거액의 은을 안겨서 명나라에 돌아가 말을 잘 해주기를 빌었다고 한다. 하도 은을 많이 챙겨주고, 광해군 자신의 비자금으로 은을 몰래 감춰두어 나라 안에서 은을 찾아볼 수 없을 정도가 되었다고도 한다. 김개시 상궁 등 측근의 의견이 인사에 영향을 주다 보니 '더덕 정승', '잡채 판서'라는 말도 나왔다. "더덕을 넣은 꿀

떡으로 환심을 사서 정승이 되었다더라", "잡채요리를 잘한 덕에 판서에 올랐다더라" 하는 식이었다. 정재륜이 쓴 『공사견문록(公私見聞錄)』을 보면 당시 지방에는 '구사계'(求仕契)라는 것이 있었다고 한다. '벼슬자리를 얻기 위한 계모임'인 셈인데, 계원들이 재물을 갹출하여 한 사람에게 몰아주면 그 사람은 그걸 뇌물로 바쳐 벼슬을 얻고, 벼슬자리를 이용해 거둬들인 재물로 계원들에게 갚아주는 시스템이었다.

조선 후기가 되면 가장 공정해야 할 과거시험장도 부패로 얼룩지게 된다. 개화기의 선비인 황현은 『매천야록』에 "초시를 매매하기 시작할 때에는 200냥도 받고 300냥도 받아 그 값이 고르지 않았다. 500냥을 달라면 사람들이 혀를 내밀었다"고 적었다. 초시는 세 차례 행해지는 과거의 맨 처음 시험인데, 그다음 단계인 회시에서는 가격이 1만 냥을 호가했다고 한다. 이렇게 법 따로 실제 따로 식으로 부정부패가 계속 일어난다면 그 나라는 온전할 수 없다고 할 것이다.

법으로 버젓이 '공직매매'를 했던 사례도 있었다. 명나라 말기에는 연납(捐納)이라는 제도가 널리 행해졌다. 과거를 보는 대신 국가에 일정한 돈을 바치면 벼슬을 얻는 제도로, 진시황 때부터 유래되었다고 하나 정규 제도화한 것은 명나라가 처음이었다. 이를 두고 개인이 아닌 국가가 부정부패를 저질렀다고도 볼 수 있는데, 긍정적인 면도 있었다. 과거공부만 해서 세상을 보는 눈은 없었던 유생들 대신, 상인이나 공인이 관계(官界)에 나갈 길을 열어준 셈이었기 때문이다.

연납이 심해지다보니 관리의 기강도 땅에 떨어졌으며, 선비로서의 정체성을 애지중지해온 과거파 관료들은 돈만 있으면 무식한 소인배들도 관리가 되는 세상에 불만을 터뜨렸다. 결국 연납제도 시행을 중지하고 연납 출신 관료들을 억압하는 정책을 썼으나, 이미 왕조는 걷잡을 수 없이 기울고 있었다. 돈을 받고 벼슬을 파는 일은 조선 말기에도 있었고, 혁명 직전의 프랑스에도 있었다. 마지막은 모두 왕조의 멸망으로 끝났다.

먹이를 주는 손을 깨물어라

국가 또는 정권 차원에서 부정부패를 단번에 쓸어버리려 했던 부패와의 전쟁에는 어떤 것들이 있었을까?

영국은 일찍부터 의회의 힘이 강했다. 그러나 그에 비례해서 의원 선거과정에서의 부패도 한껏 심해졌다. 이에 골치를 썩던 영국 지식인들 사이에서는 "의원선거권을 부자들에게만 주자"는 개혁안이 나올 정도였다. 민주주의의 발걸음을 거꾸로 돌리자는 말이니 개악안이라고 불러야 맞겠지만, 그만큼 선거부패가 심각했기에 차라리 선거비용을 충당하기 위해 남들에게 손을 벌릴 필요가 없는 부자들만 의원이 되게 하자는 이야기가 나온 것이다.

그리하여 이 폐단을 없애야 한다는 주장과 노력이 이어졌는데, 19세기 초 그레이 개혁과 19세기 말 글래드스턴 개혁이 가장 돋보였다. 휘그당 당수였던 존 그레이는 1831년에 집권하자 부패선거구 폐지를 비롯한 선거법 개정을 강력히 추진했다. 과거에 만들어진 선거구가 오랫동안 바뀌지 않다 보니 사람이 몇 안 되거나 없는데도 의원을 선출하는 경우가 있었다. 그래서 출마자들은 몇 안 되는 사람에게 뇌물을 퍼부어 선거구를 몽땅 사버림으로써 당선될 수 있었으니 이를 부패선거구라 불렀다. 그레이는 자신의 정치생명을 걸고 소심한 왕과 완고한 상원, 이랬다저랬다 하는 동지들을 어르고 달래가며 두 차례에 걸쳐 선거법 개정을 추진하여 1832년에 부패선거구를 없애는 데 성공한다.

그리고 약 반세기 뒤에는 부패추방을 핵심공약으로 내걸고 1880년 선거에서 승리한 자유당의 글래드스턴이 선거 부정행위 진상조사를 실시하여 선거과정에서 막대한 뇌물이 오간 사실을 밝혀냈다. 글래드스턴은 부패는 확실한 망국의 지름길이라 말하며 '부패 및 위법행위방지법안'을 입법했다. 이에 따라 후보자 본인은 물론 후보자의 선거운동원이 부정행위를 한 경우에도 해당 후보자의 당선을 무효로 하며 향후 입후보 자격을 박탈했다. 또한 유급 선거운동원의 수를 제한하고 선거비용 지출명목도 한정하며, 지출보고를 의무화하고 반드시 영수증을 첨부해 증빙자료를 제시하도록 하였다. 이 법안은 이후 영국에 공명선거가 정착되는 계기가 된다.

20세기 초에는 미국에서 대통령 시어도어 루스벨트가 재벌과의 전쟁을 벌이며 정경유착의 끈을 끊으려 했다. 그는 뉴욕 주지사 때부터 독점기업에게 세금을 부과하는 등 반(反)재벌 정책을 펴왔던 사람이었다. 미국 사회를 좌지우지하던 스탠더드오일

20세기 초 재벌들의 실태를 볼 수 있는 풍자화 20세기 초 미국에서는 재벌들이 검은 돈을 무기로 미국 정치를 좌지우지하는 일이 비일비재했다. 대통령 시어도어 루스벨트가 재벌과의 전쟁을 벌이며 정경유착의 끈을 끊으려 했다.

의 록펠러, 금융황제 J.P. 모건, 철도왕 밴더빌트, 강철왕 헨리 프릭 등은 대부분의 정치인에게 한 것과 마찬가지로 그에게도 뇌물을 건네며 자기들에게 유리한 정책을 세우는 데 힘써달라고 했다. 재벌에 반대했으나 정치자금이 쪼들리던 루스벨트는 결국 그 검은 돈을 받았다. 하지만 친(親)재벌적 성향이 강했던 대통령 매킨리가 재선에 성공한 이듬해인 1901년에 암살되고 부통령이던 루스벨트가 제26대 대통령이 된 다음, 루스벨트는 이렇게 선언했다. "우리는 재산권은 존중하지만 부패는 존중하지 않는다." 그리고 여러 재벌의 입을 딱 벌어지게 만들 정도의 정책을 잇달아 수립했다.

재벌의 리베이트 관행을 금지하는 엘킨스법, 철도회사 운임의 독점을 막는 헵번법, 식육업체를 비롯한 식품재벌의 비리를 척결하는 육류검사법 및 식품의약규제법 등을 입법했고, 1902년에는 무연탄 광산의 파업에 개입해 노동자의 편에 서서 재벌을 굴복시켰다. 그리고 1890년에 제정되었으나 잠자고 있던 셔먼법에 근거하여 노던증권, 모건철강, 스탠더드오일 등의 트러스트를 상대로 45건의 소송을 제기했는데, 그중 가장 주목받은 소송은 스탠더드오일을 상대로 한 소송전이었다. 이 소송으로 시어도어 루스벨트는 당시 최대의 트러스트를 해체하는 데 성공함으로써 미국 기업 역사에 이정표를 세웠다. 설마 했던 재벌들은 이를 갈았고, 프릭 같은 사람은 "우리가 먹이를 주었는데, 이제 우리 손을 무는군!" 하며 펄펄 뛰었다.

그러나 당시 미국 재벌의 위세와 부패가 극에 달해, '이대로는 우리 나라를 민주국가라고 할 수가 없다'는 인식이 중하위층 전반에 퍼져 있었다. 아이다 타벨 같은 언론인도 재벌의 추태를 잇달아 고발하며 경종을 울렸다. 이런 시대정신에 힘입어 루스벨트는 흔들림 없는 개혁을 추진하여 스스로도 완전히 자유롭지 못했던 정경유착의 끈을 끊어버렸다. 물론 오늘날에 미국의 막대한 정치자금에 검은 돈이 전혀 없는 것도 아니다. 그러나 적어도 루스벨트는 동아시아의 어떤 나라처럼 대통령 관저에서 재벌총수들이 모여 자발적 모금에 합의하는 일은 생각도 할 수 없게 해놓았다.

1990년대 초 이탈리아에는 마니 풀리테 바람이 불었다. 마니 풀리테란 '깨끗한 손'이라는 뜻으로 어떤 사건을 조사하던 도중에 한 고위공직자가 "이 바닥에서 손을 더럽히지 않은 사람이 누가 있느냐"고 항변한 데서 비롯되었다. 그 시작은 1992년에 한 청소대행업체가 이탈리아 사회당이 정치자금을 받고도 모른 체한다고 고발하면서부터였다. 검찰이 사회당 관계자들을 심문하다 보니 다른 정치인이나 공무원도 혐의가 있음이 드러난 것이다. 그래서 마치 감자줄기가 뽑히듯 공직자들의 부패혐의가 줄줄이 밝혀져서, 1994년까지 약 5,000명의 공직자들이 부패혐의로 수사를 받고 3,000명이 체포되었다. 국회 전체 의석의 25퍼센트나 되는 국회의원이 수사를 받았다. 혐의를 입증하기가 어려워서 실제로 감옥까지 간 사람은 그리 많지 않았지만, 수사과정에서 자살한 국회의원이나 대기업 회장도 있었고, 총리를 지낸 거물정치인이 해외로 망명하기도 했다. 이렇게 그 파장이 컸기 때문에 이탈리아 제1공화정이 무너지고 새로운 정부가 세워지는 계기도 되었다.

부패억제인가, 독재를 위한 꼼수인가

하지만 이런 '부패와의 전쟁'은 목소리만 높고 실적은 대단치 않거나, 부패도 부패이지만 이를 이용해 정적을 제거하고 권력을 강화하려는 속셈에서 이루어지는 경우도 적지 않다.

1961년 5.16군사정변으로 집권한 박정희 정권은 민심을 얻기 위해 혁명공약 제3조에서 "이 나라 사회의 모든 부패와 구악을 일소하고 퇴폐한 국민도의와 민족정기를 바로잡기 위해 청신한 기풍을 진작시킨다"고 천명했다. 그리고 자유당과 민주당의 정치인들 다수를 부패정치인이라 하여 검거·투옥하고 재산을 빼앗았다. 1980년 역시 군사정변으로 집권한 전두환 정권도 이를 본떴는데, 5.16군사정변 당시에는 혁명군의 주역으로 반(反)부패를 외쳤던 김종필도 부패정치인으로 몰려 재산을 몰수당하고 모든 공직에서 물러나야 했다. 그러나 이런 반부패 정책은 실속없는 보여주기식의 포퓰리즘 정책에 불과했으며 새로 수립된 정권이 구정권의 경쟁세력을 탄압하기 위한 수단이었다. 이후 박정희 집권기와 전두환 집권기에 대형 비리 스캔들이 끊이지 않고 터져나왔고 급행료, 촌지, 떡값 같은 용어가 광범위하게 쓰인 것을 봐도 알 수 있다.

최근 중국에서 강도 높게 실시되고 있는 부패와의 전쟁 또한 그런 성격이 아닌가 한다. 중국 국가주석 시진핑은 2012년 취임연설에서부터 "당 간부의 부패와 권력남용이 심각하다"고 지적했다. 시직핑은 최근 괄골요독(刮骨療毒), 장사단완(壯士斷腕) 고사까지 인용하며 부패와의 전쟁의지를 천명했다. 괄골요독, 즉 뼈를 깎아 독을 치료한다는 말은 후한의 전설적 명의인 화타가 관우의 팔을 마취 없이 수술하여 독을 제거했다는 『삼국지연의』의 일화에서 나온 것이다. 장사단완, 즉 장사가 팔을 자른다는 말은 당나라의 두고가 지은 시부에서 "군자는 흠을 없애 재주가 돋보이게 하고, 장사는 팔을 잘라 전체를 온전히 하네"라 한 데서 따온 것이다. 그만큼 필사적인 각오로 부패를 반드시 없애버리겠다는 표현이다.

빈말이 아니라는 듯 2014년에 시진핑은 저우융캉 공산당 정치국 상무위원을 체포하고 부패혐의로 처벌함으로써 고위직도 가차없이 처벌하겠다는 뜻을 보였다. 그러나 시진핑의 매형인 덩자구이가 부동산 개발로 엄청난 부를 쌓고, 조세회피를 위해 버진아일랜드에 회사를 설립하여 탈세를 벌이는 등 시진핑 본인도 고위직 부패에서 자유롭지 못하다는 비판이 제기된다. 그리고 제도화보다는 그의 개인적 의지에 따라 진행되고 있는 대 부패 전쟁은, 권력을 업고 각 산업계를 장악해 재력과 권력을 키우고 있는 거물정치인들을 억제하려는 의도가 있다고도 여겨진다. 저우융캉만 해도 석유업계의 대부나 마찬가지인 인물이었다.

북한의 김정은도 리영호와 장성택을 숙청하면서 부패를 그 이유로 들고 있어 시진핑과 같은 맥락에서 '반부패'라는 명분을 이용하는 모습이다. 최근 필리핀의 대통령 두테르테가 내세우는 부패와의 전쟁도 그런 시각으로 봐야 할 것이다.

또 태국의 탁신 친나왓 총리가 2006년에 쿠데타로 실각했을 때도 신(新)정권은 탁신의 부정부패를 들어 자신의 집권을 정당화했다. 일본의 다나카 가쿠에이 총리가 1974년에 실각할 때도 부패의혹이 핵심이었는데, 도쿄대를 졸업한 상류층이 장악하고 있는 일본 정계에서 소학교를 졸업한 서민으로서 총리까지 오른 그에 대한 질시와 견제가 진짜 원인이었다는 설이 있다.

더 올라가보면, 고려시대의 신돈이 처단될 때도 부정부패 혐의가 그 근거였다. 그런데 신돈 무리를 같잖이 생각하고 권력을 호시탐탐 노리던 무리가 권력투쟁 과정에서 부패를 빌미로 징벌을 가했을 가능성도 있다. 대한민국의 역대 대통령들이 거의 예외없이 임기 말년에, 또는 퇴임 직후에 부패의혹에 휘말려 망신을 당한 사실도 그 근원을 곱씹어봐야 할 것이다.

망치, 그물, 유리창 — 부패에 맞서는 세 가지 방법

국가가 부정부패에 대처하는 전략에는 대체로 세 가지가 있다. 첫째는 망치로 불리는 엄벌주의다. 싱가포르에서 써온 전략이 이렇다 하겠다. 1960년 제정된 부패방지법에 따라 부패방지기구의 힘이 막강한데, 부패혐의가 있는 공직자를 영장 없이 체포하고 구금하여 심문할 수 있고 공직자의 금융거래 내역이나 재산상황 등도 마음대로 조사할 수 있다. 조사결과 의심스러운 부분이 나오면 그것이 부정부패와 무관하다는 사실을 입증할 책임은 피의자에게 있다. 만약 피의자가 명확한 근거를 제시하지 못하면 그것은 부정부패로 간주된다. 금품제공만이 아니라 금품을 빌려주는 일, 일자리를 알선해주는 일, 심지어 식사대접이나 함께 여행을 가는 일까지 뇌물로 정의하고 있다. 그리고 금액의 많고 적음에 차등을 두지 않고 무조건 엄격하게 처벌한다.

싱가포르는 공공부문 종사자만이 아니라 민간인까지 모두 처벌대상으로 한다. 한 마디로 의심되는 건수만 있으면 돈을 직접 건넸든 건네지 않았든, 돈이 많든 적든, 공무원이든 민간인이든, 심지어 혐의가 확실하든 확실하지 않든 가리지 않고 망치로 내리치는 식이다. 지금 중국에서 벌어지는 부패와의 전쟁도 이를 모델로 하고 있다고 하겠다.

역사적으로 보자면 엄벌주의가 성공한 사례는 많지 않다. 수요가 엄연히 있는데도 공식적으로 금지해버리면 암시장이 형성되고, 상품가격은 위험수당을 덧붙여 더 올라가기 마련이다. 1920년대 미국의 금주법을 비롯한 강력한 금주령은 음주관련 범죄만 키워놓았고, 1980년대 한국 정부의 과외금지 조치가 '몰래바이트'라는 이름의 고액과외를 양산한 것만 보아도 알 수 있다. 또 엄벌주의가 실적을 거두려면 촘촘한 감시체제가 필요한데, 싱가포르처럼 작은 도시국가라면 몰라도 웬만한 규모의 나라에서는 한계가 있다. 그러면 법망을 피해 행해지는 부정이 많을 수밖에 없고, 적발된 사람도 누구는 봐주고 왜 나만 잡느냐는 식이어서 의식전환이 쉽지 않다.

또한 지나친 엄벌주의는 반감을 사며, 그 반감은 지도자 스스로에게 조금이라도 혐의가 나타났을 때 무섭게 폭발한다. 시진핑의 친인척 문제가 그 예다. 싱가포르의 경우에도 1996년에 선임장관으로 물러나 있던 최고지도자 리콴유가 할인가로 주택을 구입했고, 그 주택으로 부동산 투기를 했다는 의혹이 불거졌으나 조사결과 무혐의로 밝혀진 적이 있다. 그래도 그는 시세차익을 전액기부하여 부정적인 여론을 잠재우려 애써야 했다.

설령 엄벌주의가 효과를 볼 수 있다 해도, 영장 없는 구속과 사생활 감시, 사실이 불분명할 때 무죄보다 유죄 쪽으로 판결하는 일, 대형 비리와 사소한 비리를 구별하지 않는 일 등은 인권을 위협하며, 근대 사법체계의 보편적 원칙에 어긋난다. 쥐를 잡는 가장 확실한 방법이 초가삼간을 태우는 일이라 해도, 목적과 수단 사이에는 적절한 균형이 이뤄져야 할 것이다.

두 번째로 그물로 불리는 생활의 세세한 부분에까지 규제하는 전략이 있다. 기존의 사회통념상 통용되는 행위조차 부정부패로 보고 규제하고 단속한다는 것인데, 엄벌주의와 비슷한 관점이며 엄벌주의와 함께 이루어지는 일이 많다. 다만 강력한 처벌에 중점을 둔다기보다 세세한 규제에 중점을 둔다. 말하자면 단순한 선물이나 식사대접 같은 것도 부정부패의 일환으로 보며, 각종 지출에 대해 일일이 보고서를 쓰고 영수증을 첨부하게 한다.

이를테면 스웨덴에서는 국회의원들이 임기 중 모든 지출에 대해 영수증 처리를 해야 하며, 덴마크에서는 장관들에게 금전출납, 여행, 선물수령 등에 대해 매월 상세한 보고서를 작성하도록 하고 있다. 영국은 2011년의 뇌물방지법에 따라 공무원이 25파운드 이상의 선물을 받으면 신고하여 승인을 얻어야 한다. 1997년에 반부패법을 개정한 독일은 공무원이 30유로 이상의 선물을 받을 경우 사후가 아니라 사전에 승인을 얻도록 하고 있으며, 교사나 의사 등 공직종사자는 학생과 환자 등에게서 아무리 사소한 물건이라 해도 받지 못하게 한다. 독일은 2009년에 국회의원들이 세비로 만년필을 과다 구입했다고 해서 그것이 정치적 스캔들이 되는 나라다.

2012년 발의되고 2016년 발효된 우리나라의 부정청탁방지

스승과 제자 사이에 캔 커피 하나도 드릴 수 없다고 해석한 김영란법 스승의 날을 며칠 앞두고 서울 면목초등학교에서 RCY(청소년적십자) 단원들이 선생님들에게 직접 만든 카네이션을 달아주고 있는 장면. 권익위원회에서 카네이션을 드리는 행위도 적용대상으로 문제삼았으나, 최근 유권해석으로 카네이션 증정은 허용되었다. 2006.5.10. ©연합뉴스.

법, 속칭 김영란법도 이런 맥락에 있다. 사립학교 교직원과 언론인을 포함한 모든 공직자를 대상으로 하며, 식사비 3만 원, 선물 5만 원, 경조사비 10만 원으로 제한, 직무관계자 사이에는 1원도 주고받을 수 없음, 교수는 외부강연을 비롯한 모든 외부행사에 사전보고서를 쓰며, 공무원 규정에 준하는 수준으로 강연료를 받을 것 등등을 골자로 하여 수많은 세부조항과 유권해석 사항을 갖는다. 이 법은 부정부패 정도가 높다고 여겨지던 우리나라의 면모를 일신하고, 부패를 억제할 수 있는 계기로 여겨져 국민 대다수의 지지를 받고 있다.

그러나 비판의 목소리도 있다. 김영란법 제1호 신고사례로 기록된 '직무관계자 사이에는 1원도 주고받을 수 없음'이라는 원칙을 위반한 학생이 교수에게 건넨 캔커피 하나였다. 권익위원회에서 스승의 날에 선생님께 드리는 카네이션도 법 적용대상이라고 공식 해석한 것은 "뭐 이런 법이 다 있나" 하는 반응을 얻었다. 현 시점에서 직무관계가 있을 뿐 아니라 장차 직무관계로 될 가능성이 있는 사이에도 적용된다는 규정은 "그렇다면 모든 사람이 다 가능성 있는 것 아니냐. 점이라도 치란 말인가" 하는 볼멘소리가 나올 법도 했다. 동창회에 나갈 때나 전화로 몇 마디 인터뷰를 할 때도 일일이 「보고서」를 쓰게 된 교수들은 사생활 침해일 뿐만 아니라 정부와 학교재단이 삐딱한 교수를 얽어매는 데 쓰일 수 있다는 등의 불만을 터뜨리고 있다. 더구나 김영란법에는 사회 상규에 따른 행동은 문제삼지 않는다는 조항이 있는데, 이에 대해 "스승의 날에 카네이션 달아드리는 일이 어째서 사회 상규가 아니냐"는 교총의 「성명서」가 당장 튀어나왔다.

앞으로 세부적인 수정과 보완이 필요하겠지만, 김영란법은 부정부패가 지나칠 정도라고 인식되고 있는 우리 사회에 필요한 법이 틀림없다. 김영란법에서 가장 핵심적인 부분은 오랫동안 적폐가 계속되다 보니 사람에 대한 신뢰가 사라지고, 다소 문제가 있더라도 부패부터 막고 보자는 생각이 굳어진 데서 비롯된다. 이전에도 뇌물금지법은 있었다. 그러나 사건이 터질 때마다 혐의자들은 "돈을 건넨 것은 맞다. 하지만 대가성은 없었다"고 발뺌해왔다. 돈과 청탁 사이의 연관성을 입증하기 곤란한 경우가 적지 않았기에, 심증상 뇌물죄가 분명한데도 무죄로 끝나는 일이 대부분이었다. 그래서 "대가성이고 뭐고 필요 없다. 직무관계자가 아닌 사이에는 3만 원, 5만 원 정도의 소액 말고는 주고받지 마라. 직무관계자끼리는 단 1원도, 어떤 이유에서든 주고받지 마라"는 취지에서 김영란법이 생겨난 것이다. 이렇게 대가성 불문 조항은 미국, 영국, 독일 등의 부패방지법에도 있다.

그러나 조선시대에 분경을 금지하고, 경조사에 따른 부조조차 금지한 결과 조치의 효력이 퇴화되어버린 일을 기억해야 한다. 선물 주고받기란 인류가 문명을 알기 전부터 있었던 일이며, 인간적인 행동이다. 일본 사상가 가라타니 고진처럼 "화폐의 축적에만 혈안이 된 자본주의의 문제점을 극복하려면 원시시대의 증답 경제를 복원해야 한다"고 말하는 사람이 있을 정도로, 선물이란 인간관계에서 의미가 크고, 효용도 크다. 김영란법 지지자들 중에는 "자기 돈 내고 자기가 밥 사먹으면 그만 아니냐. 거지처럼 왜 얻어먹으려 드느냐?" 하며 비아냥거리는 사람도 있다. 하지만 선물이란 단지 이익을 추구하는 행동이 아니기 때문에 의미가 있다. 현금이 더 편리한데도, 기념일을 맞이해 '어떤 선물을 하면 그 사람이 좋아할까? 나를 오랫동안 기억해 줄까?' 하고 고민하는 마음과 선물을 받았을 때 놀라고 감사하고 기대되는 마음이 있다. 부정부패의 실마리를 없앤다 해도, 그 때문에 선물이 사라진 사회를 강요받는다면 우리는 삶의 질의 저하를 강요받는 셈이 된다.

사람을 믿지 못해서 걸리기만 하면 혼구멍을 낸다고 위협하거나, 의심받을 일은 아예 하지 마라고 압박하는 것과는 다른, 부정부패에 대처하는 세 번째 전략이 있다. 유리창으로 불리는, 투명성을 강화'하는 전략이다. 세계적으로 부패수준이 낮다고 여겨지는 북유럽 국가들은 그물도 쓰지만, 유리창도 쓴다. 공공예산 정보는 거의 모두 일반에 공개되고 있다. 이는 1766년에 언론검열을 모두 철폐하는 한편 국가와 지방자치단체의 행정문서를 공개하기로 한 스웨덴 의회의 결정에서 비롯되는 오랜 전통이다. 당시 스웨덴은 야심만만한 정복군주 카를 12세가 일으킨 북방전쟁에서 러시아에 참패하고, 한때 발트 해를 호수로 삼을 만큼 북유럽 일대에 보유했던 영토를 많이 빼앗겨 국력이 약해진 상태였다. 그러자 스웨덴 의회와 국민은 "이제 실속 없는 대외팽창에 목매던 시절은 잊어야 한다. 이제부터는 내부개혁을 통해 내실 있는 나라를 만들어가자"고 결단했다. 이에 따라 이러한 대담한 개혁조치를 취했던 것이다. 한편 미국은 1978년의 공무원제도개혁법 이래 내부고발자를 권장하고 보호하는 제도와 관행을 다져나갔다. 그래서 일반 대중이 알기 힘든 조직의 내밀한 곳에서 벌어지는 비리도 내부자에 의해 폭로될 가능성이 높다. 즉 투명도가 높은 것이다.

　이러한 공공행정의 투명성 강화 역시 '지켜보고 있다'는 의식을 강요하므로 사람을 완전히 믿는 것은 아니다. 하지만 그것은 처벌이나 수색, 노골적인 인권침해가 없더라도 일상 속에서 스스로 부정부패를 삼가는 일을 가능하게 한다. 정보가 항상 넘쳐나며, 각자 자기 일에 바쁜 사회에서 상당히 전문적인 행정정보를 공개한다고 해서 당장 그 문제점을 지적해올 가능성은 크지 않다. 내부고발을 권장한다고 해도 이런저런 연줄로 얽히고, 서로 큰 이권을 주고받는 사이라면 한계가 있을 것이다. 그러나 고발을 당할지도 모른다는 불안감, 그 불안감이 스스로 행동을 삼가도록 한다. 아무런 규제가 없어도 스스로 선을 행하는, 자율적으로 도덕적인 인간에는 못 미치지만 그래도 당근과 채찍으로만 움직이는 존재는 아닌 것이다.

아울러 국민의식이 중요하다. 싱가포르는 오랜 엄벌주의에 의해, 북유럽은 그물과 유리창에 의해 부패를 용납할 수 없다는 의식이 사회에 든든히 뿌리내렸다. 그런 수준에 도달하려면 시간이 필요하며 그런 개혁에는 부정부패에 대한 분노와 혐오, 이따위 세상을 아이들에게 물려줄 수 없다는 결의가 필요하다. 그런 국민적 결의가 있었기에 루스벨트의 정경유착 끊기가 성공했고, 스웨덴의 행정투명화 개혁도 가능할 수 있었던 것이다.

그리고 공직자를 잠재적 부정부패자로만 볼 것이 아니라, 그 자긍심과 소명의식을 높이는 방안도 강구할 필요가 있다. 스스로에 대한 기준이 높은 사람은 여간해서는 자신에 대한 믿음을 저버리는 일에 발을 들이지 않기 때문이다. 그렇게 사람에 대한 믿음을 회복해나가는 과정이 곧 부정부패를 없애는 과정일 것이다.

#부정부패 #투명성 #김영란법 #엄벌주의

3
'내 이웃을
사랑'하기
위하여

고독한 영혼의 극단적 선택 — 테러

모든 사람이 테러리스트는 아니지만,
모든 테러리스트는 사람이다.

우리가 대개 테러라고 부르는 테러리즘(terrorism)은 그 단어에서 보듯 공포(terror)와 관련된다. 사람과 건물을 직접 대상으로 하여 피해를 입히는 것만이 아니라 관련뉴스를 접한 사람들을 충격과 공포에 빠뜨리려는 의도를 가진 행동이 테러리즘이다.

테러리즘 연구자들은 이때 적대 국가의 혼란, 전력 감소, 특정 이념의 구현, 테러리스트 동료들의 석방 등등 어떤 정치적인 목적을 띤 행동만을 테러로 분류하며, 그런 목적은 없지만 테러와 비슷하게 볼 수 있는 행동들은 준(準)테러 또는 단순범죄로 본다. 그러나 어느 것이든 그런 행동은 심각한 억압과 피해의식에서 비롯된, 상처 입은 영혼들의 과격한 자기 주장이라고 해야 한다. "우리는 한낱 티끌같은 존재가 아니다", "빌어먹을 세상이여, 우리를 무시하던 자들이여, 혼 좀 나 봐라! 죽어라!" 이런 비명 같은 외침들이 마스크 위에, 탄띠 위에, 폭탄을 넣은 슈트케이스 위에 처절하게 새겨져 있다.

공포정치에서 암살집단까지

정치적 테러의 원조는 그런 억눌린 개인이나 집단이 아니라 국가였다. 흔히 1793년~1794년까지 프랑스대혁명 기간 중 이루어진 공포정치에서 테러리즘의 기원을 찾는다. 당시 로베스피에르, 생쥐스트, 쿠통 같은 급진 자코뱅파는 혁명정부를 안정시키고 국내외의 반혁명 세력에게 맞설 유일한 방법이 '공포'라고 보았다. "혁명은 민중이 왕이나 귀족들 없이 스스로를 통치할 수 있음을 보여주었다. 그러나 자유에는 미덕이 필요하다. 공동체의 이익을 위해 스스로를 절제하는 미덕 없이는 자멸적인 혼란만 빚어질 뿐이다. 민주주의를 경험해보지 못한 프랑스 민중은 아직 그런 미덕이 부족하다. (……) 그러므로 공포를 통해 그들의 방종을 단속하고, 사랑의 매로써 그들에게 미덕을 가르칠 필요가 있다." 그들이 집권했던 약 1년 동안 자코뱅은 1만 7,000명을 단두대로 보냈고, 지방 반란 진압과정에서 따로 3만 명 이상을 학살했다. 사람들을 수백 명씩 구덩이에 몰아넣고는 대포알 세례를 퍼붓기도 했다.

또한 그보다 한참 뒤, 역시 국가가 저지른 만행에서 테러의 기원을 찾기도 한다. 제2차 세계대전 중, 교전국들의 군 수뇌부는 "하늘에서의 공포(terror from the sky)"라는 개념을 믿고 있었다.

그들은 폭격기를 적의 주요 군사시설만이 아니라 민간인 거주지역으로 보냈다. 심각한 피해를 입은 적의 국민은 공포에 사로잡힐 것이고, 자국정부에게 전쟁을 당장 그만두라고 애원할 것이다. 그러면 적국은 항복하고 승리는 우리의 것이 될 것이라는 생각이었다. 이 때문에 런던, 모스크바, 베를린, 도쿄, 등등의 무고한 시민들이 각각 2만에서 10만까지 무참히 희생되었다.

그런데 이런 생각은 잘못된 것임이 밝혀졌다. 잔인한 공습으로 사랑하는 가족, 연인, 친지를 잃은 민간인들이 복수심에 불타 자국의 전쟁수행을 열렬히 지지했던 것이다. '하늘에서의 공포'가 실효를 거둔 것은 1945년 히로시마와 나가사키에 떨어진 원자폭탄뿐이었다. 그것은 당시 일본인들의 전쟁수행 의지가 이미 바닥나 있었고 단 하나의 폭탄으로 도시가 사라진, 전에는 상상도 못했던 현실이 가져온 특별한 공포였기 때문에 가능했다.

그러나 개인, 집단에 의한 테러는 보다 먼 옛날부터 있어왔다. 가장 대표적인 정치테러라고 할 수 있는 암살은 원시시대부터 있었으리라 여겨진다. 고대 역사기록에 나타나는 대표적인 암살로는 기원전 336년 마케도니아의 필리포스 2세(알렉산드로스 대왕의 아버지) 암살, 기원전 133년 로마의 개혁정치인 티베리우스 그라쿠스 암살, 기원전 44년 율리우스 카이사르 암살, 기원후 41년 로마제국 황제 칼리굴라 암살 등이 있으며, 실패로 끝난 유명 사례는 기원전 227년 형가(荊軻)에 의한 진시황 암살 시도다.

이런 암살사례는 모두 권력투쟁이나 전쟁 중 국가나 권력집단에 의해 냉정하게 모의, 시행된 암살이며 암살 자체가 목표였으므로 대중의 공포 조성을 중요한 목표로 삼는 상처 입은 영혼들의 과격한 자기 주장으로 보기는 어려울 것이다. 특정한 소속이 없고, 스스로 결의하여 자행하는 테러리스트로서의 암살자의 모습은 1605년에 영국 국왕 제임스 1세를 암살하려고 영국 국회의사당을 폭파할 계획을 세웠던 가이 포크스, 1793년에 프랑스 자코뱅파의 지도자였던 마라를 암살한 샤를로트 코르데, 1865년에 링컨 대통령을 암살한 존 윌크스 부스 등에게서 찾을 수 있다. 이들은 모두 거대한 강물처럼 흐르는 역사 속에서 작은 물거품처럼 스러질 운명이었으나, 거물들을 암살하고 역사의 흐름을 바꿈으로써 전설로 남게 되었다.

　암살자 집단의 역사도 긴데, 고대 인도에는 소녀들로 이루어진 독살 전문집단 뷔샤, 마우리아왕조의 창시자 찬드라굽타에게 복종하는 암살단 등이 있었다고 한다. 전통 일본의 닌자(忍者)도 유명하다. 국가나 권력자에 속하지 않는, 테러집단의 틀에 맞는 사례로는 시카리라고 불리는 비밀결사가 있었다. 기원후 70년에 로마제국이 예루살렘을 파괴하고 나라가 망하자, 그 복수를 위해 긴 코트자락 속에 단검을 품고 다니면서 로마제국에 부역하는 민족반역자들을 암살하고 집과 농토를 태워버리는 히브리인들의 집단이었다. 이를 모델로 하여 11세기 후반 시아파 이슬람의 분파인 니자리파가 이란의 고원에서 창설한 아사신(Assasin)은 적대교파와 십자군의 우두머리들을 잇달아 암살하며 한동안 공포의 대상이 되었다. 영어의 암살(assassination)이라는 단어는 이들의 이름에서 비롯된 것이다.

또한 19세기 말 러시아의 개혁주의자와 인민주의자인 나로드니키의 일부 과격파들은 차르를 비롯한 요인의 암살과 시설물 파괴를 목표로 했으며, 1881년 이들의 손에 개혁지향적 차르인 알렉산드르 2세가 암살됨으로써 러시아는 강력한 보수체제로 바뀌고, 그 반발로 러시아혁명이 태동하게 된다. 비슷한 시기에 미국에서는 큐 클럭스 클랜, 이른바 KKK단이 활동했다. 노예해방과 남북전쟁 이후의 사회변화를 받아들일 수 없었던 일부 남부 백인들은 하얀 두건을 쓰고 밤마다 흑인들의 집을 찾아다니며 살인, 폭행, 방화를 일삼았다.

1914년 사라예보에서 페르디난트 오스트리아 황태자 부부를 암살해 제1차 세계대전을 촉발시킨 가브릴로 프린칩도 '블랙핸드'라는 세르비아 과격단체의 일원이었다. 1946년 예루살렘의 킹데이비드호텔에서 폭탄테러를 일으켜 91명을 희생시킨 단체는 시온주의 과격파인 이르군이었고, 이 사건을 계기로 영국은 팔레스타인에서 손을 떼고 이스라엘은 건국이 달성된다. 한국 독립운동사에도 무장 독립운동 단체로 '의열단'이 있다. 1919년 결성된 이들은 1930년대까지 조선총독부, 종로경찰서, 일본 왕궁, 동양척식주식회사 등에 잇달아 폭탄테러를 가하고 일제 간부와 일제에 부역하는 조선인들에 대한 암살을 시도했다.

이렇게 역사의 그림자마다 온갖 민족 출신 테러리스트의 칼날이 번득였으나, 지금은 암살, 납치, 폭파 등의 테러활동이라면 바로 떠오르는 것이 이슬람 테러리스트들이다. 특히 현대에 와서 가능해진 항공기 납치, 폭파테러는 이슬람 테러집단의 소행인 경우가 많다. 1968년 7월, 팔레스타인인민해방전선이 이스라엘 항공기를 납치한 사건은 사상 최초의 항공기 납치 사건은 아니었으나(1931년, 페루의 무장혁명단이 최초로 강제 착륙을 시도했다고 한다), 그 이전의 사건들이 단기간에 끝났고 피랍 인원도 적었던 데 비해 50명이 넘는 인원이 40일 동안이나 납치됨으로써 세계의 이목이 집중되었다. 그들은 그 해에만 수십 건의 항공기 납치를 추가 시도함으로써 이슬람 테러집단의 악명을 더욱 드높였다. 1972년 뮌헨올림픽에서 이스라엘 선수단 11명의 목숨을 앗아감으로써 올림픽 사상 전무후무한 참사를 빚은 '검은구월단' 역시 팔레스타인 계열의 이슬람 테러단이었다. 1979년 이란의 이슬람 근본주의 혁명 과정에서 미국 대사관이 점거되고 대사관 직원들이 약 석 달 동안 억류된 사건도 서구인들의 눈에는 야만적인 테러로 비쳤다.

물론 이탈리아의 붉은여단, 일본의 적군파, 독일의 비더마인호프 같은 극좌파 테러집단이나 아일랜드 공화국군, 아르헨티나 인민혁명군, 바스크 조국과 자유, 스리랑카 타밀 반군 등등의 특정 지역-종족 중심 테러집단들의 활동도 만만치 않았다. 하지만

1980년대부터 지금까지 헤즈볼라(1982년 창립), 하마스(1987년 창립), 알카에다(1988년 창립), 탈레반(1994년 창립), 보코하람(2002년 창립), IS(2003년 창립), 알샤바브(2006년 창립) 등과 같은 이슬람 테러단체들이 속속 나타났다. 이들은 미국, 이스라엘을 비롯한 서방국가들을 대상으로 자살폭탄 테러 같은 방법으로 수많은 인명과 재산 피해를 냈기 때문에 "모든 이슬람교도가 테러리스트는 아니지만, 모든 테러리스트는 이슬람교도다" 같은 말이 진짜인 양 퍼질 정도가 된 것이다.

특히 1983년 베이루트의 미국 해병대 사령부 자살 폭탄차량 테러(헤즈볼라, 241명 희생) 2001년 미국 뉴욕과 워싱턴의 9.11테러(알카에다, 약 3500명 희생), 2004년 에스파냐 마드리드 연쇄폭탄 테러(알카에다? 192명 희생), 2005년 영국 런던 지하철 폭탄 테러(알카에다, 56명 희생), 2013년 케냐 쇼핑몰 테러(알샤바브, 72명 희생), 2015년 1월 프랑스 샤를리 에브도 잡지사 테러(IS, 12명 희생), 2015년 11월 프랑스 파리 테러(IS, 131명 희생) 등은 세계를 온통 뒤흔들었으며, 한동안 해당 지역과 국가에 대한 발걸음을 꺼릴 정도의 공포를 불러일으켰다.

이슬람은 왜 테러와 연관되는 것일까? 이집트 작가 알라 알 아스와니가 쓴 소설 『야쿠비얀 빌딩』은 타하라는 장래가 촉망되던 젊은이가 테러리스트로 변신하는 과정을 보여준다. 그는 경찰이 되기를 소원했으나 출신성분이 미천하다는 이유로 시험에서 떨어지고, 그의 애인은 가난에서 벗어나고 싶은 나머지 부자의 첩이 된다. 대학에 진학하자 이집트가 겪고 있던 모든 문제를 대책 없는 서구화에 돌리며 '이슬람 국가'를 부르짖는 이슬람 근본주의 운동에 빠진 타하. 그는 운동 관련자로 경찰에 잡혀서 성고문 등 인간 이하의 대우를 받고 나자, 분노와 원한이 폭탄처럼 되어 테러에 목숨을 바치게 된다. 대부분의 이슬람 사회는 부자와 빈자, 서구화와 전통, 독재자와 민중 사이의 대립이 심각하다. 따라서 테러리즘이라는 극단적 방법으로 울분을 터뜨리려 하는 사람들이 많이 나타난다.

현대의 정복국가 이스라엘과 '백년 전쟁'을 벌이고 있는 팔레스타인에서는 그런 테러희망자들이 더 쉽게 양산된다. 『팔레스타인』이라는 사회고발 만화를 그린 미국의 조 사코는 화염병에 맞아 크게 다친 이스라엘 소녀를 보고 가슴이 아팠다. 그런데 범인을 잡고 보니 그 나이 또래의 팔레스타인 소년이었다. 그 소년은 이스라엘군의 폭력에 부모를 잃고 어린 나이에 테러리스트가 되기로 한 것이었다. 정치적 증오의 악순환에 어린아이들조차 말려들고 있는 비극의 땅. 과연 문제는 이슬람교일까?

문제는 위대한 종교이자 문명인 이슬람교가 한때의 영광을 짓밟히고 서구적 가치와 문화에 억눌리고 있는 현실에서 나온다. 영화 『언싱커블』에서 아랍계인 스티븐 영거는 미국 시민으로서 이슬람 사회의 동포들에 비하면 평화와 풍요를 누리고 산다. 그러나 아랍계와 이슬람에 대한 차별을 겪고 또 겪은 끝에, 유수프 알 무함마드라는 테러리스트로 변신한다. 그리고 그의 폭탄 테러를 비난하는 수사관에게 이렇게 외친다.

"나는 내 민족을 사랑하는데, 너희들이 조지잖아! 나는 내 종

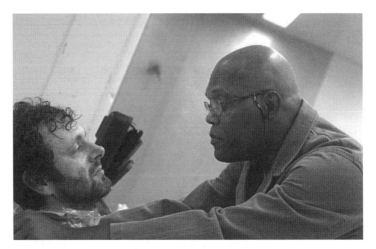

영화 「언싱커블」(2010)의 한 장면   이슬람과 서구 문명은 오랫동안 앙숙관계였다. 영화 「언싱커블」의 주인공이 이슬람을 비하하는 서구문화에 저주를 퍼붓고 있는 장면.

교를 사랑하는데, 너희들이 비웃잖아!"

　개인의 소외와 차별, 고독과 절망은 자신의 더 큰 자아로 시선을 돌리도록 하고, 그 자아가 타자에 의해 억압되고 있음을 깨달을 때 평범한 개인은 투사로 거듭나기도 한다.

증오범죄에서 예술품 테러까지

　유수프 알 무함마드의 외침은 2007년 4월 16일, 버지니아를 공포로 몰아넣었던 한 한국계 청년의 외침과 공명한다. 23세의 대학생 조승희는 자신이 다니던 버지니아 폴리테크닉 주립대학교에서 총기를 난사하여, 약 3시간 동안 32명을 살해한 다음 자살했다. 그 사건은 흔해빠진 총기 난사 사건의 하나처럼 보였다. 단지 학교에서 벌어진 총기 난사 사건으로는 최대의 희생자를 낸 사건이라는 특징만 있었을 뿐이다. 미국은 독립하기도 전인 1764년부터 총기난사 사건을 겪어왔다. 45명의 목숨을 앗아간 1927년의 배스스쿨 폭파사건, 19명이 희생된 1999년의 컬럼바인 고등학교 총기난사 사건 등이 유명하다. 그러나 그의 범행 동기가 아시아계에 대한 차별과 혐오에 있다는 소식이 전해지자 적어도 한국에서는 사뭇 다른 분위기가 나타났다. 그를 안중근이나 윤봉길의 반열에 올리는 네티즌들까지 생겨난 것이다. 네티즌들 사이에서 '테러나 일삼는 이슬람교는 박멸해 마땅하다'는 말이 상식처럼 통하고 있는 것과 동시에 그런 추모와 숭배가 나타난 점은 아이러니가 아닐 수 없다.

조승희의 경우는 어떤 정치적 목적을 갖고 행동했다고 볼 수 없으므로 테러는 아닌 준테러를 저지른 것으로 분류된다. 그러나 그런 행동에 이른 마음의 상처도 비슷하고, 희생자들 입장에서도 정치적 동기 유무 따위는 상관이 없을 것이다.

범행자들의 동기를 들어 보면 특별한 이유가 없는 예도 있지만 특정 종교나 이념, 인종 등에 대한 혐오를 동기로 드는 경우도 있다. 이른바 '증오 범죄'라는 것이다.

1973년에는 마크 에섹스라는 미국의 흑인 청년이 인종차별 경험으로 생긴 백인과 백인 편으로 보이는 법질서에 대한 증오심 때문에 10명의 백인 경찰을 총으로 쏴서 그중 9명을 살해했다. 1988년에는 남아프리카공화국에서 바렌드 스티어돔이라는 백인

국내의 한 웹사이트에 오른 조승희 찬양 기사   조승희의 범행 동기가 아시아계에 대한 차별과 혐오에 있다는 소식이 전해지자, 그를 열사의 반열에 올리고자 하는 분위기가 생겼다. 풍자 성격이 있기는 해도 '글로벌한 상식'에는 너무도 많이 벗어나 있다.

이 광장에 모인 흑인들에게 권총을 난사해 8명을 죽이고 16명에게 부상을 입혔다. 1990년에는 아미 포퍼라는 이스라엘 퇴역군인이 출근길에 버스정류장에 모여 있는 팔레스타인 사람들을 훔친 총으로 쏴서 7명을 죽이고 11명에게 부상을 입혔다. 이 사건으로 격앙된 팔레스타인 사람들이 과격시위를 벌이자 이번에는 이스라엘 군인들이 시위대에 발포해 사망자와 부상자가 생겨나기도 했다.

1980년에는 중국 도시 한단(邯鄲)이 한 사람 때문에 공포의 도가니에 빠졌다. 왕 지웬이라는 경찰관은 중국의 공산통치가 역겨워 견딜 수 없었던 모양이다. 먼저 공공장소에 있던 마오쩌둥

과 마르크스, 레닌 등의 동상에 총격을 가해 박살내더니 경기관
총과 수류탄으로 무장을 한 채 한단 시내를 돌아다니며 보이는
사람마다 총질을 해댔다. 사망자는 7명으로 그 어마어마한 기세
에 비하면 적은 편이었지만, 공안의 힘이 강하다는 중국에서 백
주 대낮에 그런 일이 벌어질 수 있다는 사실이 충격적이었다.

　1999년에는 러시아의 체첸전쟁에서 형을 잃은 아흐메드 이
브라기모프라는 사람이 같은 마을에 살던 러시아계 주민들을 몰
살시키려 했다. 34명이 죽었고 부상자는 훨씬 많았다. 그리고
2011년에는 노르웨이에서 안드레스 브레이빅이라는 청년이 '이
나라를 장악한 사회주의자들에 대한 미칠 듯한 증오심' 때문에
정부건물에 폭탄차량을 들여보내 8명을 숨지게 한 다음 총기를
난사하여 도합 77명 사망, 241명 부상이라는 결과를 빚기도 했
다. 가장 피해규모가 컸던 사례는 1995년의 미국 오클라호마주
연방청사 폭파였는데, 티머시 맥베이라는 자는 그 직전 연방정부
가 사교집단인 다윗파를 몰아붙여 집단자살에 이르게 했다 하여,
연방정부에 대한 증오심에서 그런 짓을 벌였다고 한다. 그는 일
부러 탁아소가 있는 건물을 노려 테러효과를 극대화하려 했는데,
아기들을 포함해 168명이 사망하고 600여 명의 부상자가 나왔다.

　2015년 미국 오리건대학 총기난사 사건에서도 범인이 피해
자들에게 종교가 있느냐 물어보고, 있다고 하면 하느님 곁으로
보내주겠다며 사살했다는 점에서 종교 자체를 혐오하는 사람의
증오범죄 사례로 분류되었다.

　이처럼 증오심을 빙자해 폭력을 휘두르는 일은 거의 모든 시

대와 나라에서 끊임없이 일어나고 전쟁이나 탄압, 차별 등이 개인의 광적인 증오를 부추기기도 한다. 심지어 오해로 빚어진 웃지 못할 범죄도 있다. 2014년 위스콘신에서 시크교도들의 사원에 난입한 남자가 총기를 난사해 7명을 숨지게 했는데, 알고 보니 그는 광적인 이슬람교 혐오자였다. 그런데 이슬람교도와 비슷하게 터번을 쓴 시크교도들을 이슬람교도로 오해하고는 그런 짓을 벌인 것이었다. 이슬람 혐오범죄는 서구사회에서 오래전부터 있었다. 그런데 9.11테러 직후 17배로 폭증했다. 9.11 이후 6개월 동안 미국에서만 2,000명이 넘는 이슬람교도(또는 이슬람교도로 오해된 사람)가 이슬람이라는 이유만으로 살인, 폭행, 성폭행을 당했다.

이성적으로 보면 막연한 혐오감 때문에 극한의 강력범죄를 벌이고, 스스로도 파멸의 길로 간다는 이야기는 아무래도 이해하기 어렵다. 그래서 해당자의 정신이 이상해서라 보기도 하고, 증오는 핑계일 뿐이며 폭력을 행사하는 짧은 순간 신이 된 듯한 고양감을 즐기려 했을 뿐이라 보기도 한다. 어쨌든, 이슬람 혐오든 동성애 혐오든 사람들이 사회에서 느끼는 혐오가 이들의 명분이 되었음은 사실이다. 아직까지 테러와는 직접 연관이 없어 보이는 대한민국의 경우에도 1994년에 엽기적인 살인행각을 벌인 지존파는 압구정동의 부유층들을 몰살하지 못한 것이 한이라며 있는 자들에 대한 맹목적인 증오심을 내보였다.

또 2016년 5월 벌어진 강남역 살인 사건은 여성혐오 범죄로 주목받았다. 범인은 단지 '묻지마 살인'을 했을 뿐 여성혐오가 아니라는 분석도 있었지만, 이 사건을 계기로 우리 사회에 여성혐오가 중대한 화두로 떠오르기도 했다. "단지 여성이라는 이유만으로 아무 죄 없이 목숨을 빼앗겼다. 이 땅에서 이런 일이 다만 한 번뿐일까?" 하는 페미니즘적 환기, 개인을 넘어선 차별받는 여성으로서의 자아에 대한 환기는 여성혐오에 대한 혐오를 부르고, 유수프의, 조승희의, 마크 에섹스의 울분을 불러일으키도 했다. 그 울분에 사로잡힌 여성들은 총칼을 들고 테러를 저지르지는 않았다. 그러나 '미러링'이라는 이름으로 한국 남자에 대한 갖은 조롱, 모욕, 비하를 쏟아부으며 분풀이를 했다. 그러자 특정 페미니즘 사이트와 관련되어 있다고 여겨진 정당의 사이트나 웹툰 작가들의 작품에 댓글 테러가 벌어졌다. 여성혐오에 대한 혐오에 대한 혐오다.

정치적 테러도, 증오범죄도 아니면서 상처 입은 영혼의 과격한 자기 주장에 해당되는 범죄의 예로는 문화재 테러를 들 수 있다. 아주 유명한 미술품이나 유적을 파괴하여 보잘것없는 자신을 세상에 알리고 역사에 각인시킨다. 기원전 4세기의 그리스인 헤로스트라토스가 바로 그런 인물에 해당된다. 칠순 노인이었던 그는 자신이 죽으면 아무도 자신을 기억할 사람이 없으리라는 생각에서 당시 세계 제7대 불가사의의 하나로 꼽혔던 에페수스의 아르테미스 신전을 불태웠다. 에페수스에서는 그를 사형에 처했을 뿐 아니라 그의 소망이 이루어지지 않도록 "헤로스트라토스의 이름을 언급하는 자도 사형에 처한다"고도 공표했다. 그러나 결국 그의 이름은 오늘날까지 기억되고 있으니 성공한 셈이라고 해야 하겠다.

헤로스트라토스를 흉내내기라도 한 듯한 사건이 20세기 일본에서도 일어났다. 1950년에 교토의 명물이자 일본이 자랑하는 건축물이던 긴가쿠지(金閣寺)를 하야시 요켄이라는 승려가 불사른 것이다. 이 사건은 이를 모티브로 한 미시마 유키오의 소설 『긴가쿠지』로도 유명한데, 하야시 요켄은 복역 중에 정신이상을 이유로 풀려났다가 병사했다고 한다. 우리도 얼마 전에 그런 문화재 테러가 있었다. 2008년 2월에 채종기라는 노인이 자신 소유의 토지보상금이 불만이라는 이유로 범행을 저질러 숭례문이 전소되고 말았다. 그는 2006년에도 창경궁에 방화를 했는데, 당시 문화재 보호와 사고 수습대책이 허점투성이라는 사회적 경각심을 일으키기도 했다.

유명한 그림도 종종 공격 대상이 된다. 세계에서 가장 유명한 그림인 레오나르도 다빈치의 「모나리자」는 그만큼 수난을 많이 겪기도 한 그림이다. 1956년에 황산세례를 받아 그림 아랫부분이 심하게 손상된 것을 비롯해서 네 차례 심각한 공격을 받았다. 가장 최근에는 2009년에 프랑스 시민권을 취득하지 못한 데 분개한 러시아 출신 여성이 「모나리자」에 커피가 든 커피잔을 집어던졌다. 하지만 그림은 무사했는데, 1950년대의 테러 이래 그림에 방탄유리를 장착해둔 덕분이었다. 이 밖에 코레지오의 「레다」, 렘브란트의 「야경」, 모네의 「해돋이」 등이 몇 차례 공격을 당했다.

1933년의 독일 국회의사당 방화 사건에서 마리뉘스 판 데어 루페라는 실업자가 범인으로 지목되어 처형되었다. 당시 발화지

점이 한 군데가 아니었다는 점과 이 사건을 사회주의자들의 반
(反)사회책동으로 몰아 히틀러가 입법권과 행정권을 모두 장악하
는 전권을 쥐는 기회로 삼았다는 점을 들어 나치의 자작극이 아
니었나는 의문도 남아 있다. 하지만 루페의 단독범행을 히틀러가
이용했다는 쪽이 정설이다. 유명하지 않은 사람이 유명해지기 위
해 유명한 사람을 희생시키기도 한다. 비틀즈의 일원이었고 평화
운동과 반전운동 등으로 진보적 아티스트로도 이름이 높았던 존
레논은 1980년 마크 채프먼의 총격으로 사망했는데, 채프먼은 왜
존 레논을 쏘았느냐는 물음에 한 마디로 대답했다.

"유명해지고 싶어서."

정치적 동기를 밝혔다는 점에서 이런 암살과는 다르게 분류
되지만, 샤를로트 코르데나 존 윌크스 부스의 마음속에도 그런
동기가 숨어 있었을지 모른다.

모든 테러리스트는 사람이다

정치적, 사회적, 문화적 소외와 불우함은 상처 입은 영혼에
테러를 싹틔운다. 테러는 다시 증오범죄를 불러오고, 증오범죄는
또 다른 테러 또는 증오의 양분이 된다. 유명한 사람이나 사물에
대한 공격도 인류에게 돌이킬 수 없는 손실을 입힌다. 지금 과학
기술은 하루가 다르게 발전하고, 세계를 파멸시킬 세계대전의 가
능성은 점점 줄어들고 있다. 그러나 테러와 준테러 범죄는 무섭

'여자라 살해당했다' 강남역 주변에 붙어 있는 수많은 포스트잇   2016년 5월에 발생한 '강남역 살인사건'에 대해 추모하고 분노하는 내용으로 채워진 포스트잇들. 최근 사회적으로 특정 대상에 대한 '혐오'와, '묻지마 살인'에 대한 피해는 계속 반복되고 있다. ⓒ연합뉴스.

도록 늘고 있다. 테러연구자들은 앞으로 핵이나 화학무기 등 대량살상무기를 사용한 테러가 발생하고, 극단적 자살 테러가 급증하며, 사이버 테러 역시 증가할 것이라고 예측한다. 그들은 대(對)테러와 테러 예방을 말한다. 대테러란 테러가 벌어졌을 때 신속히 대응하며 피해를 최소화하는 것으로, 전문인력 육성, 장비 확보, 정보망 및 협력관계 구축, 국민 행동요령 교육 등등이 필요하다. 오늘날 적국의 침략에 대비하는 전통 안보만이 아니라 비전통적 안보가 중요해지고 있음을 보여주는 예다.

반면 테러예방은 테러 자체가 일어나지 않도록 하는 일이다. 이를 위해 국방부나 국정원 등에서 테러방지법을 잇달아 제안하고 있다. 그러나 테러예방을 빙자해 국민의 행동을 규제하고 사생활을 침해할 소지가 큰 것이어서 논란이 되고 있다. 2015년 초의 샤를리 에브도 신문사에 가해진 테러를 기점으로 프랑스의 비상사태가 오래 계속되고, 무슬림을 비롯한 시민이나 관광객에 대한 검문, 감시도 강화되자 프랑스의 진보적 철학자 알랭 바디우는 "이것은 테러를 빌미로 파시즘을 부활시키려는 것이다!"라며 격렬히 매도했다. 우리나라에서도 IS를 들먹이며 2016년에 통과된 테러방지법에 민주주의의 후퇴와 인권유린 소지가 있다 하여 논란이 한창이다.

더 근본적인 테러 예방책은 더 나은 사회, 불우한 사람들을 보듬어주고 소외된 사람들의 눈물을 닦아줄 수 있는 사회와 문화를 만드는 일일 것이다. 모든 사람이 테러리스트는 아니지만, 모든 테러리스트는 사람이다. 다른 길을 선택할 수도 있었을, 조금 더 불행한 사람일 뿐이다.

#테러리즘 #이슬람 근본주의 운동 #증오범죄 #테러 예방

징병제냐 모병제냐
— 국방의 필요성과 국민의 권리

지금 우리 군대의 답답한 현실은 아직도 국방부 시계가
1950년대에 멈춰 있기 때문이다.

대략 20여 년 전부터 간간이 논란이
되곤 했던 이슈가 있다. 바로 '징병제냐 모병제냐'다. 2015년에는
일본에서 아베 정권이 집단적 자위권에 대한 법률을 밀어붙였는
데, 이것이 징병제가 부활하는 계기가 될 수 있다고 해서 일본 열
도가 한때 떠들썩했었다. 2016년에는 우리나라의 유력 대선주자
몇몇이 이제 모병제로의 전환을 적극 검토할 때라고 발언하기도
했다.

과연 이 논란의 정답은 뭘까. 엄밀히 말하면 문제의 지문이
틀렸다. 모병제란 징병제의 반대말이 아니며, 일반 회사에서 사
원 모집하듯 지원자를 모집해서 뽑든, 일정 조건 이상의 국민에
게 무조건 병역 의무를 지워서 뽑든, 군 병력을 충원하는 모든 방
법을 총칭하는 말이다. 그러므로 지금 '모병제'라는 말은 '지원병
제'라고 고쳐야 맞다. 징병제의 개념도 다시 살펴봐야 한다. 징병
이라고 하면 해당자의 의사와 관계없이 강제적으로 군대에서 차

출하는 행위를 뜻한다. 과거에 종종 특정 계층이나 집단에게만 일방적으로 병역을 지우던 군사노예제도도 여기에 포함된다. 우리가 말하는 징병제도 법에 따라 강제되는 성격이 있지만, 정확하게는 국민개병주의에 입각한 징병제라고 해야 할 것이다. 대한민국 국민은 국방의 의무를 수행하기 위해 군대에 가는 것이지, 권력의 폭압에 굴복하여 어쩔 수 없이 군대에 끌려가는 것이 아니기 때문이다. 안 그런가?

국민개병주의 군대인가, 소수정예 특수부대인가

국민개병주의 징병제는 역사가 길다. 기원전 1750년경의 함무라비법전에는 '일쿰'이라고 불리는 병역제도가 나와 있다. 모든 백성이 평소에는 생업에 종사하다가 전쟁이 나면 징집되어 싸우도록 했는데, 병역기피자가 많이 나왔던 모양이다. 그래서 "병역을 기피하려고 사람을 사서 자기 대신 군대에 보내는 자는 사형에 처한다. 대신 군대에 나간 자는 집을 몰수한다"는 조항이 보인다.

중국에도 오래전부터 병농일치제의 징집제도가 있어서, 평소에는 농사를 짓다가 전시에는 병사로 동원되어 싸우게끔 했다. 이는 수나라와 당나라시대에 부병제(府兵制)로 체계화되어 21세~59세의 장정 가운데 3명당 1명씩 3년에 한 번씩 징집하는 제도가 되었다. 이 부병제가 고려와 조선의 병역제도의 기본 틀이 되었다. 고대 아테네나 로마제국에서는 일정한 나이대(로마제국의 경우 17세~45세)의 모든 시민에게 병역의무를 부과했다. 중세유럽에서도 자유농민에게는 영주의 명령에 따라 군대에 복무할 의무를 부과했다.

이렇게 보면 국민개병제가 병역제도의 기본이었던 듯싶으나 꼭 그렇지는 않았다. 국민개병제 군대는 일단 사기 면에서 지원병제 군대와 차이가 나는 경우가 많았다. 고향과 가족을 내버려 두고 내가 여기서 왜 목숨 내놓고 싸워야 하느냐는 생각이 머리에서 떠나지 않는다. 그러니 목숨 걸고 싸우기보다는 적당히 눈치를 보다가 조금만 불리하다 싶으면 달아나기 일쑤였다. 그래서 함무라비법전에도 병역기피자를 무겁게 처벌하도록 했고, 중국에서 일찍부터 병법이 발달한 까닭도 싸우기 싫어하는 병사들의 마음을 다독이고 채찍질해서 싸우도록 만드는 일에 골몰했기 때문이라고 한다.

그런데 백성들이 자발적으로 나선 민병대라면 이야기가 달랐다. 이들은 '내 나라, 내 고향을 내가 지킨다'는 소명의식이 있었고, 전쟁에서 쓰러져도 구국의 용사로서 숭배받으리라는 기대가 있었다. 살아남은데다 자기 편이 이길 경우에는 금품, 토지, 노예 등의 전리품을 챙길 권리와 국내 정치계에서 큰소리를 칠 수 있는 권위가 주어졌다. 사기가 높을 수밖에 없었던 것이다. 기원전 490년에 똑같은 국민개병제 군대였던 페르시아군과 아테네군이 맞붙은 마라톤 전투에서 압도적인 병력차에도 불구하고 아테네가 승리할 수 있던 원인도 여기서 찾을 수 있다.

그리스 삼단노선의 노잡이들을 묘사한 기원전 5세기경의 부조 페르시아 전쟁을 통해 그리스의 노잡이-테테스 계급도 정치적인 권리를 얻게 되었다.

　　이러한 국민개병제는 민주주의와도 연관이 깊었다. 고대 아테네에서는 지금처럼 국가가 전투장비를 지급하는 것이 아니라 병사 개인이 사비로 장만해야 했다. 청동이 들어가는 갑옷과 방패, 무기는 값이 비쌌으며, 따라서 병역의무가 있는 시민이란 제우기타이(방패를 든 사람들)라 불리는 일부 부유층에 한정되었다. 그러나 페르시아와의 전쟁을 계기로 더 많은 사람이 전장에 나가야 했고, 특히 해군의 중요성이 커지면서 노잡이를 맡던 테테스(막일꾼)의 역할이 부각되었다. 기원전 480년 살라미스해전에서 페르시아의 해군을 격파하고 전쟁을 승리로 마무리짓자, 테테스에게도 아테네 시민권이 부여된다. 그리하여 일찍이 솔론이 4개로 나누었다는 아테네의 계급 모두가 동등한 자격으로 정치에 참여하게 됨으로써 아테네 민주주의가 완성된 것이다.

로마제국의 경우에도 비슷했다. 그런데 로마제국이 아테네보다 수백 배에 이르는 영토를 지배하는 대국으로 성장하자 사정이 달라진다. 고향에서 수백 수천 킬로미터나 떨어진 곳의 땅을 나눠줘봤자 경영할 수가 없다. 금붙이는 아무 땅이나 정복했다고 얻는 것이 아니고, 먼 귀향길에 안전히 가지고 가기도 힘들다. 자영농이던 로마제국 병사가 몇 년이나 걸리는 원정길에서 거의 빈손으로 돌아와보면 농지는 그 사이에 쑥대밭이 되어 있고, 부인은 어디론가 달아나버린 경우가 허다했다. 농지를 부자들에게 헐값으로 넘기는 것 이외의 방법은 없었다. 이로써 로마사회는 대토지를 소유한 라티푼디움(대농장) 소유자들과 자기 노동력 말고는 어떤 생활수단도 없는 극빈자들로 양극화되어가고 병역기피도 심각해진다.

그래서 기원전 1세기 전후에는 장군들의 역할이 중요해진다. 라티푼디움과 집정관, 법무관 등의 고위직을 통해 막대한 부를 쌓은 로마의 장군들은 사재를 털어 병사들이 자비로 장만하던 전투장비를 지급해주고, 전공을 쌓으면 보상금 역시 장군 개인의 돈으로 지급해 주었다. 그 대신 장군은 해당 정복지를 사유지처럼 지배할 수 있는 권한이 인정되었다.

이렇게 로마군은 사기가 높아진 강력한 군대가 되었으나, 국가가 아니라 자신이 모시는 장군을 위해 충성하는 군대로 변한다. 카이사르, 폼페이우스, 안토니우스 등 로마제국 공화정 말기의 정치를 주도했던 장군들은 다 그런 군벌이었으며, 결국 로마 공화정은 그 군벌 중 하나가 모든 권력을 장악하면서 제정으로 바뀌게 된다.

민병대의 애국심을 신앙심으로 바꿔서 효과를 본 군대도 있었다. 7세기에 무함마드의 가르침을 따르는 아랍군은 싸움은 거의 못해본 상인들이 대부분이었지만 이슬람교를 위협하는 적들을 물리치고 이교도들을 참된 신앙에 귀의시키고자 하는 종교적 열정으로 무장했다. 물론 고대 민병대가 가졌던 더 세속적인 동기인 전리품을 차지하고픈 욕망도 있었다. 농민이 아니라 상인이던 그들은 정복지를 배분해주지 않아도 불만이 없었고, 대신 그곳의 귀한 상품이나 노예를 얻는 것에 열을 올렸다. 그래서 무슬림 군대는 불과 수십 년 만에 세계에서 가장 강력했던 동로마제국과 사산조 페르시아를 무찌르고 로마제국보다 더 큰 대제국을 건설한다.

그런데 억지로 끌려간 징병대든, 사기가 넘치는 준(準)지원병대든 국민개병 군대에는 약점이 있었다. 직업군인이 아니다 보니 전투력이 약하다는 것이었다. 농민으로 생업에 종사하던 사람이 창칼을 들고 전투에 나서서 싸우는 일은 어려운 것이었다. 지금은 화력이 전쟁을 주도하는 시대이지만 과거의 전쟁에서는 사람이 중요한데, 수적으로 몇 배나 되는 국민개병제 군대가 직업군인으로 이루어진 소수정예의 군대에게 박살날 때가 많았다.

그리스의 스파르타가 바로 그처럼 직업군인 체제로 강국이 되었다. 페르시아와 그리스의 전쟁이 벌어졌던 테르모필레전투를 소재로 한 영화 「300」에 이런 장면이 나온다. 동맹국인 아테네에서 온 병사들이 스파르타 군대가 겨우 300명밖에 안 되는 걸 알고 어이없어하자 스파르타의 왕 레오니다스가 아테네 병사들에게 직업이 뭐냐고들 묻는다. 대장장이, 농민, 목수라는 답을 듣고는 레오니다스는 비웃으며 "스파르타 군인들은 군인이 직업이다. 밥 먹고 전쟁준비만 하며 살아온 이들이 우리다. 우리는 300명이지만 3,000명 이상의 힘을 낼 수가 있다"고 말한다.

그리스의 스파르타처럼 삼국시대의 고구려도 직업군인 체제가 있었다. 1만여 명의 좌식자(坐食者, 놀면서 밥 먹는 사람)가 있었다는데, 이들은 평소에는 농사를 짓지 않고 군사훈련만 하다가 전쟁이 나면 죽도록 싸우는 싸울아비였다. 수나라의 100만 대군이 살수대첩에서 을지문덕에게 몰살당한 것은 을지문덕이 명장이기도 하지만 수나라 군대가 병사 수만 많지 고된 행군과 군량 부족, 고약한 날씨 때문에 군기나 사기가 형편없었던 반면, 고구려군은 정예였기 때문이기도 했다.

이슬람제국도 초기의 불꽃같던 신앙심과 약탈의 매력이 점점 누그러졌다. 사방팔방으로 무작정 정복해나가던 시기가 끝나고, 거대 제국을 안정적으로 운영하기 위해서는 강력한 군사력을 유지해야 했다. 그래서 그들도 소수의 직업군인을 양성하게 된다. 전쟁노예 군대를 만든 것이다. 대부분이 기독교도인 정복한 지역의 이교도의 사내아이들을 노예로 키우며 이슬람을 위해 싸우게 한 것이다. 이교도에다 고아라면 이슬람사회에서 정상적으로 살아갈 수 없었기 때문에, 밥 먹고 싸움만 하는 전쟁기계로 단련될 수 있었다. 이집트나 인도의 맘루크, 오스만튀르크의 예니체리 등이 이런 전쟁노예 군대로서 이름을 떨쳤다.

이런 군대조직 방식에는 문제가 있었다. 평상시에도 무기를 손에서 놓지 않는 전쟁전문가들인데다 내부 결속력도 높은 집단이다 보니 이들이 딴마음을 먹고 반란을 일으켜 그 사회의 지배집단이 되는 경우가 많았다. 맘루크는 이집트와 인도에서 왕조를 세웠고, 예니체리도 한동안 오스만튀르크의 술탄을 조종하는 실세집단으로 위세를 떨쳤다.

연개소문이 쿠데타를 일으켜 영류왕을 내쫓고 고구려의 실권자가 된 것도 비슷하다. 특정 정부에 속한 집단은 아니지만 전쟁전문가들로서 돈을 받고 전쟁을 대신해주는 자들이 용병인데, 로마제국 말기의 게르만 용병과 이탈리아 르네상스 시대의 용병에게 나라의 방위를 맡겼더니 그 나라를 집어삼킨 적도 많았다. 이들은 그 정부에 소속되어 있지 않아서 돈을 지급하기 전에는 아무리 상황이 급박해도 움직이지 않거나 돈을 받았어도 전황이 불리하다 싶으면 달아나는 경우도 있었다.

16세기 이탈리아 정치사상가 마키아벨리는 "아무리 상황이 나빠도 절대로 용병에게 의지해서는 안 되며, 국민개병주의 민병대에 기대야 한다"고 강조했다.

국민군 시대, 그 빛과 그늘

결국 국민개병제의 틀을 갖추면서 전투력도 강하고 사기도 뛰어난 상비군이 있을 수 있다면 그게 가장 이상적일 것이다. 그런 이상은 18세기 말 프랑스대혁명 때 비로소 실현된다. 수학자 출신으로 공안위원회위원이던 나자르 카르노의 제안에 따라 징집법이 실시되어, 국민 전체를 대상으로 11개 군단에 달하는 60여만 명의 군대가 편성되었다. 국민군이 창설된 것이다. 이는 고대 아테네의 시민권을 가진 시민군 개념에 근대적 만인평등론과 산업혁명 초기의 조직력이 합쳐진 것이라고 할 수 있었다. 이 군대는 일반 국민을 징집한 뒤 군사훈련을 시키고, 현역으로 복무시킨 다음 예비역에 편입시켰다. 오늘날의 대한민국 국군 체제가 이때 마련된 셈이다. 이 군대는 '내 나라는 내가 지킨다'는 의식을 가진 병사들이 군사훈련을 받고 영내 복무로 전문성과 규율까지 갖춤으로써 놀라운 위력을 발휘하여 혁명 초기에 외국 군대를 물리칠 수 있었다. 이후 이들은 나폴레옹의 뛰어난 지도력에 힘입어 전 유럽을 제압하게 된다. 예나 전투에서 나폴레옹군에게 참패했던 프로이센은 이후 국민군 체제를 더욱 강화·발전시켰다. 하사관과 장교를 시험으로 선발하고 군사학교를 설치해 장교를 교육하며 참모제도를 강화하는 등의 방안이 실시되었다. 그 결과 1813년~1814년에는 나폴레옹 본인에게, 1870년~1871년의 프로이센-프랑스 전쟁에서는 나폴레옹의 후계자인 나폴레옹 3세에게 톡톡히 앙갚음해주었다. 프로이센의 국민군 체제는 여러 나라에서 앞다퉈 모방했으며, 그 가운데는 전쟁에서 패한 프랑스와 근대화에 나선 일본과 일본의 지도 아래 신식군대를 창건한 대한제국도 있었다.

이렇게 국민개병주의 국민군이 전 세계 군대의 기본이 되었

제1차 세계대전 당시 '셸 쇼크'(전쟁 신경증의 일종)으로 괴로워하는 병사   병사들은 전쟁터에서 벌어지는 가혹행위 등으로 인간성을 말살해버리는 전투의 참혹함에 고통 받는다. 간신히 살아남아 고향에 돌아온 병사들도 대부분 평생 동안 사라지지 않는 트라우마에 신음해야 했다.

을 때 새로운 어두움도 생겨났다. 제1차 세계대전을 소재로 한 레마르크의 『서부전선 이상없다』와 제2차 세계대전의 참상을 담은 고미카와 준페이의 『인간의 조건』에서 국민군 병사들은 처절하고 비참하며 의미 없는 싸움을 하다가 허무하게 죽어가는 티끌 같은 존재로 그려진다. 베트남 전쟁에서 미국병사들의 참상을 그린 영화 「풀 메탈 자켓」이나 「플래툰」에서도 똑같다. 작가들의 실제 참전경험을 토대로 한 소설들에서 병사들은 이역만리 전쟁터로 끌려와서는, 병사 목숨을 벌레목숨처럼 취급하는 상부의 명령과 병영에서 벌어지는 가혹행위, 열악하기 짝이 없는 보급과 인간성을 말살해버리는 전투의 참혹함에 고통받는다. 전쟁터라는 지옥에서 간신히 살아남아 고향에 돌아온 병사들도 대부분 평생

동안 사라지지 않는 트라우마에 신음해야 했다.

그것은 어쩔 수 없는 현대전의 현실이었다. 수십, 수백만 병력이 대치하게 되자 전쟁의 주도권은 병사 개인의 용맹보다 무기의 파괴력으로 넘어갔다. 짧은 시간에 더 많이 죽이는 쪽이 이기는 것이니까. 병력은 남아돌고 무기는 소중하다 보니 국방예산에서 병사의 보급에 쓰이는 몫은 최소화하고, 대량살상무기를 하나라도 더 보유하려고 애쓰게 된다. 18세기의 시민군에게는 나라를 지킨다는 자부심과 명예가 있었지만 20세기의 군인은 상부의 명령에 따라 듣도 보도 못한 나라에서 복무해야 했다. 포탄에 머리가 날아가고 독가스에 폐가 타버리는 죽음을 매일처럼 겪어야 하는 삶 같지도 않은 삶. 거기다 먹을거리와 입을거리조차 노숙자 수준이니 사기가 오를 까닭이 없다. 그런 불만을 억누르고 군기를 잡기 위하여 엄격한 상명하복의 명령체계와 병영 내 가혹행위가 동원된다.

지금 한국군은 전쟁을 직접 겪지 않은 인력으로 구성되어 있지만, 구성과 운영에는 그러한 현대전 원리가 적용되고 있다. 예외적인 경우 말고는 남성 모두가 징집되어 병영에서 군복무를 하기 때문에, 각종 공직후보로 나서는 일에 본인이나 자녀의 병역기피 여부가 중요한 잣대가 될 정도다. 그러다보니 병영 내 가혹행위 문제, 사병의 처우 문제, 사고나 범죄로 인한 인명피해 문제가 끊이지 않고 일어난다.

젊은이들이 몇 년 동안 군대에 가 있는 것은 국가적으로도 손해가 크고 개인적으로도 손실이 많다. 또한 병력보다 첨단무기에 의존하는 정도가 세계대전 이후에도 계속 높아졌기 때문에, 20세기 초의 총력전 체제에 맞춰진 대규모 징병은 불필요해 보인다. 지금 미국과 유럽을 비롯한 대부분의 국가는 20세기 후반 이후 차차 징병제를 없애거나 실질적 지원병제로 돌아서고 있다.

징병제를 없애고, 예비군이 나서고

미국은 '국민개병제를 하되, 전시에는 징병제, 평상시에는 지원병제'라는 원칙을 세워왔다. 제1차 세계대전 때 1917년에 전시 징병제로 전환했는데, 300만 명을 징집하고 따로 200만 명의 지원을 받아 병력을 충당했다. 이렇게 불어난 병력 가운데 200만 명을 유럽에 파병했으며, 전쟁이 끝나고 징병제를 없앴다. 그러다가 제2차 세계대전 때 1940년에 징집을 실시했고, 가장 많았을 때는 1,600만 명까지 병력을 확보했다. 전쟁이 거의 끝난 1945년 6월부터 병력정원을 감축하기 시작해서 1년 동안 1,230만 명에서 300만 명으로 대폭 감축되었고, 다시 1년 뒤 200만 명까지 줄었다.

그러나 전쟁이 계속 일어날 것이라 예상한 미국은 병력은 감축해도 징병제 자체는 철폐하지 않고 있었다. 1973년에야 징병제를 중지하고 평상시의 지원병제로 전환한다. 당시 베트남전에 대한 미국의 거센 반전여론에다 학업과 생업 등을 이유로 징병을 유예할 수 있었기 때문에 결국 전체 국민 중 흑인과 저소득층만 군대에 간다는 불만이 컸기 때문이다. 징병은 중지했으나 징병법은 폐지하지 않아 1980년부터 18세가 된 남성은 병적에 등록할 의무를 부과했다. 현재 152만의 현역병력을 지원병제로 유지 중인데, 미국은 현역만큼 예비역이 중요한 국가다. 150만 명 정도의 예비군은 연방예비군과 주방위군으로 구분되며 유사시에 동원되어 전장에 투입된다. 1992년 로스엔젤레스 폭동 때도 주방위군으로서 예비군이 출동했고, 걸프전과 이라크전, 아프간전에서도 예비군이 동원되었다. 국토가 넓은 나라로서 각 지역별 안보상황에 상당한 병력이 필요하고, '세계의 경찰' 노릇을 하고 있는 나라로서 유사시에는 갑자기 병력을 늘려야 할 필요가 있으므로 예비군으로 충당하고 있는 것이다.

유럽연합 28개 국가 가운데는 지금 7개국(오스트리아, 스위스, 덴마크, 노르웨이, 핀란드, 에스토니아, 키프로스)만 징병제를 실시 중인데, 덴마크와 노르웨이는 병역을 기피해도 처벌하지 않는 실질적 징병제 폐지 상태이고 나머지 나라도 대개 대체복무를 허용한다. 한국과 비슷한 국민개병주의 징병제는 키프로스만 시행하고 있다.

영국은 1612년부터 있었던 버뮤다 연대만 제외하고는 1960년에 징병제를 폐지했다. 600명 정도로 이루어진 버뮤다 연대는 대대급의 군대로, 영국의 얼마 남지 않은 해외영토의 하나인 북대서양의 버뮤다를 지키는 병력이다. 그 병력은 18세~23세의 남성으로 현역 정규군 소속자, 경찰, 성직자, 복역 중인 죄수와 심신상실자를 제외한 사람 가운데 추첨으로 선발한다. 단 영국왕실 사람은 반드시 복무하도록 되어 있어 노블레스 오블리주의 실천사례로 꼽힌다.

현대 국민군의 틀을 만들었던 독일은 1957년부터 6개월 동안의 의무복무제를 시행해왔는데, 2011년에 54년 만에 병역 소집을 중지한다고 밝혀 사실상 지원병제로 전환했다.

프랑스는 대통령 드골이 재임 중에 병역만이 아닌 방호, 해외 기술원조의 3종류 국민역무'를 선포하여 대체복무제를 선도적으로 실시했다. 그리고 2001년에 평시에는 국민역무 가운데 병역소집을 중지한다고 발표했다. 이탈리아도 2005년에 평시 병역소집을 중지했다.

국민개병주의 징병제를 유지하고 있는 스위스도 훈련기간만 소집하며, 예비군으로 200여 일을 보내도록 하여 우리나라로 말하자면 현역에 가지 않고 바로 예비군이 되는 것과 같다. 이스라엘도 징병제를 통해 17만 현역병력을 유지하고 있으나 이들은 우리나라의 공익근무 요원처럼 집에서 출퇴근하는 군인들이다. 43만에 달하는 예비군이 오히려 주력으로 활용된다.

동아시아에서는 남북한 외에 몽골, 대만, 베트남, 라오스, 태국만 징병제를 실시한다. 중국은 18세가 되면 미국처럼 인민해방군 병적에 등록해야 하나 이를 기피한다 해도 처벌은 하지 않는다. 인구가 워낙 많은 중국은 100퍼센트 지원병제로도 200만이 넘는 병력을 확보할 수 있다. 대만은 2007년 현역 복무기간 14개월로 단축, 2011년 지원병제로 부분전환, 2015년을 목표로 전면 지원병제로 전환 등의 단계적 병역의무 완화조치를 취해왔다. 다만 전면 지원병제는 2017년으로 연기되었는데, 생각보다 병사로 지원하려는 인원이 많지 않았기 때문이다.

1873년에 징병제를 도입한 일본은 전후에 평화헌법을 채택하고, 군대를 보유하지 않기로 정한 이래 아직도 공식적으로는 군대가 없다. 다만 한국전쟁을 계기로 국토를 지키기 위한 최소한의 병력이 필요하다는 주장이 제기되어 1954년에 4개 사단 규모의 자위대를 창설했다. 이후 모든 군사체제를 방어 목적에만 설비하여 운용한다는 전수방위를 내걸었지만 예산과 장비 모두에서 국방력을 강화해나갔다. 지금은 남북한보다 전력이 앞선다는 평가가 있을 정도이고, 2015년 아베 내각이 추진한 안보법이 징병제 가능성을 갖고 있다고 해서 논란이 일었다. 일본의 경기 둔화로 예산을 가지고 국방력을 강화하는 일은 한계에 이르렀고 주변의 중국과 북한이 모두 대병력을 보유하고 있는데다 최근 러시아마저 군사력 팽창을 시도하고 있어 징병제가 불가피하다는 주장이 일본에서 상당히 힘을 얻고 있다.

그 밖에 인도, 파키스탄, 사우디아라비아, 필리핀, 인도네시아, 남아공, 아르헨티나 등과 같이 이웃나라와 무력 분쟁 가능성이 있는 나라들도 징병제를 폐지한 상태며, 코스타리카, 아이슬란드, 사모아 등은 아예 군대가 없는 나라들이다. 한때 상식처럼 여겨졌던 국민개병주의 징병제는 지금 세계적으로 소수 국가에서만 유지되고 있다. 전쟁은 물론 내전가능성이 상존하며 권력집단이 자신들의 권력을 유지하기 위한 목적이 강한 아프리카의 여러 나라, 국토에 비해 인구가 적어 지원병제로는 병력을 확보하

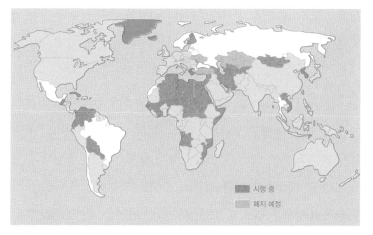

시행 중
폐지 예정

국민개병제–징병제를 실시하고 있는 나라들. 붉은색은 현재 시행 중이며, 노란색은 폐지가 예정되어 있다. 시행 중인 국가들도 가령 스위스, 핀란드 등은 한국에 비교하면 '장난' 수준으로 운영하며, 한국처럼 철저한 징병제를 시행하는 나라는 매우 드물다.

기 어려운 중앙아시아 나라들, 그리고 남북한이 징병제를 유지하고 있다.

1950년대에 멈춘 시계를 돌려라

우리나라에서 지원병제로 전환하자는 논의가 나올 때면 대부분의 군 관계자를 비롯한 반대 목소리가 높다. 군 관계자들에 따르면 징병제의 장점과 지원병제의 단점 때문이다.

먼저 지원병제로 바뀔 경우 예산부족 문제가 있을 것이라는 주장이 있는데, 그것은 그다지 설득력이 없다. 지금처럼 60만 병력을 유지하고, 병사들에게 직장인 수준의 임금을 지급한다면 예산을 감당할 수 없을 것이다. 그러나 국토와 인구 규모 등을 따져서 도출하는 국가별 적정 병력 수라는 것이 있는데, 그에 따르면 우리나라의 병력은 약 20만이면 충분하다. 영국, 프랑스, 독일 등의 병력도 15만~20만이며, 자위대라고는 하지만 우리보다 국토와 인구가 두세 배인 일본의 병력도 20여 만임을 생각하면 우리 병력은 필요 이상으로 많다고 하겠다. 물론 북한이 우리나라 병력 이상의 대군을 보유하고 있고, 중국도 고려해야 한다고 보면 30만쯤의 병력은 필요할지 모른다. 30만 병력을 지원병제로 운용할 때의 예산을 가늠해보면 지금보다 비슷하거나 오히려 약간 줄어든다. 몇 년 전 병력을 30만으로 하더라도 예산이 크게 늘어난다는 발표가 있었다. 그런데 그 수치는 장교단 수를 포함해서 계산한 수치였다. 다시 말해서 이미 지원병제로 충분한 보수를 받고 있는 인원들까지 모두 보수 증액 대상으로 잡아서 산출한 결과였던 것이다.

그다음은 강제성 없이 지원으로만 병력을 채울 경우 충분한 병력을 모으기 어려울 수 있다는 문제가 있다. 일본과 대만이 이 문제 때문에 징병제 카드를 만지작거리고 있고, 스웨덴도 2010년에 지원병제로 바꾸었으나 최근 러시아의 군사력 팽창에 긴장해서 2014년에 징병제 재도입을 논의했던 적이 있다.

그러나 그 문제는 구식징병제 아래서의 열악한 복무 조건을 지원병제에서는 개선하고 좋은 일자리를 구하기 어려운 사회 상황에서 공무원으로서 직업군인에게 직업의 안정성을 부여한다면 해결될 수 있다. 또한 미국과 이스라엘처럼 예비군을 강화하거나 덴마크의 선택적 징병제처럼 병역 의무대상자 중 지원자를 우선 동원하고, 그렇게 해도 병력이 부족하다면 부족인원은 추첨으로 선발하는 방식을 쓸 수도 있다.

더 생각해볼 문제는 철학적이고 정치적인 차원의 것이다. 군 복무가 국민 전체가 아닌 일부 집단의 일이 된다면 애국심은 없어지고 계층 간 위화감이 커질 수 있다. 아무리 대우가 좋아도 군대가 매력적인 직장이기 쉽지 않다면 결국 사회에서 발을 붙이기 힘든 계층만 군대를 가지 않겠는가? 미국에서도 이라크전쟁에 찬성표를 던진 상원의원의 자녀 중 군복무자는 단 한 명뿐이었음이 알려지면서 사회문제가 된 일이 있었다.

그러나 애국심이나 사회통합이 인권을 초월하는 가치일 수는 없다. 한때 "인권은 교문 앞에서 멈춘다"는 말이 있었지만, 병영은 아직도 인권이 침해되기 쉬운 사각지대로 남아 있다. 해마다 꽃다운 젊은이들이 훈련하다 죽고, 총기사고로 죽고, 자살하고, 의문사한다. 성폭행, 가혹행위, 인격 모독도 그치지 않는다. 미국은 잊을 만하면 총기난사 사건이 일어난다지만 우리는 잊을 만하면 무장 탈영사건이 일어난다. 2015년에는 예비군 사격훈련장에서 예비군이 총기를 난사해 2명 사망, 3명 부상이라는 어처구니없는 일이 일어나기도 했다. 제대한 다음에도 벗어나지 못한 끔찍한 트라우마가 총기와 만났을 때 무슨 일이 벌어질 수 있는지를 보여준 사건이었다.

군은 이런 문제를 줄이기 위해 병영문화를 수평적으로 바꾸고, 관심병사제도, 그린 캠프, 장병 병영생활 도움제도 등을 만들며 노력하고 있다. 그러나 사마천이 지은 『사기』에 이런 말이 있다. "혹리(酷吏)라 불리는 관리들은 엄격한 법으로 범죄를 없애려고 했다. 그러나 이는 마치 화덕 위에 솥에 담긴 물이 펄펄 끓고 있는데, 자꾸만 솥에 찬물을 부어서 물을 끓지 않게 하려는 것과 같다. 화덕의 불을 꺼야 근본적인 처방이 된다." 근본적인 처방은 모든 대한민국 청년이 2년 남짓한 세월을 사실상 국가 노예로서 한곳에 틀어박혀 지내지 않게 하는 것이다. 사병월급을 올리는 따위는 자잘한 처방일 뿐이다.

그러나 징병제를 강력하게 옹호하는 이들은 북한의 위협을 들이댄다. 그 때문에 많은 국민이 지원병제로의 전환을 선뜻 반기지 못하고 있다. 120만으로까지 알려진 북한군 병력이 바로 철책 너머에 있는 현실은 지원병제도 좋기는 하나 아직은 시기상조라는 말로 번번이 병제개혁 논의가 끝나도록 만든다. 120만이라지만 사실은 70만이 최대 병력일 것이라거나, 무장수준은 열악하다고 말할 주제도 안 된다거나 하는 이야기는 통하지 않는다.

대한민국도 처음부터 국민개병주의 징병제는 아니었다. 징병법은 1949년이 되어서야 통과되었다. 그리고 한국전쟁이 아니었다면, 오늘날처럼 남자라면 누구나 군대에 가야 한다고 말하는 것이 당연한 일은 아니었을 것이다. 지금 우리 군대의 답답한 현실은 아직도 국방부 시계가 1950년대에 멈춰 있기 때문이다.

북한의 위협을 무시해서는 안 된다. 그러나 그 위협이 영원한 것인 양 생각해서도 안 되고 부추겨서도 안 된다. 이 땅의 모든 사람과 생명들의 평화와 안녕을 위해, 남북대립은 완화되어야 한다. 통일은 아니라도 공존을 지향해야 한다. 더 이상 시대착오적인 국민개병주의 징병제를 유지하며 온갖 모순을 견디는 일은 없어야 한다. 최고의 안보정책은 효과적인 남북화해정책이다. 평화를 사랑하면 전쟁을 준비해야 한다는 말도 있지만, 아무도 전쟁을 준비하지 않는 쪽이 더 확실한 평화에 이르지 않겠는가.

#징병제 #지원병제 #모병제 #병역의무 #병역기피

가슴으로 아이 낳기, 입양

내 아이를 낳아 기르기도 부담되는 사회,
젊은이들이 가족 갖기를 포기하며 각자도생의 길을 선택해야 하는 사회에서
어떻게 입양이 확대될 것이며
핏줄도 인종도 다른 사람들까지 사랑할 여유가 있겠는가.

"가슴으로 낳은 아이"라는 말이 있다. 입양아를 가리키는 말인데, 부모와 자식 사이에는 사람의 뜻을 넘어서는 천륜(天倫)이 있다고 하지만, 입양아는 부모가 될 사람들의 뜻에 따라 자식이 된다. 그러나 아이의 입장에서는 부모를 선택할 수 없는 점에서 다른 자식과 다르지 않다. 그렇다면 아이를 위해서가 아닌 양부모를 위한 입양이 이루어질 가능성이 차고 넘칠 수밖에 없다.

버려진 아이들의 슬픈 이야기들

"아이가 불쌍하고, 마침 집에 아이도 없고 해서" 버린 아기를 주워다 키웠다는 사례는 입양의 역사에서 가장 인간적인 사례일 것이다. 기원전 24세기에 최초로 메소포타미아를 통일했다는 아

카드왕조의 사르곤 1세는 무희인 어머니에게서 사생아로 태어났다. 그녀는 아기를 키울 형편이 못 되어 골풀바구니에 아기를 넣고 역청으로 봉한 다음 유프라테스 강에 던져버렸다. 그 아기는 관개수로를 돌보는 잇키라는 사람에게 발견되어, 그 집 자식으로 길러진 끝에 왕위에 올랐다. 그러고는 위대한 정복군주로 이름을 떨치게 된다.

『성서』의 모세도 비슷한 경우다. 모세는 이집트의 히브리인 마을에서 태어났는데, 히브리인이 너무 많으니 갓 태어난 아기를 모두 죽여버리라는 파라오의 명령을 들은 부모가 나일 강변 갈대밭에 아이를 두고 온다. 그때 목욕하러 나온 이집트의 공주가 아이를 발견하고, '물에서 얻었다'는 뜻인 '모세'라는 이름을 주고

라파엘로, 「산치오의 물에서 구원된 모세」　모세의 부모는 갓 태어난 히브리인을 다 죽여버리라는 파라오의 명령에 따라 아이를 나일 강변에 버린다. 마침 이집트의 공주가 이를 발견하여 데리고 와서는 자신의 아이로 키운다. 후에 자신의 태생을 알게 된 모세는 히브리인을 이끌고 이집트를 탈출한다.

자신의 아이로 키운다. 자신의 태생을 알게 된 모세는 히브리인들을 이끌고 이집트를 탈출하며, 그 과정에서 이집트에 말할 수 없는 피해를 입힌다.

고대 그리스 비극의 주인공 오이디푸스 왕, 페르시아제국을 건설한 키루스 2세, 로마제국의 건국자 로물루스도 버려진 아이였다. 모두 왕가에서 태어났으나 "이 아이가 자라면 그대의 왕권과 목숨을 빼앗으리라"는 예언을 두려워한 권력자에 의해 태어나자마자 살해될 뻔했다. 이들은 차마 아기의 목숨을 끊지 못한 하수인들의 손에 버려지고, 미천한 사람이 이들을 거두어 기른 다음 장성하여 예언을 현실로 만든 이들이었다. 로물루스는 사람이 아니라 늑대에게 발견되어 늑대젖을 먹고 자랐다고 한다.

이처럼 전설적 인물이 입양아인 경우, 그들은 해피엔딩을 맞지만, 과거 동서양에서 대부분의 고아나 버려진 아이의 입양 현실은 참혹할 때가 많았다. 부모 없는 아이들을 입양해서 노예로 키우곤 했고 마구 부려먹어도 뒤탈이 없는 병사나 잡역부로 만들곤 했다.

일본 만화 『베르세르크』의 주인공 가츠는 떠돌이 용병에게 거둬진 고아였는데, 코흘리개 시절부터 밥값을 하기 위해 자기 키만큼 큰 칼을 쥔 채 피비린내 나는 전쟁터로 내몰린다. 생기는 대로 아이를 낳고 인권도 없고, 먹을거리도 충분치 않던 시절이었다. 자식을 기를 도리가 없어 자기 손으로 죽이거나 않으면 내버리는 일은 비일비재했다. 그런 아이를 데리고 와 키운다면 자신에게 필요한 노동력으로 쓰려는 속셈이 클 수밖에 없었다.

현대에도 그런 비극은 이어지고 있다. 오늘날에는 가난한 나라에서 부유한 나라로 입양아들이 많이 보내진다. 그런데 1993년 브라질 등 남미국가에서 유럽으로 입양될 예정이던 아이들이 도중에 빼돌려져 장기를 적출당했다는 사실이 알려지면서 세계가 그 참혹함에 놀란 적이 있다. 2000년대 초에도 러시아에서 미국으로 입양된 아이들의 장기가 적출되었다는 의혹이 불거졌고, 러시아는 이를 미국에 외교문제화했을 뿐 아니라 2012년에는 아예 러시아 아이의 미국 입양을 일절 금지하는 야코블레프법을 제정했다.

우리나라에서도 과거 어렵던 시절에 수많은 아기가 해외로 입양되어 갔다. 국내 입양 담당기관에서 서둘러 입양을 보내는 바람에 부모가 자식과 원치 않은 생이별을 하는 경우도 허다했다. 입양된 아이가 자신의 마음에 들지 않는다고 양부모가 양자관계를 끊어 버림받은 아이들이 길거리에 나앉거나 폭력배가 되는 일도 많았다. 그런 입양아 출신자 가운데 새 고향과 새 부모의 보살핌을 잘 받고 자라 그 나라의 인재가 되는 이들도 있었다. 유럽 최초의 동아시아계 장관인 프랑스 문화부 장관 플레르 펠르랭과 프랑스의 국가개혁부 장관 장 뱅상 플라세 등등이 그런 이들이다.

　　고아나 버려진 아이가 아니라 부모가 살아 있거나 형편이 과
히 어렵지 않은데도 입양되는 경우도 역사상 적지 않았다. 대를
잇거나 비범한 인재를 가문에 들이거나 상속 문제를 해결하는 따
위의 이유로 다른 집 자식을 얻어다 길렀다. 그리고 그 목적에 맞
게끔 어린아이가 아닌 다 자란 성인을 들이는 경우도 있었다.

　　함무라비법전에는 아홉 개에 걸친 조문에서 입양조건을 규
정하고 있다. 이를테면 "입양된 아이가 양부모를 때리면 본래의
집으로 돌려보낸다", "양부모가 양자를 더 이상 키우고 싶지 않
을 때는 재산의 3분의 1을 위자료로 준다", "입양된 아이가 양
부모를 자기 부모가 아니라고 말하면 그의 혀를 자른다" 등등이
다. 이 밖에도 대개의 고대 법률에서는 입양을 두고 상세한 규정
을 만들었는데, 입양아보다 양부모의 권익을 우선한 규정이 대부
분이었다. 또한 어린아이보다 어느 정도 자란 청소년이나 성인을
입양하는 경우가 많았고, 함무라비법전 조문에서 보듯 친부모와
입양아의 관계가 완전히 분리되지 않는 일반입양의 형태였다.

　　고대 이집트에는 '남편의 양녀로 들어간 여자' 이야기가 있
다. 기원전 1104년경 나네페르라는 여성이 남편이던 네브네페르
의 양녀가 된 기록이 있다. 당시 이집트의 상속법은 자식을 우대
하고 부인을 홀대했다. 자녀를 낳지 못한 부인의 경우 남편의 일
가친척보다도 상속상 지위가 낮았다. 이 때문에 자녀가 없던 네
브네페르와 나네페르 부부는 부인을 남편의 자식으로 삼는다는

기상천외한 편법을 썼던 것이다.

고대 로마제국의 상류사회에서 입양은 양아버지의 세력을 키우거나 가문끼리의 단합을 위해 이루어지는 정략입양이었다. 한니발을 패배시킨 스키피오 아프리카누스도 파울루스 가문의 아들을 양자로 삼았고 이 양자는 스키피오 2세로서 카르타고를 멸망시키기도 했다. 초대 로마제국 황제인 옥타비아누스도 카이사르의 입양아였고, 로마제국의 황금시대를 만들었다는 네르바에서 마르쿠스 아우렐리우스에 이르는 오현제(五賢帝)는 모두 전대 황제에게 입양되어 제국을 이어받은 사람들이었다. 이런 입양제도가 게르만의 상속제도와 맞지 않으면서 중세유럽 이래로 입양을 제한하는 법률이 만들어졌다. 근대에 들어와서도 나폴레옹 법전을 비롯한 유럽 각국의 법전에서는 50세 이상이 되어야 양부모가 될 수 있고 입양자와 입양대상자 간의 나이가 15세 이상 차이가 나야만 한다는 규정이 있었다.

동양에서는 대체로 대를 잇기 위해 양자를 들였다. 일본은 예외였는데, 혈연관계를 따지지 않고 몰락한 가문의 뛰어난 인재를 입양하는 경우가 많았다. 도요토미 히데요시, 도쿠가와 이에야스도 이렇게 입양된 사람이다. 우리나라와 중국에서는 일가친척 내에서 양자를 들여 대를 이었고 이를 입후(立後)라고 했다. 조선시대에는 형제 가운데 동생이 먼저 아들을 낳으면 맏형의 양자로 보내는 경우가 많았다. 또 자식이 여럿이고 집안살림이 어려우면 친척 가운데 부유하지만 아들을 두지 못한 집에 양자로 보내고 그 대가를 받기도 했다.

때로는 웃지 못할 에피소드도 있었다. 세 형제가 있었는데 첫째는 아들이 없고, 둘째는 아들 하나, 셋째는 아들이 여럿이었다. 첫째는 가문을 이어갈 책임이 컸으므로 막내의 여러 아들 중 하나를 양자로 삼기로 했다. 그런데 둘째가 자기 아들을 막내의 아들이라 속여 맏형에게 보내 버렸다. 종손의 명예를 얻기 위해 바꿔치기를 한 셈이다. 그러고 보니 이제는 둘째에게 뒤를 이을 아들이 없었다. 둘째는 막냇동생에게 사정사정해서 원래 맏형의 양자가 될 뻔했던 그 아들을 자신의 양자로 들였다고 한다.

일반 양반가문에서뿐 아니라 왕가에서도 양자를 들였다. 실제 양부모의 양육은 받지 않았으나 형식적으로 정조가 숙부뻘인 효장세자의 아들로 입적되고, 고종은 효명세자에게 입적되기도 했다. 자식을 낳을 수 없는 환관도 양자를 들였는데, 이들에게는 예외적으로 핏줄이 다른 집안에서 입양할 수 있도록 했다. 『삼국지』의 조조는 아버지가 환관 조등의 양자가 되면서 조씨가 되었다. 그런데 환관의 양자의 운명은 중국에서는 해피엔딩일 수 있었지만 우리나라에서는 그런 것이 아니었다.

환관의 권력이 막강했던 중국에서는 조조처럼 환관의 양자가 됨으로써 입신출세의 길이 열릴 수도 있었다. 그런데 우리나라에서는 자기의사와 무관하게 환관의 양자로 들어갔다가 그 길에서 벗어나지 못하고 자신도 환관이 되는 것으로 끝났다. 우리나라의 환관이란 천민 또는 그 이하의 신분일 뿐이어서 환관의 자식이라면 결국 그 길로 가지 않으면 먹고살 수 없었다. 환관의 지속적인 수급을 위해 왕실에서 환관의 입양을 부추긴 면마저 엿

보인다. 자식을 얻고 싶다는 환관의 억눌린 욕망과 왕실의 이해
관계가 겹쳐지며 생긴 현상이었다.

　그러나 국가가 입양에 관여하며 빚어낸 비극은 인종청소에
입양이 활용된 경우일 것이다. 인디언들의 수를 줄이기 위해 미
국 정부는 인디언 아이를 백인 가정에 입양시키려 했다. 캐나다
와 오스트레일리아에서도 비슷한 방식을 원주민들에게 썼다. 히
틀러 집권 당시 독일은 20만 명이나 되는 폴란드 아이들을 강제
로 독일 가정에 입양시켰다. 전쟁이 끝난 뒤 자기 집으로 돌아갈
수 있었던 아이는 2만 5,000명에 불과했다.

어른을 위한 입양이 아닌 아이를 위한 입양으로

　입양의 패러다임은 19세기 서양을 중심으로 차차 바뀌기 시
작했다. 상류사회에서도 정략적 입양보다 버려진 아이나 고아를
보듬기 위한 입양이 주류가 되었으며, 친부모와의 관계를 끊고
새로운 가정의 일원이 되는 완전입양제도도 대세가 되었다. 완전
입양이 아닌 일반입양에서는 입양아의 정체성이 모호할 수밖에
없었다.

　10세기 이란의 문호 피르다우시가 옛 이란의 전설을 모아
서 쓴 『샤나메』를 보면, 이란의 왕자 사이야우쉬는 궁정의 암투
에 밀려 적대국인 투란에 망명하며 그곳 왕 아흐라시얍의 친애를
받아 그의 양자가 된다. 그러나 그를 시기하는 자들이 "사이야우

쉬는 결국 이란의 친아버지와 손을 잡고 반란을 일으킬 것이다"라고 모함하여 양아버지의 손에 처형되고 만다. 새로운 가정에서 가족으로 완전히 받아들여지지 못하는 입양아의 비애를 보여준 전설이라 하겠다. 지금도 대부분의 이슬람 국가에서는 입양아가 친아버지의 성을 계속 써야만 한다. 또한 여자가 자기가족 말고 남 앞에서 히잡을 써야 하는 것이 이슬람 율법인데, 입양된 딸은 가족이 있는 집 안에서도 계속 히잡을 쓰고 있어야 한다. 입양되어 가족이 되었다지만 여전히 남으로 여겨지는 것이다.

우리나라에는 혈통을 중시하는 전통이 있어서 아이가 입양되었다 해도 친부의 성을 계속 써왔다. 1998년에는 친양자 제도를 신설하여 입양아의 성을 양부모의 성으로 바꿀 수 있도록 했다. 오늘날의 입양은 대체로 양부모보다 입양아의 권익을 중시하는 방향으로 이루어진다. 하지만 아직도 입양과 관련해서 고려해야 할 문제들이 있다.

첫 번째는 동성커플의 입양권이다. 영미권에서 LGBT(레즈비언 · 게이 · 양성애자 · 트랜스섹슈얼) 입양문제라 불리는 입양권 논쟁은 동성애자의 법적 결혼논쟁과 더불어 세계적 핫이슈 중 하나다. 1979년에 처음으로 미국 캘리포니아주 거주 게이커플의 입양을 허용함으로써 미국은 이 부문의 선도국이 되었다. 다만 이는 이들 커플이 아이를 입양하되 그중 하나가 법적 독신자의 자격으로 입양하고 나머지는 이에 동의하는 형태라 일반부부의 자녀입양과는 다른 불완전한 입양이라 여겨졌다. 동성커플을 법적 부부로 인정하지 못했으므로 완전입양도 허용할 수 없었던 것이다.

커플이 함께 아이를 키운다는 점에서는 일반적인 가족과 다를 바 없었지만, 완전입양의 경우와는 법적으로나 감정적으로 다를 수밖에 없었다.

네덜란드를 시초로 2000년도에 여러 나라가 동성결혼을 인정하면서, 동성커플의 완전한 법적 입양권 부여 문제도 진전되었다. 네덜란드가 선도적으로 2001년에 완전입양권을 부여했으며, 2002년에 남아프리카공화국, 2003년에 스웨덴이 뒤따랐다. 2016년 현재 25개국이 동성커플의 완전입양권을 인정하고 있는데, 이들 대부분이 서구와 남미 국가이며 아시아에서는 이스라엘, 아프리카에서는 남아프리카공화국만이 포함되어 있다. 미국은 주별로 순차적으로 입양권을 인정하여 2016년에 미국 전역에서 입양권 인정이 완료되었다. 독일과 이탈리아를 비롯한 몇몇 나라에서는 아직 동성결혼을 인정하지 않아 완전입양권도 인정되지 않는데, 몇 년 내에 바뀔 가능성이 높다.

동성커플 입양권에 대해서는 동성애에 대한 보수적 · 종교적 시각으로 반대하는 주장 이외에 동성커플 가정에서 자라난 아이들이 유형 무형의 피해를 입을 수 있으며 아이들의 선택권이 무시된다며 반대하는 주장이 있다. 이중 '입양아의 피해'에 대해서는 동성커플 가정에서 자란 아이들이 보통의 가정에서의 아이들에 비해 별다를 것이 없다는 조사결과도 있다. 하지만 2배 정도의 문제가 있는 것으로 드러난 조사결과도 있어서 어떤 결론을 내리기에는 이르다고 하겠다. 입양아의 선택권 문제에 대해서는 입양이라는 것에는 아이의 선택권이 있을 수 없다는 말로 반박할 수 있다. 그러나 아이에게 의사결정 능력이 있다면, 동성커플 가정에 입양되기를 꺼릴 수 있다. 아이를 입양할 양부모를 결정할 때는 양부모 후보의 경제력이나 학력, 직업유무 등을 따진다. 그런 조건들이 좋은 가정에서 아이가 행복하게 자라리라는 보장은 없으나, 가능성은 높다고 보기 때문이다. 마찬가지로 부모의 동성애자 여부도 따질 수 있지 않은가?

동성커플 가정 입양이 보통의 입양보다 부정적 결과를 낼 가능성을 배제할 수는 없고 아이의 선택권 문제에 좀 더 진지하게 접근해야 하는데도, 여러 나라에서 동성커플 입양이 합법화되는 추세는 그것이 입양아의 권리보다 동성애자인 양부모의 권리에 초점을 맞추고 있음을 보여준다. 독일 등에서 동성결혼을 합법화하지 않더라도 입양아의 권익을 위해 완전입양권을 보장해야 한다고 주장하는 까닭은 개인 자격으로 아이를 입양하고 있던 커플의 한쪽이 사망할 경우, 남은 사람이 그 아이를 돌볼 의무가 없다는 점에 있다. 완전입양권을 부여하는 것이 입양아에게 유리하다는 것이다.

그렇지만 근본적으로 '동성애자의 (자식을 키움으로써) 사람답게 살 권리'가 중시된 나머지 입양아의 권리는 상대적으로 뒷전이라는 지적에서 자유로울 수는 없다. 동성커플의 완전입양권을 합법화한 나라에서는 여론조사를 실시한 결과 "동성애자들도 아이를 입양해 기를 권리가 있다고 생각하는가?"라는 질문에 60퍼센트~70퍼센트가 긍정했음을 든다. 그러나 "아이가 동성커플 가정에도 입양될 수 있어야 하는가?"라고 질문했을 때 똑같은 결과가 나왔을지는 의심스럽다.

이런 접근이 동성애 혐오로 인식되지 말기를 바란다. 동성애자라고 해서 그 어떤 비범죄적 욕구도 억압당해서는 안 된다. 동성커플 가정에서 자란 아이들이 피해를 입는다면, 그 피해의 대부분은 동성애자에 대한 사회의 삐딱한 시선에서 비롯될 것이다. 하지만 옳든 그르든 현재 그런 편견이 존재한다고 할 때, 편견을 없애기 위한 어른들의 투쟁과정에 아이들을 희생시켜서는 안 될 것이다.

두 번째는 파양(破養)의 자유다. 입양이 단지 양부모의 의지와 권리를 위한 과정이라면, 물건을 샀다가 물리는 일이 자유롭듯이 입양을 취소하는 일도 자유로워야 할 것이다. 그러나 이는 단순한 거래의 차원이 아니라 가족구성원 여부를 정하는 차원의 문제이므로, 쉽게 가족관계를 맺고 끊지 못하게 했다.

그러나 2004년 미국에서 이루어진 조사에 따르면, 최대 25퍼센트에 이르는 입양이 파양으로 끝나고 있다. 그나마 이는 1997년에 파양이 입양아의 이익을 침해할 것이 명백할 경우 이를 원칙적으로 금지함을 명시한 입양 및 안전가족법이 제정된 뒤 크게 낮아진 수치라고 한다. 미국보다 파양절차가 간편한 우리나라에서는 더 높은 비율일 것으로 추정된다.

이런 문제를 해결하고자 우리나라에서는 2012년에 각계의 의견을 모아 입양특례법을 제정했다. 이에 따르면 입양절차가 전보다 복잡해질 뿐 아니라, 파양 역시 전에는 협의만으로도 가능했던 반면 이제는 반드시 재판을 거쳐야 하는 등 절차가 까다로

한국인 해외 입양수출 문제와 비인기 종목 스포츠를 소재로 다룬 영화 「국가대표」(2009)　어린 시절 자신을 입양 보낸 엄마(이혜숙 분)를 찾아온 미국 주니어 스키선수 출신 차헌태(하정우 분). 그는 자신이 유명해져서 생모를 찾으려는 목적으로 대한민국의 국가대표가 된다.

워졌다. 그런데 몇 년이 흐른 지금, 부작용이 예상 외로 크다. 입양특례법 발효를 기점으로 입양건수가 급락하고 있는 것이다. 부모의 입장에서는 입양을 결정하는 과정이 보다 자유롭고 부담이 적기를 바랄 것이다. 그렇지만 그런 바람보다 입양아의 권익을 우선할 수밖에 없는데, 그것이 그렇게 부담되는 입양은 하고 싶지 않다는 결정으로 이어지는 것이다. 입양하려는 부모가 줄면 피해를 보는 쪽은 입양대상 아동들일 수밖에 없다.

21세기 대한민국, 고아수출국의 오명을 벗을 것인가

마지막으로 '쉽게 고아 만들기와 외국에 떠넘기기' 문제가 있다. 버려진 아이로 보이는 아이가 있을 때 친부모를 찾아주거나 키울 여력이 없는 친부모를 도와서 아이를 기르도록 돕는 일을 게을리하고 너무 쉽게 그런 아이에게 고아라는 낙인을 찍어버린다. 그리고 너무 쉽게 해외입양을 시켜서 고아수출국이라는 오명을 자초할뿐더러 뒤늦게라도 아이가 국내에서 보금자리를 찾을 기회를 일찌감치 박탈한다. 그것이 수십 년 동안 대한민국의 기아(고아)-입양 정책이었다. 그것이 입양대상 아이에게 불리하다는 점은 말할 필요가 없다.

이 문제는 국제적으로도 심각하게 논의되었기에, 1993년에 헤이그 국제아동입양 협약이 체결되었다. 그 핵심내용은 가입국마다 협약내용을 실천하기 위해 중앙부처를 지정할 것, 중앙부처는 국외입양이 해당 아동 이외의 이익에 따라 이루어지는 일이 없도록 입양 기관과 절차를 규제하고 감독할 것, 국외입양은 반드시 원래의 가정으로의 복귀와 국내입양의 모색 노력을 거친 다음 최후의 수단으로 고려할 것 등이다.

우리나라도 90여 개국과 함께 이 협정에 조인했으나, 아직까지도 국회에서 비준되지 않고 있다. 혈연중심주의 등으로 입양에 소극적인 문화와 예산부족 등으로 국내입양을 모색하기 어렵다는 점, 그리고 자신들의 활동이 규제받을 것을 꺼린 입양기관들의 적극적인 로비 때문이라고 말할 수 있다.

2003년에 우리 정부는 유엔인권위원회가 한국에 고아원과 해외입양 기관이 많은 이유와, 헤이그 협약을 왜 비준하지 않는지에 대해 묻자 이렇게 답변했다.

"고아원과 해외입양 기관은 한국전쟁 직후 넘쳐나는 고아와 기아들을 수용하기 위해 많이 지었던 것들이다. 2, 3년 내에 협약을 비준할 것이며, 이후로는 국내 입양에 주력하게 되어 그런 기관들을 찾아보기 어렵게 될 것이다."

그러나 지금도 고아원과 입양기관들은 성업 중이다.

우리 정부의 노력이 없지는 않았다. 2007년에 국내입양 우선추진제를 도입했고, 2012년에 입양특례법을 제정해서 되도록 입양이 국내에서 이루어지도록 하고 파양이나 국외입양을 어렵도록 만들었다. 그러나 결과는 입양 자체의 현저한 감소다. "아이를 입양 보내기 위해서는 의무적으로 출생신고를 해야 한다"는 입양특례법 조항은 미혼모를 비롯해서 원치 않는 출산을 한 산모가 입양을 포기하고 아기를 내버리도록 몰아가고 있다. 헤이그 협약이 비준되지 않은 상태에서 국내입양이 어려워진다면 결론은 고아원 아니면 국외입양뿐이다.

입양문제를 마무리하며 두 가지를 이야기하고 싶다.

첫째, 부모를 잃거나 버림받고 '가짜 부모'의 손에서 자랐다

'진실과 화해를 위한 해외입양인 모임'(TRACK)이 "우리는 초대받지 못했다" 피켓을 들고 시위하는 장면 인도적 차원에서 한국의 국내입양은 좀 더 활성화되어야 한다. 인구감소의 공포가 현실화되고 있다. 이제는 고아수출국이 아니라, 외국의 불쌍한 아이들을 국내에 입양하는 방향으로 나가야 할 것이다. 2009.7.15. ⓒ연합뉴스.

는 사실을 깨달을 때, 아무리 양부모의 사랑이 지극하더라도 마음에 상처가 남을 수밖에 없다. 입양된 가정의 형편이 좋지 못하고 파양까지 당한다면 그 상처는 더 커질 것이다. 앞서 언급한 사르곤 1세나 모세나 로물루스나 권력을 차지한 다음 자신을 버리거나 입양아가 되게 한 사회에 복수한 셈이다. 오늘날에도 미국양부모를 살해한 한국 출신 입양아의 이야기를 접할 수 있다. 펠르랭 장관이나 애플 창업자 스티브 잡스처럼 성공함으로써 복수한 사례도 있지만 말이다. 어린아이의 혼이 상처투성이가 되지 않도록, 우리는 더 큰 관심과 노력을 기울여야 한다.

둘째, 인도적 차원에서나 국가적 차원에서나 우리나라의 국내입양은 보다 활성화되어야 한다. 인구감소의 공포가 현실화되는 가운데, 고아수출국이 아니라 오히려 거꾸로 외국의 불쌍한 아이들을 국내에 입양하는 방향으로 나가야 할 것이다. 그러자면 혈연중심주의를 재고하는 것이 급선무다. 지금의 다문화주의 교육은 우리나라에 온 성인의 자녀들에 중점을 두고 있다. 피부색과 눈 색이 다른, 대한민국이 가슴으로 낳은 아이들에게도 그 교육을 확대해나가야 한다.

그러려면 사회의 변화와 개혁이 필요하다. 내 아이를 낳아 기르기도 부담되는 사회, 젊은이들이 가족 갖기를 포기하며 각자도생의 길을 선택해야 하는 사회에서 어떻게 입양이 확대될 것이며 핏줄도 인종도 다른 사람들까지 사랑할 여유가 있겠는가.

경제규모는 기적적으로 발전했다지만 입양문제는 한국전쟁 직후의 비참했던 시절과 다르지 않은 모습은 사회 시스템의 변화와 복지의 증대, 더 사람답게 살 수 있는 세상이 되어야만 극복될 것이다.

#동성커플 입양 #해외입양 #국내입양 #파양 #함무라비법전

가장 오래된 직업의 가장 오래된 고통 — 성매매

우리나라와 세계의 많은 나라의 여성주의자와 인권운동가는
매매의 완전합법화로
인류의 가장 오래된 직업을 정규직으로 인정해주길 바란다.

아주 오래전부터 있던 것이나 누구나 다 아는 것은 이야기하기 쉽다. 그런데 공중파 토론이나 대학입시 논술주제로 다루기 어려운 주제가 있다. 바로 성매매 문제다. 프랑스 사상가 조르주 바타유는 "우리에게 친숙한데도 좀처럼 입에 담기 꺼리는 주제는 세 가지다. 성, 용변, 죽음"이라고 했는데, 성매매는 그중에서도 '어디에나 있고, 언제나 있었다. 그러나 공개적으로 논의하기는 어렵다'는 주제로 어울리지 않나 싶다.

신의 몸종, 낭자군, '대단한 아가씨.' 모두가 슬픈 이야기

고대로 거슬러 올라가 보면 지금과는 다른 성매매의 유형이 나타난다. 그리스의 역사가 헤로도토스는 『역사』에서 고대 오리엔트에 신전 성매매가 있었다면서 신을 섬기는 무녀가 축제 또는

일상에서 성매매자의 역할을 겸하는 일이 많았고, 메소포타미아의 사랑과 정욕의 여신 이슈타르나 농경신 바알의 무녀들은 남성 신도에게 몸을 맡기고 신전에 바치는 헌금을 받아냈다고 썼다. 또 그는 이집트 기자의 대피라미드는 쿠푸 왕이 자신의 딸에게 성매매를 시켜 세울 수 있었다고 적었다. 공주가 신전에서 성매매를 하는 대신 돌 한 덩어리씩 피라미드 건설에 기부하도록 했다는 것이다. 헤로도토스는 냉정하게 사료 비판을 하지 않고 소문이든 전설이든 기록하고 보는 편이었으므로 그런 이야기를 곧이곧대로 믿을 수는 없으나, 현대의 기준을 내세워 믿지 않을 이유도 없다. 기원전 2800년경 고대 수메르의 점토판에도 신전 성매매자의 존재는 확인된다. 여사제가 번영과 다산을 기원하는 의식으로 새로 즉위한 왕과 거룩한 잠자리를 가졌다는 것, 그 여사제들은 이웃나라의 사절이나 상인들과 '교섭'하며 외교관이자 무역상의 역할도 했다는 것이다.

이처럼 종교시설에서 성매매가 이루어지는 경우가 일반적이지는 않았지만 분명 존재했으며 고대에만 있었던 일도 아니었다. 고대부터 인도 남부에는 데바다시, 즉 '신의 몸종'이라는 여성이 존재했나. 초성을 하기 전에 병에 걸리거나 몸에 혹과 흉터 등이 난 여성을 골라 신전에서 일하게 했는데, 이들은 결혼을 할 수 없었으며 신전에 기부금을 내는 상류계급과 대토지 소유자에게 쾌락을 제공했다. 이 풍습은 오랫동안 이어지면서 영국 식민지 시절에도 없어지지 않았고 1988년에 법으로 금지되었지만 지금도 존재하며 최소 2만 5,000명의 데바다시가 있다고 한다.

이런 풍습이 사라지지 않는 것은 지참금 제도가 사라지지 않는 것과 연관이 있다. "딸이 셋이면 임금이라도 망한다"는 속담이 있을 만큼 딸을 시집보내려면 막대한 지참금이 필요해서 여자아기가 태어나면 죽여버리는 일이 지금도 일어나고 있는 인도. 그런데 딸을 데바다시로 보내면 지참금 걱정이 없고, 일정한 수입도 얻으니 정부에서 단속에 힘써도 소용없는 것이다. 오히려 단속을 피해 신전을 벗어난 으슥한 곳에서 성매매를 하다 보니 데바다시가 성병에 감염되거나 잔혹행위를 당할 위험만 늘었다고 한다.

6세기 일본에는 우네메(采女)라고 하는 여성들이 있었다. '일본 각지에서 선발되어 궁에서 일왕의 시중을 들던 궁녀들로 보는 설도 있지만 그 정확한 성격은 불분명하다. 궁궐만이 아니라 신궁(神宮)에서 제사를 담당하는 천관(天官)으로도 보이기 때문이다. 예부터 국가의 중요행사 때 일왕과 우네메가 신궁에서 성적 결합을 하는 비밀 제의가 있었다고 하며, 우네메는 일왕을 상대할 뿐 아니라 특권층을 상대하는 신전매음에도 종사했다는 이야기도 있다.

15세기 말, 교황 식스투스 4세는 성매매촌을 직접 운영하기도 했다. 이를 신전성매매와 같은 것으로 보는 것은 무리다. 당시 신성로마제국황제나 교황 등은 공의회나 황제 선출회의 같은 대규모 행사를 열 때 각지에서 모여든 사람들을 상대로 임시 성매매촌이 마련되면 그에 대해 세금을 받았기 때문이다. 14세기에 시칠리아 여왕이던 잔느는 아비뇽에 놀러갔다가 사치스러운 생활로 여비가 떨어지자, 아비뇽의 다리 밑에 성매매촌을 열고 그녀들의 돈을 갈취해 시칠리아로 돌아갔다고 한다. 독일의 지기스문트 황제는 1414년 콘스탄츠에서 공의회를 열 때 1,500명의 성매매 여성에게 세금을 거두되, 콘스탄츠 시민에게는 무료로 이용하도록 하는 '아량'까지 베풀었다고 한다. 이쯤 되면 종교차원이 아니라 권력기관이 성매매를 허용하고 관리하는 성매매 방식인 공창제(公娼制)라고 보아야 할 것이다.

공창제의 시초는 중국에서는 기원전 685년에 주나라 장왕이, 서양에서는 기원전 6세기에 아테네의 솔론이 일정한 구역을 정해 놓고 성매매를 하도록 했던 것이라고 한다. 미혼남성의 성욕을 해소시켜주고 국가의 세입을 확보하는 것이 목적이었다. 공창은 사창과 함께 운영되었는데, 사창은 불법적인 성격의 것이 많았다. 이를테면 주로 노예나 해방노예인 로마제국의 하층계급 여성들은 생계를 위해 공창에 등록했으나 국가의 수탈이 심해지자 공식 성매매 구역을 떠나 뒷골목에서 불법으로 성매매를 했다. 중세유럽에서는 공창에 소속된 성매매자들이 국가의례에 동원되어 춤이나 연극 등의 볼거리를 제공하거나, 축제에 모인 외국손님들을 상대로 성적 서비스를 제공했다.

한편 중국의 춘추전국시대에는 무녀들이, 한나라 왕조 이래로는 전쟁포로 여성들이 공창 수급에 중요한 역할을 했다. 당나라는 고구려와 백제에서 쿠차, 소그드, 페르가나에 이르는 여러 나라를 정복하고는 그곳에서 끌고 온 여성들을 공창에서 일하게 했다. 일본에서는 도요토미 히데요시가 교토에 처음 성매매촌을 만들었다. 이 성매매촌은 나중에 시마바라로 이전했고, 시마바라에는 버드나무와 꽃이 많아서 성매매업을 '화류계'라고 부르게 되었다고 한다.

또 군대에도 징발되어 그곳에서 성매매를 한 여성들도 있었다. 서구에서는 고대 그리스부터 18세기까지 '낭자군'이 있었는데, 그녀들은 낮에는 병사들의 식사나 빨래 등을 맡아 하고, 밤에는 성욕을 해소시켜주는 상대가 되어주었다. 낭자군은 십자군 원정에도 동행했으며, 네덜란드 독립전쟁 중 에스파냐군 사령관 알바공(公)이 네덜란드를 침공했을 때는 장교를 상대하는 고급 성매매자 400명은 말을 타고, 병사를 상대하는 하급 성매매자 800명은 걸어서 종군했다고 한다. 1570년에는 위그노전쟁을 치르던 프랑스의 스트로치 원수가 "병사들이 성매매 여성의 품에만 안기려 하고 싸울 생각들이 없다"는 보고를 받고는 800명의 성매매 여성들을 바다 속에 빠뜨려 죽이기도 했다고 한다. 그러나 항상 죽음의 위험이 따라다니는 전쟁터에서 성매매 여성들도 용감해져서, 화대 대신 받은 병사들의 무기를 들고 다니다가 여차하면 아군이나 적군을 직접 베어 넘기는 여장부도 많았다고 한다.

19세기 들어서는 군대 성매매 여성이 차차 사라진다. 전문직업군이나 용병대가 아닌 일반 시민으로 구성되는 국민군으로서 그런 파렴치한 짓을 벌여서야 되겠느냐는 항의가 주로 남편이나 약혼자를 군대에 보낸 여염집 여성들로부터 빗발쳤기 때문이다.

그러나 그 여파가 컸다. 미국 남북전쟁에서는 전쟁의 스트레스를 성욕을 배출함으로써 풀려고 했던 병사들이 틈만 나면 사창가로 달려갔기 때문에 거의 절반에 육박하는 병사들이 성병에 걸리기도 했다. 이는 '검증되고 관리된 서비스를 제공한다'는 공창의 모토를 무시한 결과였다. 적어도 군대 성매매 여성은 특정 집단만 상대하고 정기적으로 성병검사를 받았다. 북군의 장군 후커는 장군 체면도 아랑곳없이 워싱턴의 성매매촌에서 살다시피 해서 그가 즐겨찾던 성매매촌에는 '후커 거리'라는 별칭이 붙었다. 성매매 여성을 후커(hooker)라고 부르게 된 까닭이 거기에 있다고도 한다. 반대로 나폴레옹은 주둔지마다 대규모의 성매매촌을 만들고 성매매 여성들이 위생적인 환경에서 병사들을 상대하도록 했다.

종군위안부 문제와 관련하여 국제적 비난을 받고 있는 일본은 이제껏 언급한 예들을 들며 다른 나라에서도 오래전부터 있었던 성매매 여성들이라고 말한다. 하지만 예전의 그 여성들은 성매매를 직업으로 삼은 이들이었고 자발적으로 군대에서 성매매를 한 이들이었다. 일본은 식민지나 점령지의 여성들을 강제로 끌고 갔다. 게다가 19세기 때 없어진 폐습을 20세기에 부활시키면서 그렇게 당당할 수 있는가?

발견된 자료에 따르면 일본은 종군위안부를 징집하면서 자국민과 아시아인을 비하하기까지 했다. "독일군은 엄격한 금욕주의를 몸에 익혀 전쟁터에서 여자를 돌 보듯 할 수 있으며, 소련군은 공산주의의 이념으로 정욕을 극복할 수 있다. 그러나 우리 일본인과 아시아 인종은 그런 투철한 신념이 없고, 체질적으로 욕망을 억제할 수 없다. 그러므로 군기를 유지하려면 위안부를 모집해야 한다."

우리나라의 기생을 성적 서비스만을 제공하는 성매매자로 보기 어렵다고도 하지만, 여염집 여성과는 다른 '노는 계집'으로 취급된 점에서는 여느 성매매자와 다르지 않다. 이들 중에서도 관기(官妓)라 하여 중앙과 지방 관서에 소속된 기생이 있었고, 이들은 해당 관서의 관리들과 손님들을 접대하는 한편 여악(女樂)이라는 국가 제례에 동원되어 노래와 춤을 선보이기도 했다.

말하자면 집안에서 밥하고 빨래하고 아이 돌보는 여성과 바깥에서 남성들에게 즐거움을 주는 여성, 전근대 사회에는 크게 두 부류의 여성만 있었던 셈이다. 고대 서양에는 아테네의 황금시대를 연 페리클레스의 정부였던 아스파시아, 불경죄에도 불구하고 법정에서 변호인의 그녀의 알몸을 드러내자 '아름다운 것이 착한 것'이라는 논리로 무죄판결을 받았다는 전설의 프리네, 기독교 초기 시절 알렉산드리아에서 '아프로디테의 화신'으로 숭배받다가 돌연 기독교에 귀의하여 남은 생애는 성녀로서 살았다는 타이스 등등 유명한 성매매 여성의 전설이 있다.

이후에도 티치아노와 카라바조와 같은 위대한 화가들의 모델이 되기도 한 르네상스기의 고급 성매매자들인 코르티잔, 19세기 프랑스 정치인과 기업인들을 쥐고 흔들었던 '대단한 아가씨'를 뜻하는 그랑드 코케트 같은 위풍당당한 성매매자들의 사례도 있다. 그녀들은 미모는 물론이고 수준 높은 교양과 뛰어난 언변과 재능과 기예 등으로 귀족들을 사로잡았으며, 사치스러운 생활을 하며 정치에 영향을 미치기도 했다. 중국과 한국의 이름 높

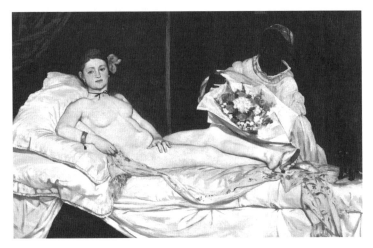

성매매 여성을 노골적으로 묘사한 마네의 「올랭피아」(1863). 성매매 여성을 모델로 그렸다 하여, 당시 큰 스캔들을 몰고 왔던 에두아르 마네의 작품. 남성들에게 성매매란 일상적인 것이었으나, 공공연하게 드러내서는 안 될 것이기도 했다.

은 기생들도 비슷하다. 그녀들은 단순한 육체적 쾌락만으로는 성이 차지 않던 상류층 남성들의 고차원적 도락(道樂)을 위한 존재였지만 근본적으로는 하류층 성매매자와 다를 것이 없었다. '남성의 바깥 생활을 달래주는 엔터테이너'였던 것이다. 그녀들을 사랑한 남성들은 차고 넘쳤으나 결혼하려는 남성은 거의 없었고 젊음이 가신 뒤에는 사회적 지위를 송두리째 잃고 비참한 만년을 보내는 일이 대부분이었다. 그리고 그녀들의 화려한 삶 뒤에는 끌려가고, 학대받고, 경멸받고, 병에 걸리고, 돌보는 이 없이 쓸쓸히 죽어가야 했던 수없이 많은 하급 성매매자들의 삶이 있었다.

　　그렇다면 성매매를 근절해야 한다는 주장은 과거에는 없었을까? 동로마제국 황제 유스티니아누스의 황후 테오도라는 그 스스로가 성매매자 출신이었는데, 황비가 되고 나서 성매매를 뿌리뽑기로 결심한다. 관리들을 풀어서 성매매를 단속하고는, 포주들에게는 중벌을 내리되 성매매 여성은 크고 아름답게 지은 궁전으로 데려와 살도록 했다. 그녀들은 그곳에서 놀고먹으며 편안히 살 수 있었다. 하지만 그중에는 따분한 삶을 견디다 못해 탈출하려 하거나 심지어 자살한 여성도 있었다고 한다.

　　중세에는 그런 식으로 성매매 여성을 위한 갱생시설을 운영하는 일부 교회나 수도원이 있었다. 또 산업혁명 이후에는 자선 차원에서 전직 성매매 여성만 고용하는 공장이 세워지기도 했다.

　　그러나 한계도 있었는데, 성매매를 '죄 많은 여성의 문제'로만 여겨 여성들을 단속하고 강제수용하며, 원치 않는 고행이나 노동을 강요했다는 점이다. 그래서 테오도라 궁전의 경우처럼 거처를 따로 마련하여 그곳에 살게 해도 그 생활에 불만을 품고 갱생시설을 나와 다시 성매매업소로 돌아가는 여성이 많았다. 한편 성매수자인 남성을 단속하거나 처벌은 없었던 것이 과거의 관행이었다.

　　성매매를 근절하려는 전근대와 근대 초기의 정책은 성매매 여성들의 비참한 생활을 개선하는 방향으로 세워졌지만 대체로 성매매를 사회적 타락의 온상으로 보고 뿌리뽑으려 하거나 성병의 만연을 막는 방향으로 세워졌다. 지리상의 대발견 이후 유럽에 퍼진 성병을 막고자 실시한 1577년의 경찰령은 "공창을 철폐하며 성매매촌 운영자는 엄벌에 처한다"고 공포했다. 그러나 그 결과 성매매는 음지로 파고들었고, 양적으로 오히려 더 번성하게 되었다.

18세기에 오스트리아를 이끌었던 마리아 테레지아 여제는 정조보호특별위원회를 조직해서 특히 엄하게 성매매 여성을 처벌했다. 국외추방이나 목을 잘라 거리에 매달아두는 효수형, 태형을 실시하거나 코나 귀 자르기, 조리돌리기, 머리카락 밀어버리기 등의 수치형에 처했다. 여제가 보호하려던 것은 '여성의 정조'였지 여성이 아니었던 것이다. 프로이센의 프리드리히 1세는 직접 성매매 업소들에 들이닥쳐서 성매매 여성들을 몸이 피범벅이 되도록 채찍질했다고 하는데, 순전히 도덕적인 동기에서 그렇게 했는지는 모를 일이다. 19세기에서 20세기 초에도 미국과 여러 유럽국가가 성매매를 불법화하고 성매매 업소들을 폐쇄했다. 성매매 여성들에게 가혹행위를 하지는 않았지만 아무런 생계대책을 세워주지 않은 채 무조건 업소만 폐쇄했다. 결국 대다수 성매매 여성은 불법적이고 너 열악한 환경에서 성매매를 계속할 수밖에 없었다.

한편 성매매를 옹호하는 주장은 고대부터 있었다. 주나라 장왕은 민간의 성풍속이 너무 문란하므로 이를 억제하기 위해 공창을 만들었노라고 했다. 또 초기 기독교의 신학을 집대성한 위대한 신학자이자 철학자인 아우구스티누스는 성매매를 두고 "이를 없애면 성욕을 참지 못하는 남자들이 온갖 범죄를 저지를 것이다"라며 적극적으로 옹호했다. 조선의 세종대왕 때 기생을 없애자는 논의가 나왔는데, 인품과 학식으로 많은 이의 존경을 받던 허조가 나서서 "그러면 여염집 여인들이 겁탈을 면할 수 없게된다"며 논의를 중단시켰다. 말하자면 성매매란 사회풍속을 건전하게 유지하고 성범죄를 억제하기 위한 필요악이라는 것이다. 1830년대 프랑스의 파랑-뒤샤틀레는 파리시의 공중위생 개선에 큰 역할을 했던 사람인데, 성매매 업소를 남성의 욕망을 위생적인 방식으로 처리하는 하수처리장으로 보며 성매매를 옹호했다.

이처럼 성매매가 일정한 사회적 기능을 하고 있다고 보는 성매매 필요론은 현대에도 있다. 2001년 한국 대전지방법원에서는 "범죄조직과의 연계나 미성년자의 접근 등 부정적 요인을 제거한다면, 성매매는 사회적 필요악으로 일면의 긍정적인 사회적 기능을 담당하는 면을 무시할 수 없다"는 판결문을 내놓았다. 그러한 판결문은 2004년에 제정된 성매매특별법 이후 찾아볼 수 없지만, 법질서를 담당하는 사람들 사이에 그런 인식이 사라졌다고는 할 수 없다. 성매매특별법에 따라 미아리 텍사스 집창촌을 전투적으로 없애는 데 선봉으로 나섰던 당시 경찰서장 김강자는 2012년 이래 "생계형 성매매자에 대한 사회적 지원이 필요하고, 경찰력으로 음성적 성매매를 모두 뿌리 뽑는 것도 불가능하기 때문에 제한된 구역에서의 성매매를 인정하고 관리하는 공창제가 필요하다"고 주장하고 있다.

이러한 성매매 허용론은 근대 초까지의 성매매 폐지론과 동전의 양면인 셈이다. 그것은 한쪽에 성모마리아의 얼굴을 새기고, 다른 쪽에 막달라마리아의 얼굴을 새긴 동전이며, 남자의 손끝에서 공중으로 튀겨진다. 성모의 얼굴이 나오면 여성의 정조와 사회의 풍기 문란함을 막아야 한다는 말로 성매매 여성들이 처벌된다. 막달라마리아의 얼굴이 나오면 남성의 정욕과 고독을 위로하라는 말로 성매매 여성들이 착취된다. 결국 어느 쪽이든 남성의 필요에 따라 여성이 피해를 입는 게임이다.

노르딕 모델과 게르만 모델

그래서 현대의 주류 여성주의 담론은 성매매를 여성이 일방적으로 피해를 입는, 남성에 의한 능욕과 착취와 구속이라고 보며, 자발적 성매매란 존재하지 않는다고 본다. 스스로의 의사에 따라 성을 매매한다고 생각하는 여성도 실은 남성중심적 사회구조와 문화에 짓눌려 있는 이들로 여긴다. 그리고 성매매 여성은 어디까지나 피해자이므로 성폭행을 당한 여성을 처벌하지 않는 것과 마찬가지로 처벌대신 사회적 지지와 위로를 제공해야 한다고 주장한다.

이는 1949년 유엔의 '인신매매 금지 및 성매매 착취 금지 협약'이래 세계 주요국들의 성매매 관련 법제에 대체로 반영되는 담론이며 노르딕 모델이라 불리는 법제를 채택한 스웨덴과 노르웨이 등 북유럽 국가들이 가장 철저하게 반영하고 있다. 1999년 발효된 스웨덴의 성매수자 처벌법은 성매매를 불법화하는 한편, 성매수 남성은 처벌하고 성매매 여성은 처벌하지 않으며 적절한 직업전환을 지원한다. 노르웨이는 2009년에 비슷한 법제를 마련했다. 아이슬란드도 2007년에 기존의 성매매 금지법에서 성매매 여성의 처벌 조항을 삭제했다. 2011년 유엔 여성차별철폐위원회는 "성매매 여성을 범죄자로 몰거나 처벌하지 말고 자발적 성매매라는 개념을 철폐하라"는 권고를 각국 정부에 전달했다.

이에 호응하듯 캐나다도 2014년부터, 프랑스는 2016년부터 성매매를 허용하되 성매매 업소 운영자는 처벌하고, 성매매 호객 행위도 금지한다는 기존의 입장을 버리고 '성매수자는 처벌한다'고 법을 바꿈으로써 노르딕 모델에 합류했다.

한편 2016년 이전의 프랑스처럼 성매매 자체는 범죄가 아니지만 성매매 업소는 규제하는 방식, 또는 이슬람 국가들과 사회주의 국가들과 우리나라의 경우처럼 성매매를 불법으로 규정하는 방식은 어떻게 운영하느냐에 따라 서로 비슷하기도 하고 다르기도 하다. 성매매를 불법화해 성매매자와 매수자를 처벌하지는 않지만 업소를 강력히 단속함으로써 사실상 성매매를 불법화하는 2016년 이전의 프랑스의 경우가 있고, 지금의 인도처럼 백주 대낮에 공공연히 성매매를 하는 업소만 단속하고 사실상 성매매를 방치하는 경우도 있다.

또한 사우디아라비아처럼 성매매를 불법으로 하며 실제 단속도 철저한 경우와 말레이시아와 우리나라처럼 말로만 불법이지 알게 모르게 성행하고 있는 경우 등이 있다. 일본은 직접적인

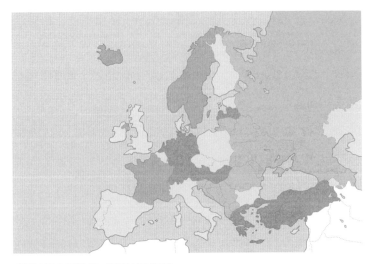

다양한 입장이 뒤얽혀 있는 유럽의 성매매 법제

<table>
<tr><td>성매매 금지</td></tr>
<tr><td>성매매 금지. 단 성매수자만 처벌</td></tr>
<tr><td>성매매 허용, 성매매자에 공적 관리와 규제 있음(성매매 합법화)</td></tr>
<tr><td>성매매 허용, 성매매 업소는 규제, 성매매자에 관리와 규제 없음(성매매 비범죄화)</td></tr>
</table>

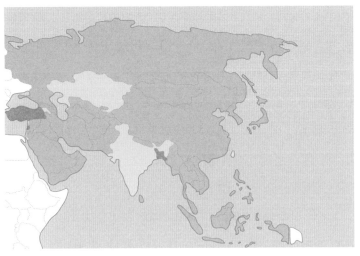

대부분이 불법화 입장이되 사실상 허용하는 경우가 많은 아시아의 성매매 법제. 노르딕 모델은 아직 없다.

성행위를 포함하는 성매매는 불법이지만 유사성행위는 합법이다. 태국은 성매매를 불법화했지만 성매매가 성행할 뿐 아니라 공공기관에서 성매매자를 관리하기까지 해서 유사공창제라고 볼 수 있는 형태다.

그러나 이에 맞서는 현대적인 성매매 허용론이 있다. 성매매를 납치와 강제 등에 의한 것이 아닌 자발적 의사로 행한다면 이를 성적 자기결정권 차원에서 보아야 하며, 국가나 타인이 비난하거나 금지할 수 없다는 것이다. 성적 자기결정권이란 개인이 자신의 성적인 삶을 자유롭게 결정할 수 있는 권리다. 그렇다면 자발적으로 성을 팔고 성을 사는 행위를 제3자가 규제해서는 안 된다는 것이다. 자유지상주의 철학자 조엘 파인버그는 "강제된 것이 아닌 이상, 그 어떤 종교, 관습, 법률도 개인의 성생활에 개입할 수 없다"고 하며 자발적 성매매도 무제한 허용해야 한다고 주장했다.

일부 여성주의자들도 성매매 합법화에 동의한다. 그들은 다수의 여성주의자와 달리, 모든 성매매는 성폭력이고 성적 착취라는 입장에 공감하지 않는다. "자발적으로 성매매를 선택하는 여성이 있다고 하지만, 그들은 남성중심 사회의 압력에 굴복한 것"이라는 주장에는 사회의 압력에서 완전히 자유로운 선택이라는 것이 가능한가라고 반문한다. 사람은 대부분 자신의 취향, 재능에다 집안배경, 재정상태, 가지고 있는 기술과 교육 수준, 특정 직업의 사회적 인기 및 장래성 등의 변수를 적당히 섞어서 직업을 선택하고 있지들 않은가? 따라서 그들은 성매매를 하나의 직업으로, 성매매자를 성노동자(sex worker)로 보려고 한다. 다수의 여성이 성노동으로 생계를 유지할 수밖에 없다면 분명 부당하며 그 사회가 남성중심적임이 맞다. 따라서 개혁이 마땅하지만, 성매매 그 자체가 성폭행이 될 수는 없다는 것이다. 그들은 성노동을 양지로 끌어올려 음지노동에 따르기 마련인 여러 부당함, 예를 들어 포주나 손님에게 폭행을 당해도 경찰에 신고할 수 없는 일 등을 해결하는 것이 시급하다고 본다.

이런 현대의 성매매 허용론자, 특히 성노동론자들은 1970년대부터 서구 사회운동의 한 부분을 차지했다. 1973년 미국 성노동자 단체인 코요테협회의 창립대회, 1975년 프랑스 리옹의 생 니지에성당 점거시위, 1985년 베를린에서의 성매매 합법화 시위 등에서 성매매 여성들은 "우리는 죄인도, 희생자도 아니다"라며 자신들에 대한 편견을 거두고 여느 직업인과 같이 대우해달라고 주장했다. 이러한 운동은 최근 국제기구의 공감도 얻고 있다. 2016년에 국제사면위원회는 각국 정부에 성인들의 자발적 성매매를 범죄로 여기지 말 것을 촉구하였다.

현재 성매매 허용론자들의 주장에 가장 걸맞은 제도는 일종의 공창제라고 할 수 있는 게르만 모델이다. 성매매를 합법화하지만 성매매 업소와 성매매자는 당국에 등록해야 하고, 정규적인 관리를 받으며 세금을 납부해야 한다. 이 모델은 전통적 공창제를 부활시킨 오스트리아, 멕시코, 스위스의 뒤를 이어서 인권운동가와 정치가들의 격렬한 논쟁 끝에 네덜란드에서 1988년, 독일에서 2002년에 만들어졌다. 터키도 이 모델로 분류되지만 업소에

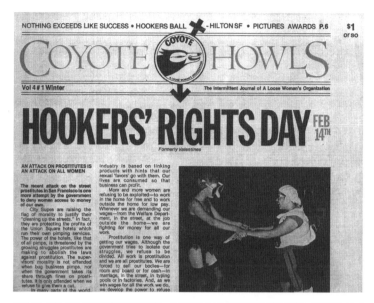

미국 성노동자 권익 옹호단체인 코요테협회   코요테란, '낡고 지긋지긋한 윤리 따위는 끝장내자, (Call Off Your Old Tired Ethics)라는 구호의 약자다. 코요테 발행 회지에 실린 '창녀 인권의 날'.

대한 당국의 제한이 심하고, 앙카라와 부르사시에서는 업소가 강제철폐되었다. 대만은 오랫동안 성매매를 불법화해오다 2011년에 콜롬비아처럼 성매매 특구를 설치하고 관리하기로 하여 게르만 모델을 채택한 사례가 되었다.

한국의 성노동, 최선의 방법이란 있는가?

관청에 소속된 관기와 주막 등을 돌아다니며 술과 몸을 파는 가장 하급의 성매매자인 들병이로 나뉘던 우리나라의 성매매자들은 개화기와 일제강점기를 통해 변신한다. 1876년 강화도 조약에 따른 개항으로 부산, 인천, 원산에 출입하게 된 일본인들을 따라 들어온 유곽은 한반도에서는 처음 보는 집단 성매매촌이었다. 이런 성매매촌에 조선 여성들도 흘러 들어갔고, 한양을 비롯한 대도시로도 퍼져나갔다. 1902년에는 조선 여성들로만 구성된 성매매촌이 부산에 처음 생겼다.

조선의 국권을 탈취한 뒤, 일제는 권번이라는 집단을 만들어 종래의 기생들을 일종의 공창으로 관리했다. 해방 후 미군정은 1947년에 공창을 폐지하고 성매매를 불법화했으며, 이후 미군을 상대하는 기지촌을 비롯해 청량리 588, 미아리 텍사스, 인천 옐로하우스 같은 집창촌이 불법적인 사창가로 번성했다. 1960년~1980년대에 이르는 개발독재의 시대에 이런 사창가는 마치 냄새 나는 화장실처럼 눈앞에서 치우고 싶지만 없어서는 안 될 존재였다. 한때 서울 최대의 사창가가 형성되어 있던 종로3가와 동대문 일대는 1960년대 말 대대적인 단속으로 사라졌다. 1988년 서울올림픽을 계기로 사창가 철폐 붐이 일었으나 풍선의 한쪽을 누르면 다른 쪽이 부풀어오르듯 다른 지역의 사창가가 커질 뿐이었다. 청량리와 미아리에 밀집되어 있던 집창촌들은 2004년의 성매매특별법 시행 이후 몰락하고 있다. 그러나 집창촌대신 룸살롱, 안마방, 노래방 등에서의 은밀한 성매매로 대체됨으로써 전체 성매매 규모는 줄지 않았을 것으로 보인다.

한국의 성매매 담론은 대체로 '성매매는 죄악/성매매는 필요악'이라는 보수적 시각이 오랫동안 주도해왔다. 1980년대부터

2015년 9월 '성노동자'의 권익을 옹호하는 국내 시위 현장   1980년대부터 여성주의적 성매매 근절론이 나와, 성매매특별법이 만들어지자 생계의 위협을 받게 된 성매매자들이 정부청사 앞에서 소복을 입고 시위를 벌이면서 성노동 담론도 움트기 시작했다. 2015.9.23. ⓒ연합뉴스.

여성주의적 성매매 근절론이 나왔고, 이에 힘입어 성매매특별법이 만들어지자 생계의 위협을 받게 된 성매매자들이 정부청사 앞에서 소복을 입고 시위를 벌이면서 성노동 담론도 움트기 시작했다. 2005년에는 전국성노동자연대가 발족하고, 그 발족일인 6월 29일을 성노동자의 날로 정했다. 2006년에는 평택의 유명 집창촌인 속칭 '쌈리' 소속 성매매 여성들이 민주성노동자연대를 결성했다. 2010년에는 성노동자권리모임 지지가 생겼다. 이들은 성매매 합법화 또는 비범죄화를 위해 꾸준한 활동을 벌이고 있으며, 2012년 성매매특별법에 대해 위헌판결신청을 했다.

2016년 헌법재판소에서는 이 법률에 대해 합헌판결을 내렸으나 일부 판사는 '성매매자까지 처벌하는 일은 부당하다'는 소수의견을 제시했다.

이슬람 국가들은 『코란』에 "이슬람교도를 성매매자로 만들지 마라"는 구절이 있기 때문에 7세기부터 성매매를 불법화했다. 터키와 말레이시아 등은 특이한 사례다. 구소련 등 공산주의 국가들은 성매매를 사회주의사회에서 있을 수 없는 도덕적 타락으로 여겨 성매매를 불법화했다. 이들 나라와 우리나라 등이 철저한 성매매 불법화 입장을 지켜왔지만 성매매는 결코 없어지지 않았다. 탈레반이나 IS는 이슬람 근본주의를 내세우면서도 이슬람 여성들을 성노예로 팔아넘기고 있고, 구소련은 물론 다른 사회주의 국가인 중국과 베트남 등에서도 돈만 많이 내면 성매매가 이루어지고 있다. 잊을 만하면 성매매 단속에 고위공무원, 연예인 등이 걸려 화제가 되지만 그들은 재수없이 걸렸다고 생각할 뿐이다.

이것은 지독한 사회적 위선이며, 범법자라는 굴레를 쓰고 여러 비인도적인 상황을 감내해야 하는 많은 성매매 여성에게는 악행이다. 그래서 우리나라와 세계의 많은 나라의 여성주의자와 인권운동가는 노르딕 모델로 성매매자의 굴레를 벗겨주거나 게르만 모델로, 아니 더 나아가 성매매의 완전합법화로 인류의 가장 오래된 직업을 정규직으로 인정해주길 바란다.

그러나 어느 쪽도 이념적으로나 현실적으로나 완벽한 대안은 아니다. 노르딕 모델을 채택한 국가는 여성의 인권과 존엄을 가장 잘 보장한다는 취지를 내세우지만, 쌍방합의에 따른 거래에서 왜 한쪽만 처벌하는가라는 반발이 거세다. 또한 일방적으로 처벌될 것을 꺼린 남성고객들이 성매매에 잘 응하지 않자 성매매 여성들이 위험을 무릅쓰고 호객행위를 하다가 폭행, 살인 등을 겪는 일이 늘고 있다.

게르만 모델이나 그 이상의 완전합법화도 "성은 상품화될 수 없다는 신념은 아직도 대다수의 사람에게 소중한데 국가가 앞장서서 성상품화를 용인하고 장려해도 되는가"라는 반박에 부닥치고 있다. 현실적으로 미성년자 성매매 증가 등의 위험이 커질 뿐 아니라 성매매 여성 당사자들에게도 기피되는 점이 문제다. 터키의 경우 아직 보수적인 성의식이 높기 때문에 당국에 자신의 신상을 등록하는 것을 꺼리며, 미국에서는 위험수당이 사라지고 성매매자 공급이 늘어나 수입이 줄어들 것을 염려한다. 고대 로마 제국에서 현대의 터키까지, 공창제가 시행되었던 사회에는 거의 언제나 불법 성매매자들이 더 많이 존재해왔다.

성매매 합법화가 이루어진 지 10여 년이 되는 독일에서도 성매매촌에 독일 여성은 거의 없고, 대부분 동유럽이나 중동, 아프리카 등에서 온 여성들이라는 사실도 성매매 문제의 우울한 풍경이다. 더 나은 삶을 찾아 독일로 들어온 여성들이 언어, 교육, 기술 등의 장벽으로 번듯한 직장을 구하지 못한 결과 독일 남성들을 상대로 성매매에 나선 것이다. 이는 인종 간 성착취로 볼 수 있기에 사회문제가 되고 있다. 게다가 이들 성매매 난민의 일부는 나이를 속인 미성년자이며, 괴로운 생활을 견디려 마약에 의존하고 있다.

아무리 합법화가 되고, 사회의 성의식이 과거와는 달라졌다고 해도 성매매는 사회의 그늘에 존재하는 직업이다. '나 편의점

알바해'와 같은 어조로 '나 성매매 알바해'라고 말하는 문화, 성매매업에 종사하는 것을 부담없이 말하고 편히 받아들이는 문화는 아직 어느 나라에도 없고 어쩌면 영원히 없을 것이다. 그렇다면 비록 남성 성매매자가 없지는 않지만, 다시는 돌아오지 않는 젊음을 그늘에서 보내는 여성들에게 남성으로서 미안해야 한다. 여성으로서 불편해야 한다. 인간으로서 관심을 가지고, 뭔가 개선 방안을 고민해야 한다. 수천 년의 경험에 비추어 성매매를 뿌리 뽑기란 거의 불가능한 듯하다. 그러나 최선의 방법이 없더라도, 뭔가 선택하고 그것이 최선에 가깝도록 노력해나가야 하지 않을까.

#노르딕 모델 #게르만 모델 #성매매 특별법 #종군위안부 #사창가

이제 인간은 동물을 해방시키고 인간과 동등한 존재로 대우하려 하고 있다.
분명 의미 있는 일이지만, 그것은 인간에게만 의미 있는 일임이 틀림없다.

역사 이래 인간은 동물과 함께해왔다.
그것은 가장 인간적인 모습의 하나다. 귀여운 동물이라 사랑한
다. 맛있는 동물이라 먹는다. 멋있는 동물이라 입는다. 과연 이것
이 참으로 인간다운 모습인가? 아니면 전혀 인간답지 않은 행위
인가?

세 가지 동물의 초상─인간의 쓰임새대로

인간에게 동물은 크게 세 가지 종류로 인식되어 왔다.

첫째, 생존을 위해 잡아먹고, 젖이나 알을 훔쳐 먹고, 가죽이
나 털을 벗겨 입기에 필요한 동물.

둘째, 생존을 위해 싸우거나 쫓아내거나 피해야 할 동물.

셋째, 생존과는 딱히 관련이 없으나 인간 삶의 질을 높이기

위해 가까이하는 동물.

선사시대에 인간은 채집과 어로로, 시간이 지나서는 순록이나 멧돼지 같은 큰 동물을 사냥함으로써 먹을 것을 얻었다. 순록이나 멧돼지 같은 큰 동물들은 성인 남성들 여럿이서 힘을 합쳐야만 잡을 수 있었고, 그렇게 힘들여 잡아야 했던 까닭은 지구 기온이 내려가면서 전처럼 먹을거리가 풍부하지 않아졌기 때문이다. 이러한 '협동 수렵'이 인류 최초의 조직 문화를 만들고, 군대도 만들었으며, 남성 우월적인 가부장주의의 바탕이 되었다고도 한다.

사냥은 그 뒤 오랫동안 이어졌다. 점차 사람들은 힘들여 산과 들을 뛰어다니며 야생동물을 붙잡아서 거주지로 끌고 오기보다 거주지 주변에서 동물을 기르는 방법이 더 낫다고 생각하게 되었다. 이렇게 해서 인간과 동물이 함께 살아가기 시작했다.

가장 먼저 가축화된 동물은 소나 돼지가 아니라 양이다. 중동지방에서 기원전 1만 1000년 내지 기원전 9000년경에 가축화되었다. 기원전 8000년~기원전 6000년경에는 중국과 중동, 인도 등지에서 돼지, 염소, 소가 가축화되었다. 말은 중앙아시아에서 기원전 4000년경에, 오리와 당나귀, 낙타와 알파카 등도 말과 대략 비슷한 시기에 가축화된 것으로 본다.

역사시대로 들어온 다음에 가축화된 동물로는 기원전 2000년경 인도에서 길들인 코끼리, 2세기경 멕시코의 칠면조, 7세기경 유럽의 집토끼, 10세기경 일본에서 물고기 잡는 용도로 길들인 가마우지, 19세기 아프리카에서 고기를 먹거나 경주를 시키거나 유럽인들이 타고 다니며 여흥을 즐기기 위해 길들인 타조 등이 있다.

그런데 가축이라고 하기는 좀 망설여지지만, 사람에게 길들여진 동물로서 가장 오래된 동물은 바로 개다. 기원전 1만 3000년경의 유럽 주거지 유적에서 사람 뼈와 함께 개 뼈가 발견되었다. 늑대 종류가 길들여진 것이 틀림없는 개를 가축이라 하기에는 모호한 점이 있다. 개는 대개의 가축처럼 먹을 것을 얻거나 물건을 운반시킬 목적으로 길들인 동물이 아니었다(적어도 개가 처음 길들여진 유럽과 중동 지역에서는 식용이 아니었다). 처음에는 수렵을 도왔고, 저장해둔 식량을 야생동물로부터 지키기도 했으며, 양이 가축화되자 양을 돌보는 역할을 맡았을 것으로 보인다. 개는 그야말로 인간의 친구로서, 아직 의도적인 교배 과정을 거쳐 귀여움을 특화시키기 전에도 '반려동물'의 성격을 가졌던 셈이다.

인간과 함께한 고양이의 역사 또한 길다. 키프로스에서 발견된 기원전 8000년 전의 무덤에 사람 뼈와 함께 고양이 뼈가 발견되었다. 개는 양이나 소를 모는 일을 했기 때문에 유목사회에서 먼저 길들여지기 시작한 반면, 고양이는 농경사회에서 길들여지기 시작했다. 인간이 저장해둔 농작물을 먹으려고 쥐가 모여들고, 그 쥐를 노리고 고양이가 인간의 주거지로 찾아오면서 사람과 함께 지내기 시작한 것으로 보인다.

개와 고양이가 인간과 감동적인 우정을 나눈 이야기들은 셀 수 없이 많다. 우리나라에는 '오수의 개' 이야기가 있지만, 고대 로마에도 '사비누스의 개' 이야기가 있다. 기원후 28년 사비누스

「고대 이집트의 고양이 미라들」, 대영박물관 소장　인간과 함께한 고양이의 역사는 농경사회때부터로 거슬러 올라간다. 인간이 저장해둔 농작물을 먹으려고 쥐가 모여들고, 그 쥐를 노리고 고양이가 인간의 주거지로 찾아오면서부터 시작된 것으로 보인다.

라는 사람이 죄를 짓고 사형에 처해지자, 감옥 앞에 앉아 주인을 기다리던 그의 개는 사비누스의 시체를 던진 티베르 강에 뛰어들어 함께 목숨을 끊었다고 한다. 일본 도쿄의 시부야역에 가보면 '하치 공 동상'이라는 개의 동상이 있다. 1920년대~1930년대에 실존했던 반려견 하치는 주인인 도쿄대 우에노 교수를 매일 시부야역에서 맞이했다. 1925년에 우에노 교수가 죽었지만 매일같이 시부야역에 나와 주인을 기다리며 10년을 보냈다고 한다.

고양이가 사람을 구했다는 이야기도 있다. 조선의 민가는 물론 궁중에서도 고양이를 종종 길렀는데, 특히 세조와 숙종은 고양이와 인연이 깊다. 세조가 오대산 상원사에 들렀는데 고양이 한 마리가 나타나 세조의 옷자락을 물고 법당에 들어가지 못하게 막았다. 이상히 여긴 세조가 법당을 수색하게 하니 그를 죽이려던 자객이 나왔다. 세조는 감격하여 상원사에 많은 전답을 하사하고 고양이를 위해 제를 올려주도록 했으며, 그 전답이 묘전(猫田)이라는 이름으로 아직도 남아 있다는 전설이 상원사에 전해진다. 이 전설은 일본 음식점에 가면 흔히 볼 수 있는 손짓하는 고양이 인형인 '마네키네코'에 얽힌 전설과 비슷하다. 어떤 무사가 길을 가다가 나무 아래 앉아 쉬고 있는데 고양이가 나타나서 이리 오라는 듯이 손짓을 했다. 그 고양이를 따라 일어서서 몇 걸음을 옮기자마자 무사가 앉아 쉬던 나무에 벼락이 떨어졌다는 것이다. 그래서 손짓하는 고양이는 복을 부르고 화를 멀리하는 상징이 되었다고 한다.

조선의 숙종은 궁궐 후원에서 우연히 발견한 고양이에게 금손이라는 이름을 붙이고 애지중지 길렀는데, 금손이가 죽자 잘 묻어주고 「애사(哀詞)」를 지었다는 이야기가 있다. 숙종의 아들 영조는 지병을 치료하는 데 고양이 가죽이 좋다는 의원들의 말을 끝내 물리치면서 고양이를 죽이지 못하게 했다고 한다.

개와 고양이 다음으로 애완동물이자 반려동물로 길들여진 동물은 새와 물고기다. 구관조는 고대 그리스에서, 앵무새는 중국 당나라에서 말하는 새로 키워졌다. 기원전 6세기 북아프리카에서는 염주비둘기를 애완용으로 키웠다. '손에 앉는 새' 문조는 중국 명나라에서 15세기쯤부터 키웠다. 카나리아는 15세기에 카나리아군도에서 발견되어 유럽에서 인기를 얻었다. 금붕어는 4세기쯤부터, 비단잉어는 11세기쯤부터 중국에서 기르기 시작했다.

1930년대에 중동에서 기르기 시작한 햄스터는 1950년대 이후 서구에서 애완동물로 인기가 높았다. 곤충으로서 최초로 애완동물이 된 예는 귀뚜라미일 것이다. 영화 「마지막 황제」에서 중국황실의 애완동물로 등장한 귀뚜라미는 12세기 송나라에서 처음 기르기 시작했다. 최근에는 애완동물로 뱀, 악어, 도마뱀, 거미, 바퀴벌레 등등 종류를 가리지 않는 추세다.

인간이 생존을 위해 맞서 싸우거나 피해야 할 동물은 사람을 먹이로 삼거나 독 같은 것으로 죽일 수 있거나, 농사나 목축, 개간 등을 방해하는 것들이었다. 인류의 역사는 곧 이런 동물들과의 투쟁의 역사라고 하겠다. 기원전 1만 년경 아메리카대륙에 살던 원시인의 유골과 유적에서는 호랑이와 비슷하게 생긴 고양잇과 맹수인 세이버투스(스밀로돈)와 처절히 싸운 흔적이 보인다.

유럽인들은 19세기까지 늑대 때문에 생명의 위협을 느끼며 살았다. 때로는 늑대 떼의 습격으로 마을 하나가 없어지는 일도 있었다. 아프리카의 마사이인들은 소를 빼앗고 아기를 잡아가는 사자, 하이에나, 재칼 등과 싸워야 했다. 사방이 산으로 둘러싸인 땅에서 살던 우리 조상은 산군(山君)이라 부르던 호랑이에게 목숨을 잃는 일이 많았고, 조선 정부는 15세기 후반부터 착호군(捉虎軍)이라는 호랑이 전문 사냥부대까지 만들었다. 일제강점기에 대대적으로 호랑이를 토벌한 끝에 우리나라 호랑이는 이제 멸종되고 말았다. 문명 초기부터 현대까지 인간은 나무를 자르고, 들판을 태우고, 땅을 골라 논밭을 만들고, 길을 내고, 공장을 세우는 과정에서 그 땅에 살아가던 동물들을 내쫓는 방식으로만 자리 잡고 살아갈 수 있었다.

뜻하지 않게 인류와 공생하게 된 가축과 반려동물을 인간이 대량으로 살상하는 일도 생겨났다. 고대와 중세에 벌어진 전쟁에서 군사지도자들은 상대진영에 복수를 하고 공포감을 심어주기 위해 점령지의 남녀노소는 물론, 개와 고양이, 당나귀, 노새까지 살려두지 말 것을 명령하곤 했다. 엉뚱하게 사람은 살려두고 개만 학살하는 때도 있었다. 272년 로마제국의 아우렐리아누스 황제는 팔미라의 제노비아 왕국과 싸우다가 티아나라는 도시가 완강히 저항하자 분노하여 점령하면 주민은 물론 개들까지 죽여버리라는 지시를 내렸다. 그런데 그 직후 티아나가 항복하자, 항복한 주민들을 죽일 수는 없고 지엄한 황명을 거두기도 어려우니 개들만 모조리 죽이자고 결정했다고 한다. 적의 군량을 없애고 기동력을 떨어뜨리기 위해 적들의 소, 양, 말 등을 죽이는 일은 셀 수도 없이 많았다.

중세유럽에서는 고양이 대학살이 있었다. 14세기~17세기의 고양이 대학살은 질병구제 차원에서 행해진 것이었다. 공포의 전염병이던 페스트를 마녀가 퍼뜨리는 것이라 여겼고, 마녀의 시종 또는 마녀 스스로가 둔갑한 동물이 고양이라 여겼기 때문이다. 하지만 그렇게 고양이를 없애니 쥐가 들끓고, 그 쥐들이 페스트를 옮김으로써 페스트가 오히려 더 창궐했다.

18세기에는 좀 다른 성격의 고양이 학살이 있었다. 1730년대 파리 생세브랭의 한 인쇄소 주인이 인쇄공들에게는 견디기 힘든 처우를 하면서 자신이 기르던 고양이는 끔찍이 아꼈다. 분노한 인쇄공들이 길고양이들을 유인해서 인쇄소 주변에서 밤새 울게 만들자, 주인은 자신의 고양이 외의 길고양이들을 없애버리라고 말한다. 그러자 인쇄공들은 주인의 고양이를 포함해서 눈에 띄는 고양이들을 모조리 죽이고 시체를 매달아 놓고 술을 마셨다고 한다. 프랑스대혁명 직전, 하층민의 상층민에 대한 적개심과 울분이 고양이 학살로 표출된 것이었다.

인간의 기호에 맞게 오랫동안 품종개량되면서 인간에 기대지 않으면 스스로 살아갈 수 없는 상태가 된 것도 어찌 보면 인간이 반려동물에게 저지른 죄악일지도 모른다. 이른바 순종 개와 고양이들은 야생에서 살 만큼 튼튼하지 못하고 감각도 둔하다. 그 많은 수의사와 반려동물용 약이 필요한 까닭이다. 불독이나 퍼그 같은 개는 갓난아기 돌보듯 계속 돌봐주지 않으면 건강하게 살 수 없다. 인간 말고 우울증 치료약을 먹는 동물은 개뿐이다.

인간에게 길들여진 동물들은 인간을 해치지 않는 듯 보이나 자신도 모르는 사이에 전염병이라는 형태로 인간을 위협한다. 윌리엄 맥닐은『전염병과 인류의 역사』에서 "인간이 앓는 거의 모든 전염병은 가축에게서 넘어온 것이다"라고 단언했다. 이를테면 홍역은 양과 염소로부터, 천연두는 낙타로부터, 백일해는 돼지, 나병은 물소로부터 인간에게 감염된 병이다. 감기도 소에게 옮은 것이라고 한다. 페스트와 광우병은 말할 것도 없고, 현대의 전염병인 AIDS는 유인원으로부터, SARS는 사향고양이로부터, 메르스는 낙타로부터 인간에게 감염되면서 시작되었다. 의학자들은 언젠가 조류독감이 변이를 일으켜서 사람에서 사람으로 전파

된다면 페스트는 상대도 안 될 무시무시한 위력을 지녀 수억에서 수십억 명이 사망할 수도 있다고 경고한다.

동물은 고통을 느끼지 않는다?

고대인들은 신들을 동물의 모습으로 표현하여 숭배했다. 고대 이집트에서는 자칼의 머리를 한 들개 신 아누비스, 고양이 신 바스테트, 비비 신 바비, 따오기 머리를 한 신 토트, 황소 신 바타, 양 신 헤리샤프, 사자 신 마아헤트가 있었으며, 아피스라고 하는 성스러운 소를 숭배하는 전통도 있었다. 켈트인들은 말의 모습을 한 신 루디오부스, 노새 신 물로, 곰 신 마투노스, 멧돼지 신 바코를 믿었다. 힌두교에는 코끼리 몸을 한 가네샤, 멧돼지 신 바라하, 원숭이 신 하누만 등이 있으며, 소를 숭배하는 전통은 아직까지 이어지고 있다. 기원전 5000년경 안데스 산맥에 살던 부족들은 기니피그를 신성시해 신으로 모셨으며, 아이아펙이라는 고양이 신과, 우르쿠칠라이라는 라마 신도 모셨다. 이런 숭배는 16세기 잉카제국이 멸망하기 전까지 계속되었다.

1세기의 로마 역사가 플리니우스는 "에티오피아 해안의 부족들은 개를 왕으로 섬긴다"고 기록했는데, 중세의 노르웨이, 아이슬란드, 덴마크, 헝가리 등에도 개를 왕으로 모셨다는 이야기가 있다. 중국 주나라에서는 추수를 마치고 나면 팔사(八蜡)라고 해서 농사가 잘 되도록 도와준 여덟 신에게 두루 제사를 지냈는

데, 쥐의 피해를 없애주었다 하여 고양이에게, 병충해를 자제해
주었다 하여 곤충에게도 제사를 지냈다고 『예기』에 쓰여 있다.
우리나라 사람이 웅녀의 자손이듯, 몽골인들은 푸른 늑대의 후
예라고들 한다. 일본 아이누족은 곰을 빼놓고 생각할 수 없는 문
화를 지녔으며, 곰이 죽은 것을 보면 정중히 묻고 제사를 지낸다.
극동 시베리아인들은 까마귀를, 하와이인들은 상어와 문어를 신
으로 여겼다.

문명 발전 초기에 인간의 능력을 뛰어넘는 동물의 능력이 선
망의 대상이 되고, 때로는 신비로운 동물의 모습이 경외감을 불
러일으켜 동물숭배로 이어졌을 것이다. 그러나 이후로는 그리스
로마 신화나 북유럽 신화에서처럼 인간 모습의 신들이 주역을 차
지했으며, 일신교(기독교, 이슬람교)와 신을 중시하지 않는 종교
(불교, 유교)들이 세계종교로 등장한 뒤로 동물은 재앙을 주는 마
신(魔神)이나 괴물의 지위에 만족해야 했다.

동물에 대한 경외감과 존중을 철저히 파괴한 것은 근대 서구
의 인본주의·합리주의 정신이라고 많은 학자들이 입을 모은다.
17세기 프랑스 철학자 데카르트는 "동물은 기계일 뿐이다"라고
확언했다. 자기자신의 존재조차 의심하는 사고력과 정신, 동물은
그것이 없으므로 정교하게 만든 기계장치와 다름이 없다는 논리
였다. 그는 "동물은 감정이 없으며, 고통을 느끼지도 않는다. 동
물이 괴로워한다는 생각은 사람이 멋대로 상상한 오류에 지나지
않는다"라고도 했다. 개를 해부하면서 개가 비명을 지르자 "공기
가 새는 소리야" 했다는 이야기는 좀 믿기지 않지만. 이렇게 인간

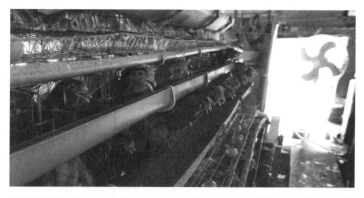

'공장식 축산업'의 일환으로 평생 좁은 곳에 가둬진 채, 달걀만 생산하는 암탉들　수공업이 물품을 대량 생산하는 공장공업이 되었듯, 전통적인 축산업도 공장축산업으로 탈바꿈했다. 오늘날 돼지나 닭은 몸을 돌릴 수도 없을 만큼 비좁은 우리 안에 하루 종일 갇혀 꾸역꾸역 먹이만 먹고 산다. 저들이 '마당을 나온 암탉'이 되는 날은 언제 올까? ⓒ연합뉴스.

과 동물 사이의 거리를 절대화하고, 동물을 생명체가 아닌 사물로 여기는 사고방식은 근대적 축산에서도 나타났다.

　수공업이 물품을 대량생산하는 공장공업이 되었듯, 전통적인 축산업도 공장축산업으로 탈바꿈했다. 오늘날 돼지나 닭은 몸을 돌릴 수도 없을 만큼 비좁은 우리에 하루 종일 갇혀 꾸역꾸역 먹이만 먹고 산다. 조금이라도 많은 돼지고기를 얻고, 하나라도 많은 달걀을 얻어내기 위해서다. 젖소는 당연히 자기 새끼에게 먹이려고 젖을 내며, 출산 후 얼마간 시간이 지나면 젖이 끊긴다. 그러나 '기계'가 그래서는 곤란하다. 그래서 인공수정으로 강제임신을 시키고, 송아지를 낳으면 곧바로 끌고 가서 송아지를 죽여버린다. 새끼를 잃은 어미 소는 슬피 울고, 축사에 몸을 쾅쾅 부딪친다. 그러거나 말거나 착유기는 어미 소의 젖을 남김없이 짜내서 인간이 먹을 우유를 만든다. 수유기가 끝날 때쯤 다시 강제로 임신시키고, 송아지를 낳으면 또 도살하고, 인간을 위해 우유를 짜내는 일이 반복된다. 혹사당한 '우유 기계'는 보통의 소들보다 훨씬 일찍 죽음을 맞는다. 지금 우리가 마시고 있는 우유의 99퍼센트 이상이 그렇게 생산된 것이다.

모든 미신과 야만을 몰아내고, 인간에 의한 인간을 위한 신세계를 만들자는 것이 근대 합리주의의 모토였지만 이것에 의구심을 품는 이들도 많았다. 문명개화라는 이름으로 서구 세계의 고유한 정치, 경제, 문화를 무너뜨리고 서구식 근대화를 추진하던 제국주의자들에게 반항하는 원주민들의 모습과, 동물원에 갇힌 동물의 모습은 비슷해 보였다. 19세기 말에서 20세기 초에는 시튼의 로보(늑대)나 워브(곰), 바이코프의 왕타이(호랑이), 잭 런던의 하얀 엄니(늑대개) 같은 동물이 인간사회의 '비운의 영웅'에 비견되기도 했다. 20세기 이후 대중문화에서는 『킹콩』(1933), 『새』(1963), 『조스』(1975), 『스웜』(1978) 등등 성난 동물들이 인간을 습격한다는 영화들이 계속해서 만들어지고 있다.

죽이지 마, 괴롭히지 마, 차별하지 마

합리주의에 대한 의구심과 동물에게 느끼는 죄책감은 동물보호론, 동물권리론과 같은 주장으로 이어진다. 동물을 함부로 죽여서는 안 된다는 생각에서 출발해 동물도 고통을 느끼기에 되도록 고통을 주지 말아야 하며 동물은 물건이 아니고 동물에게도 사람 못지않은 권리가 있다는 생각으로 발전해왔다.

고대의 종교나 철학에서는 동물이라도 그 생명을 함부로 빼앗지 말아야 한다고 생각했다. 자이나교와 불교는 '하찮은 벌레라도 생명을 함부로 빼앗지 말아야 한다'고 했고, 특히 불교에서는 '축생도'(畜生道)를 사람이 윤회를 거듭하며 반드시 거쳐야 될 여섯 가지 가운데 한 단계로 보고, 동물은 곧 과거와 미래의 사람이기에 동물을 죽이는 건 사람을 죽이는 것과 같다고 했다. 고대 그리스의 피타고라스학파도 철저히 산 것을 죽이지 않고 채식하는 것을 지켰다. 『성서』에 나오는 "신이 사람을 창조하고 지상의 모든 생물을 다스리게 했다"는 이야기는 인간이 만물의 영장으로서 동물을 마음대로 지배해도 된다는 의미로도 해석되었지만, 인간이 다른 생명체에 책임을 져야 한다는 뜻으로 여겨지기도 했다. 이슬람교의 『코란』에는 "모든 생명을 존중하라. 함부로 동물을 죽이지 마라"는 신의 말씀이 기록되어 있다. 조로아스터교, 기독교 등을 종합해 만든 마니교에서도 채식을 지켜서, 이들이 중국 땅에 이르렀을 때 '끽채사마'(喫菜邪魔), 즉 채소만 먹는 이상한 사교 집단으로 불리기도 했다.

중국에서는 채식을 강요하지는 않았다. 하지만 『예기』에 "임금은 까닭 없이 소를 잡지 않고, 대부(大夫)는 까닭 없이 양을 잡지 않으며, 선비는 까닭 없이 개나 돼지를 잡지 않는다. 군자는 도살장이나 주방을 멀리하여 모든 살아 있는 동물을 몸소 죽이지 않는다"는 말이 있고, 송나라의 성리학에 이르러서는 인간과 동물의 성(性)은 같은데, 다만 기질이 달라서 다르게 보이고 움직일 뿐이라는 사상에 따라 동물을 함부로 잡으면 불인(不仁)이며 천지의 화기(和氣)를 해친다고 보았다. 그래서 고려 말기의 문호 이규보는 『슬견설』에서 개를 때려잡는 일은 차마 못할 일이라며 개고기를 먹지 않겠다 했고, 조선 초기의 명재상 상진은 애지중지하던 외아들이 죽자 "내 평생에 누군가에게 잘못한 일이 없었는데 어째서 이런 일이 생겼을까" 하며 슬퍼하다가 "평양 감사 시절에 파리가 들끓는다 하여 파리를 보이는 대로 잡게 했다. 아마 그 응보일 것이다"라고 탄식했다 한다.

일본에서는 불교의 영향으로 생선 말고는 고기를 먹지 않는 문화가 정착되어 있었는데, 도쿠가와 막부 제5대 쇼군인 도쿠가와 쓰나요시는 1687년에 뭇 생명체를 불쌍히 여기라는 명령을 내려 개, 고양이, 새, 물고기 등을 죽이거나 괴롭히지 말도록 했다. 이 때문에 물고기도 잡을 수 없어 백성의 생계가 어려워졌고, 개나 고양이를 학대하는지 감시하고 적발되면 중벌로 다스려서 동물을 사람보다 앞세우는 악법으로 백성의 원성을 들었다고 한다. 하지만 이는 전근대시대의 보기 드문 동물보호법이었다고 할 수 있다.

17세기 초 셰익스피어는 『말은 말로, 되는 되로』에서 "우리가 무심히 짓밟아 뭉개는 하찮은 벌레도, 그 고통은 위대한 사람이 죽으며 느끼는 고통과 차이가 없다"고 했다. 이는 19세기 영국 공리주의 철학자들에 의해 하나의 이념이 되었다. 벤담은 1823년에 쓴 『도덕과 입법의 원칙 서설』에서 "문제는 이성이 있느냐 없느냐가 아니다. 말을 할 수 있느냐도 아니다. 고통을 느낄 수 있는가다"라며 '최대 다수의 최대 행복'을 따져 가장 바람직한 도덕 원칙 및 법률을 정할 때 동물이 쾌락과 고통을 느끼는 한 동물을 배제해서는 안 된다고 주장했다. J.S. 밀도 1874년에 쓴 『자연론』에서 "그 어떤 경우에도 고통이란 선(善)을 낳지 않는다"면서 사람이든 동물이든 고통을 최소화하는 것이 문명의 기준이라고 말했다.

현대에는 피터 싱어가 이러한 공리주의 사상을 계승하여, 1973년 『동물 해방』에서 "동물도 사람처럼 고통을 느끼는데, 단지 지능이 떨어진다 해서 마음대로 괴롭히고 죽여도 된다는 것은 종차별주의다"라고 주장했다. 인종차별주의가 잘못된 사상이듯이, 인간과 종(種)이 다르다고 동물을 함부로 대해서는 안 된다는 것이다. 그래서 싱어는 육식과 공장식 축산을 강력히 반대하면서도, 신경세포가 발달하지 않아서 고통을 느끼지 않는 것으로 보이는 조개나 해삼 등은 먹어도 된다고 본다.

헨리 솔트는 1894년 『동물의 권리』에서 동물은 재산이 아니라고 주장했다. 이를 계승하여 미국 법학자 게리 프란치오네는 1995년 『동물, 재산, 법』에서 지금의 법제는 동물을 개인의 소유재산으로 보아 보호하고 있다면서 동물학대와 동물착취를 철폐하려면 동물에 대한 소유권 개념 자체를 다시 세워야 한다고 여겼다.

이런 동물보호론과 동물권리론은 사회운동으로 전개되었다. 1970년대부터 본격적인 활동을 시작한 동물보호단체들은 1978년 국제포경위원회(IWC) 총회에 참석하러 런던에 온 일본 대표에게 붉은 페인트를 뿌리며 "너희가 학살한 고래의 피다!"라고 외치며 살벌한 시위를 벌였다. 1971년 설립된 환경보호단체 그린피스는 포경선을 끈질기게 뒤쫓아가며 방해하거나 야생동물을 보호하지 않는 개발을 가로막는 등의 과감한 활동으로 매스컴의 주목을 받았다.

1979년에는 영국에서는 4월 24일을 '세계 실험동물의 날'로 정하고 의학과 생물학 실험에서 동물을 사용하지 말자는 운동을 지속적으로 벌여나갔다. '죽이기 전에 동정을'(COK), '동물을 인도적으로 사랑하는 사람들'(PETA), '공장식축산반대연합', '세계 동물보호협회' 등과 같은 단체는 1980년대부터 모피, 동물실험, 공장식 축산, 동물서커스, 동물원 등에 반대하면서 양계장을 쳐들어가 닭장을 부숴 '불쌍한 닭들을 구출'하거나, 육식혐오를 불러일으키기 위해 벌거벗은 인체로 포장육을 표현하며 거리에 드러눕는 시위를 하여 주의를 환기시키고 있다.

독일 함부르크에서는 조류보호 운동가들이 고속도로 사업을 몇 년 동안 지연시킨 끝에 뜸부기들을 위해 소음방지벽을 세우도록 했다. 2007년 드레스덴에서는 작은발굽박쥐를 보호하기 위해 다리건설이 취소되었다. 탄자니아에서는 '야생동물에게 빼앗긴 땅을 돌려주자'는 취지로 세렝게티 국립공원 안에 살던 주민을 몰아냈는데, '동물보호가 아니라 관광객 유치 때문이 아니냐?' '부유한 외국 관광객들 때문에 가난한 자국 서민들이 갈 곳을 잃어야 하느냐?' 하는 비판이 제기되기도 했다. 2003년 한국에서는 천성산을 관통하는 터널건설이 도룡뇽과 그 밖의 보호대상 동물

"육식은 살육이다"라는 표어와 함께 사람을 포장육처럼 표현하는 PETA 시위 COK, PETA, 공장식축산 반대연합, 세계동물보호협회 등의 단체는 1980년대부터 모피, 동물실험, 공장식 축산, 동물서커스, 동물 원 등에 반대하고 있다. 육식혐오를 불러일으키기 위해 나체로 포장육을 표현하며 시위를 하여 주의를 환 기시키고 있다. ⓒ연합뉴스.

들 때문에 가로막혔다. 이때 정부를 상대로 소송을 건 지율스님 등은 도룡뇽을 소송주체로 세움으로써 대한민국 사상 최초로 동물이 주체가 되는 소송이 이루어졌다. 하지만 동물은 물건의 지위만을 가진다는 현행법 논리에 따라 2006년 패소했다.

　　동물운동가들의 활동은 '동물 때문에 사람이 못살겠다'는 식의 반발도 많이 가져오지만, 서구에서는 동물운동가들의 주장을 수용하는 입법이 늘고 있다. 유럽연합은 1998년에 송아지를 가두는 상자사육을 금지하고, 이듬해에는 상자형 닭장도 금지했다. 그 실행은 2010년대 초중반으로 정했는데, 오스트리아 등에서는

인기 애니메이션–게임인 '포켓몬'을 비판하는 내용의 게시물　동물보호론자들은 육식, 동물실험 등만이 아니라 동물원, 서커스, 동물을 소재로 하는 게임 등 인간이 동물을 이용하는 일체에 반대한다

동물보호단체의 과격행동에 못 이겨 2000년대에 독자적으로 금지입법을 실행했다. 오스트리아는 1998년 모피사육을 금지하고, 2005년에는 서커스에 동물을 사용하는 일도 금지했다.

스위스는 1992년에 헌법을 고쳐 동물을 '사물'이 아닌 '존재'로 표현했으며, 동물의 존엄을 유지하기 위한 법을 제정했다. 뉴질랜드는 1999년에 유인원에게도 기본적 인권을 일부 인정하여, 동물실험이나 관찰을 목적으로 하는 사육을 금지했다. 독일은 2002년에 헌법을 고치며 동물 복지를 증진할 의무를 국가에 부여했다. 에스파냐 자치령인 발레아레스 제도는 2007년에 유인원에게 인간과 동일한 권리를 보장한다는 입법을 했다. 인도도 2013년에 돌고래를 사람은 아니지만 사람과 같은 법적 대우를 받는 존재(non-human person)로 규정했다. 프랑스도 2014년에 동물은 재산으로 간주되지 않으며, 인간과 동일한 '감각이 있는 존재'(sentient beings)라고 규정했다.

가장 인간적인 고민을 할 시간

이처럼 지금 세계의 윤리와 입법은 더 이상 동물을 쓰임새에 따라 차별하지 않겠다는, 동물과 인간의 경계를 희미하게 만들겠다는 방향으로 가고 있다. 그러나 논란은 그치지 않는다. 동물권에 대한 여러 논란 가운데는 인간이 보는 동물의 쓰임새가 문화권에 따라 다르기 때문에 생긴 논란도 있다. 대표적인 것이 개고기 문제다. 개를 반려동물로 보는 사람들은 개를 '잡아먹기 위한 가축'으로 보는 사람들을 이해할 수 없고, 혐오하게 된다.

중국에서는 상당히 오래전부터 개고기를 먹었다. 기원전 1세기경 한나라의 사마천이 쓴 『사기』에는 기원전 675년에 진나라의 덕공이 복날에 개를 잡아서 더위 먹은 사람들을 구제했다는 기록이 있다. 또 고대 중국인들은 복날이 아닌 때도 개고기를 중요한 음식 가운데 하나로 여겼는데, 노인들에게 경로잔치를 베풀 때는 반드시 개고기를 써야 한다는 내용이 예법서에 나온다. 제사음식에도 개고기가 올라가고, 개를 잡는 것을 전문으로 하는 개백정이 있었는데 한나라 고조를 도와 천하를 통일하는 데 공을 세웠던 번쾌가 바로 개백정 출신이라고 한다. 당나라나 송나라의 번화가에는 개고기를 종류별, 부위별로 파는 전문 정육점이 즐비했다.

하지만 북방민족은 개를 먹지 않는 관습이 있었기 때문에 원나라에서 청나라에 이르는 시대에는 개고기가 사라졌고, 남방 지역에서만 일부 먹곤 했다. 청나라 때 북경을 방문했던 조선선비들이 개가 죽으면 먹지 않고 묻어주는 걸 보고 "오랑캐들의 풍속은 참으로 희한하다. 저 아까운 걸 먹지 않고 땅에 묻다니!"라고 했을 정도다. 현대에 들어오면서 중국에서 여름 보양식으로 개고기가 다시 주목받고 있다. 광시성에서는 하지 때마다 일주일 내내 개를 잡아먹는 '개고기 축제'가 열리고 있기도 하다.

우리나라의 경우 개를 가축의 하나로 여긴 것이 윷놀이에도 나타난다. 도, 개, 걸, 윷, 모 중 개가 곧 개를 의미한다. 고기가 귀했던 우리 전통 사회에서는 농사에 필요한 소나 기르기가 까다로운 돼지에 비해 쉽게 기르고 쉽게 잡아먹을 수 있는 개고기를 자연스레 먹게 되었을 것이다. 고고학적 자료로는 삼국시대부터 먹기 시작한 듯하고, 고려시대의 기록에는 '개장수' '개백정'이라는 말이 나온다. 조선시대에는 개고기 꼬치구이인 견적(犬炙)과 개고기 장국인 구장(狗醬)이 사대부부터 서민까지 즐겨 먹는 음식이었다. 명종 때의 권신인 김안로가 개고기를 특히 좋아하다 보니 견적이나 구장을 맛있게 만들어 바치는 사람이 높은 벼슬을 얻었다고도 한다. 『음식디미방』, 『규합총서』, 『부인필지』와 같은 조선시대 요리서에도 다양한 개고기 조리법이 나온다. 박제가나 정약용 같은 실학자도 개고기를 좋아해서, 정약용의 경우 흑산도에 유배되어 있던 형 정약전에게 5일에 한 번씩 개를 잡아 몸보신을 할 것을 권하기도 했다.

요즘도 장례식장에서 나오는 소고기 육개장도 본래는 개고기 장국이었다. 이 개고기 장국에서 유래한 보신탕은 비교적 늦게 자리를 잡아서, 일제강점기 때부터 유행했다고 한다.

개고기를 먹는 것이 동아시아만의 독특한 문화는 아니다. 프랑스의 골 족, 아일랜드의 드루이드 교도들, 게르만족과 초기 로마인들, 멕시코의 아즈텍인들, 북미 인디언들, 폴리네시아인들 등도 개고기를 먹었다는 기록이 있다. 스위스, 폴란드, 우즈베키스탄 등에서는 아주 최근까지 별미나 특효약으로 개고기나 개기름을 쓰기도 했다. 핫도그를 두고 '미국 사람들도 개고기 많이 먹지 않느냐'는 농담을 하기도 했는데, 실제 그 재료에 개고기가 섞여 있다는 소문이 20세기 중반까지 돌았으며 사실로 확인된 경우도 몇 차례 있었다고 한다. 다만 일반적으로 볼 때 수렵과 유목 문화가 오래된 서구와 중앙아시아 등에서는 개를 생활의 동반자로 여겨 먹을거리로 생각하지 않는 경향이 많았고, 동아시아 등 대단위 농경문화에서는 집을 지키는 것 말고는 별 효용이 없는 개를 식용으로도 바라보는 경향이 많았던 것 같다.

1980년대 초 프랑스 배우 브리지트 바르도를 비롯한 서구인이 우리나라의 보신탕 문화를 보고 야만적인 나라에서의 올림픽 개최를 반대한다는 시위를 벌였다. 당황한 한국정부는 1984년에 개고기 판매를 금지했으나 서울시에 한한 것이었고, 얼마 뒤에는 유야무야되었다. 지금은 어딜 가도 버젓이 보신탕집이 있다. 개고기 문제는 국내에서도 반대자가 많아 종종 보신탕 반대 가두시위, 서명운동이 벌어지고 있다. 현행법상 개는 가축에 포함되지만 축산물위생관리법에는 포함되지 않아 도축할 때의 관련 규정이 없다(골치 아픈 문제를 얼버무리고 있다고 할 수 있다). 위생적인 도축이 이루어지지 않아 식용견들이 고통스럽게 사육되고 도살되는 일이 계속된다. 이는 더더욱 한국의 개고기를 뿌리뽑아야 한다는 국제 여론을 부추긴다.

'세계동물보호협회'는 동물권을 얼마나 보장하고 있느냐에 따라 각국의 점수를 매기고 있는데, 한국에는 보신탕 문화가 존재하기에 2등 국가로 분류한다고 못 박고 있다. 2016년에는 영국에서 '한국의 개 식용을 멈춰달라'는 서명 운동이 벌어져, 10만 명 이상이 서명에 동참하기도 했다.

그러나 이는 문화권마다 동물의 쓰임새를 달리 보기 때문에 빚어지는 문제이며, 윤리적으로는 생명윤리와 다문화주의가 충돌하는 양상을 보인다. 서구의 문화기준을 한국에 강요하는 문화 제국주의가 아니냐는 반발도 있다. 일본도 말썽 많은 고래고기 문제에 비슷하게 대응한다. 1989년에 국제포경위원회(IWC)에 참석한 일본 대표는 "육식문화의 국가들이 어식(魚食)문화의 일본을 무너뜨리려고 한다"고 항의했다. 일본은 전통적으로 육식을 즐기지 않았고 그런 면에서 모범적 동물보호 문화를 가진 나라로 여겨질 수도 있다. 그러나 고래를 물고기의 하나로 생각하고 잡아온 그들의 문화와 고래를 포유동물이자 인간과 가까운 지능을 가진, 유인원만큼이나 인간다운 존재로 여기는 지금의 서구문화가 충돌하는 것이다.

이런 식의 '다문화주의적 비판'은 여러 예를 찾을 수 있다. 가령 에콰도르의 키토 지역에 거주하는 인디오들은 닭을 반려동물로 여겨 잡아먹지 않고 키운다. 그들의 입장에서는 세계 각국의 닭고기 문화가 불편하고 혐오스럽지 않을까? 하지만 지금의 동물운동가들은 특정 동물만을 죽이지 말자는 것이 아니라, 동물 자체를 인간과 별개인 존재, 인간에게 종속된 존재로 여기지 말자는 입장이므로 다문화주의적 반론은 한계가 있다. 쟁점은 결국 동물을 인간과 비슷하게, 또는 똑같게 취급하는 일이 올바른 것인가가 될 것이다.

인간은 물론 동물의 생명과 행복까지 존중하려는 마음은 분명 고귀한 마음이고 인간적인 마음이다. 그러나 '인간적인' 마음이기에 절대적인 설득력을 갖기 어렵다. 모든 동물은 자신의 생존을 위해 다른 개체를 파괴하기 때문이다. 초식동물이라도 자신과 다른 개체인 식물을 먹고 살아간다. 이들과 인간이 다른 점이라면 인간은 여러 동물을 섭취하는 정도를 넘어서 복잡하고 다양하게 이용해내어, 자신의 취향에 맞게 먹거나 입거나 길러왔다는 것이다. 이제 인간은 동물을 해방시키고 인간과 동등한 존재로 대우하려고 하고 있다. 그것은 분명 의미 있는 일이겠지만, 인간에게만 의미 있는 일임이 틀림없다.

법은 구성원들의 의지를 넘어설 수 없다. 하지만 세계적인 법 제정의 추세도 무시하기 어렵다. 새로운 대한민국은 헌법에 동물권을 추가해야 하는가? 개고기를 금지할 뿐 아니라 동물의 축산과 도축 방식도 전면적으로 바꾸고, 동물실험이나 동물원도 없애는 법률을 제정해야 하는가? '한국인'의 입장에서, 가장 '인간적인' 고심이 필요한 때다.

#동물복지 #반려동물 #개고기문화 #종차별주의 #동물해방

생명의 물, 또는 악마의 물을 단속하라, 금주법

술이 슬픔보다 기쁨을 위해 소비될 때 술은 생명의 물이 된다.
생명의 물이 악마의 물보다 많아지는 사회가 바람직한 사회다.

인류는 술을 언제부터 마시기 시작했을까? 기원전 3000년경에 지금의 이라크 남부인 수메르에서 처음 맥주를 빚기 시작했다고 알려져 왔다.

하지만 현대 고고학자들은 적어도 기원전 8000년~7000년 이전의 신석기 시대에 농경이 시작된 때부터 술을 만들어 마셨던 것으로 보고 있다. 곡물로 빚은 가장 오래된 술은 기원전 7000년경의 중국에서, 과실로 만든 술은 기원전 6000년의 조지아에서 발견되었다. 그러나 수메르는 술을 전문적으로 빚는 업자와 술집, 심지어 술 광고까지 있었던 '술 마시는 사회'의 최초 사례를 보여준다.

"외로운 나그넷길, 달래주는 맥주 한 잔."

이렇게 적힌 석판은 세계 최초의 술 광고인데, 광고 자체로서도 가장 오래된 사례일 것이다.

아시리아의 앗슈르바니팔이 왕비 앗슈르슈라트와 함께 술잔을 기울이는 장면을 묘사한 부조　기원전 3000년경. 지금의 이라크 남부인 수메르에서 최초로 맥주를 빚기 시작했다고 알려져 있다. 아슈르바니팔의 정벌이 성공한 뒤, 승리를 경축하는 듯한 모습이다.

즐거워서 한잔, 괴로워서 한잔

인류의 모든 신화와 전설에는 술에 대한 이야기가 있다. 디오니소스 또는 바쿠스라는 술의 신이 가장 중요한 신 가운데 하나였던 그리스 로마 신화는 물론이고, 인류의 두 번째 선조라고 할 수 있는 노아가 취해서 자고 있는 모습을 훔봤다 하여 저주받은 함 이야기, 광야에서 돌아온 다음 처음으로 물로 포도주를 만드는 기적을 행한 예수 이야기, 하백의 딸 유화에게 술을 먹여 유혹한 해모수 이야기까지 다채롭기가 세상의 모든 술 종류만큼이나 된다. 특히 로마인들은 바쿠스를 근심을 풀어주고, 기쁨을 가져오는 신이라며 사랑했다. 그만큼 술은 원시시대부터 인간의 영혼을 달래주는 벗이었다.

문화권마다 그 문화의 혼과 자존심으로 불리는 술이 있다. 포도주 없이 어떻게 프랑스와 이탈리아를 이야기할 수 있으며 보드카 없는 러시아를, 맥주가 빠진 독일을 어떻게 상상하겠는가. 또 중국은 백주, 몽골은 크미스, 베트남은 넵모이, 북유럽은 미드, 멕시코는 데킬라를 자랑한다. 스카치위스키를 생명의 물이라 부르는 스코틀랜드인들을 빗댄 우스개도 있다. "어느 스코틀랜드 농부가 한겨울 밤에 길을 가다가 얼음에 미끄러져 넘어졌대. 엉덩이가 깨질 듯 아프고 뭐가 줄줄 흐르는 느낌인데, 뒷주머니에 위스키병을 꽂아둔 생각이 나서 다급히 만져보고는 안도의 한숨을 쉬더라는군. '정말 다행이야. 피밖에 안 나네.'"

예술가들에게도 술이 영감의 원천일 때가 많았다. 「귀거래사」로 유명한 중국 동진의 시인 도잠은 「음주」에서 창 밖의 산과 새를 바라보며 국화주를 한 잔 기울이며 흥취를 읊었다. 말술이었던 당나라의 이백은 매번 한 말의 술을 마시고는 신선이 쓰는 듯한 시를 써 내려갔다. 에드거 앨런 포는 "술을 마시지 않고는 글을 쓸 수 없다"고 했으며, 포를 존경했던 보들레르는 "술 마시는 일과 시 쓰는 일 말고는 아무 일도 하지 않는다"고 했다. 슈베르트도 작곡을 두고 비슷한 말을 했다. 헤밍웨이는 상세레라는 포도주를 곁에 두고 마시며 『노인과 바다』를 썼다. 드가, 고흐, 고갱 등 인상파 화가들은 압생트라는 독주를 사랑했다. 피카소와 앤디 워홀은 와인, 모딜리아니는 위스키 팬이었다. 작곡가 브람스는 위스키를 너무 좋아한 나머지 체면도 아랑곳없이 흘린 방울도 혀로 핥았다고 한다.

하지만 술의 폐해도 일찍부터 있어왔다. 고대에는 양조기술이 미숙해서 보통 도수가 낮은 술을 마셨다. 그러다 보니 배가 터지도록 마셔야 취기가 오르는 경우가 많았다. 이는 과음 자체에 따른 부작용만이 아니라 폭식과 과다 수분섭취에 따른 전해질 이상이나 심장과부하로 돌연사를 유발할 수 있었다. 알렉산드로스 대왕도 신하들과 종종 술 먹기 대회를 열었는데, 그 도가 지나쳐서 어떤 대회에서는 우승자를 포함해 무려 41명이 목숨을 잃었다고 한다. 대왕이 젊은 나이에 숨진 것은 지나친 음주습관과 무관하지 않을 것이다.

카이사르 이래 역대 로마제국황제들도 주당이거나 자신이 주당이라고 허풍을 치는 경우가 많았다. 로마제국의 어느 술 먹기 대회에서 노벨리우스라는 사람이 우승했는데, 엄청난 양의 포도주를 쉬지 않고 한 잔 술을 한 번에 계속 마셔대서 그 분야의 기록보유자가 되었다고 한다. 요즘으로 보면 와인 12병을 그 자리에서 마신 셈인데, 최근 미국에서는 맥주 1만 밀리리터를 마시고 목숨을 잃은 사람이 있었다고 하니 황당하고 어리석기도 한 경연이었던 셈이다.

혹독한 기후 때문인지 북방민족도 술을 좋아해서 훈족의 지도자로 한때 로마제국을 휩쓸었던 아틸라, 칭기즈칸의 후계자로 몽골제국을 다스렸던 오고타이도 과음 끝에 명을 다했다는 설이 있다. 조선에서는 세조가 대군 시절부터 술을 많이 마셨으나 임금이 되어서는 술로 건강을 해쳤음을 반성하여 술을 끊고 아들에게 술을 끊을 것을 신신당부했다고 한다. 그러나 그의 사후 옥좌에 오른 예종은 과음을 일삼다가 젊은 나이에 세상을 떠났다.

군주나 소수의 귀족이 아니라 사회 전체가 술 때문에 흥청망청했던 때도 있다. 1690년 영국에서 술 제조와 판매가 자유화되자 '진(gin)의 시대'가 열렸다. 포도주나 맥주는 비싸서 못 마시고 값싼 진을 부담없이 마시게 되었다. 고단한 삶을 잊으려 마시고, 못 마시는 것을 참을 수 없어서 자기 아이를 내다버리고 그 옷가지를 팔아서 진을 마시는 일까지 일어났다. 인사불성 상태에서 폭력과 범죄가 숱하게 생겨났음은 말할 것도 없다. 영국 역사상 가장 살벌하고 부도덕한 시대였다.

술이 침략과 정복의 무기로 쓰인 때도 있다. 아메리카대륙을 손에 넣는 과정에서 유럽인들은 인디오들에게 선물로 위스키, 럼, 진 등을 안겼다. 술을 마시지 않거나 도수가 낮은 술만 마시던 인디오들은 들이키는 순간 속에 불이 붙는 듯한 느낌이었기에 유럽의 술을 '불의 물'이라고 불렀다. 그들은 얼마 지나지 않아 술을 마시기 위해서라면 뭐든지 하게 되었다. 유럽인이 내미는 수상쩍은 문서에 서명하거나 동료를 팔아넘기는 일도 서슴지 않았다. 유럽은 중국을 무너뜨리는 데 아편을 써먹었듯이 아메리카를 차지하는 데 '악마의 물'인 알코올을 앞세웠던 것이다.

　　술을 단속하기 위해 오래전부터 다양한 금주법 또는 금주령
이 있었다. 종교적인 이유에서나 사회의 도덕성과 구성원의 건강
유지를 위해서, 경제적 이유와 이런저런 정치적인 목적으로 술을
단속하려 했다.

　　자이나교나 불교처럼 평신도들의 일상생활보다는 구도자들
의 신앙생활에 중점을 둔 종교는 철저한 금주를 계율에 넣었다.
기독교는 그보다 덜했는데, 초기부터 '최후의 만찬'의 전통을 이
은 성찬식에서 포도주를 마시며 신도들이 서로 교통하는 시간을
중시했기 때문이다. 성직자들도 포도주를 비롯한 술을 마시는 것
을 꺼리지 않아서, 샴페인 발명자로 알려진 돔 페리뇽처럼 술의
상표명으로 남은 수도사도 적지 않다. 또한 주정뱅이의 수호성인
인 성 마르티노, 포도주업자의 수호성인인 성 빈첸시오도 있다.
하지만 청교도, 퀘이커파, 구세군, 모르몬교회 등은 하느님의 정
결한 성전이어야 할 사람의 몸이 술로 더럽혀져서는 안 된다고
생각하여 신도들에게 금주를 종용했고 금주 사회운동을 전개했
다. 한국의 개신교회도 술을 멀리하는 분위기다.

　　이슬람교는 종교차원에서 가장 체계적으로 금주를 실천한
종교다.『쿠란』곳곳에 "술은 이로움보다 해로움이 많으니라",
"술을 마시면 신께 불경스럽게 되니라" 등의 글귀가 있다. 이슬
람 율법인 샤리아에서 음주를 도둑질, 이자놀이, 뇌물 등과 함께
금해야 할 것으로 규정하고 있다. 그래서 오늘날에도 이슬람권

대도시에서 술집을 찾기가 어렵고, 술을 대신할 음료로서 커피가 이슬람권에서 발달하기도 했다. 하지만 이슬람교가 확장되면서 세계 곳곳의 술 문화를 모두 없앨 수는 없었다. 귀족과 부자들도 돈과 권력이 있어도 술도 못 마시는 삶은 너무 따분하다고 생각했다. 대놓고 마시기 어려울 뿐 무슬림이라고 술을 일절 입에 대지 않도록 강제하는 것은 아니다. 다양한 이슬람 학파 중에는 "취할 정도로 마시지만 않으면 괜찮다"는 학파도 있다.

그러나 신앙의 수호자이자 지도자로서 모든 이의 모범이 되어야 할 칼리프나 이맘의 음주는 철저히 금기시되었다. 『아라비안 나이트』에는 떠들썩한 술잔치 장면이 수도 없이 나오지만, 칼리프가 술을 마시는 경우는 없다. 하룬 알 라시드처럼 신분을 감추고 백성들 사이에 섞이기를 즐겼다고 묘사되는 칼리프도 언제나 술 권유는 물리쳤다고 한다. 그러다 보니 몰래 술을 마신 것을 들켜버려서 백성의 분노를 산 술탄도 있었다. 1728년에 모로코를 다스리던 아흐메트 에데헤비 술탄은 술을 마시고 수많은 신하, 군중과 함께 엎드려 기도를 드리다가 모스크 바닥에 토해버렸다. 누구보다 경건해야 할 술탄이 예배 중에 보인 추태 때문에 일대 소동이 벌어졌다. 성난 군중에게 밟혀 죽을 뻔한 술탄은 간신히 궁으로 피신했다. 술탄을 성토하는 시위가 밤낮으로 계속되었고 술탄의 후궁들까지 시위에 참여했다. 끝내 그는 축출되고 말았는데 구토 한 번으로 나라를 잃은 셈이다.

2015년에 이란의 하산 로하니 대통령은 프랑스를 방문했을 때 프랑스의 만찬에서 관례로 나오는 포도주를 빼달라고 요청했

이란-프랑스 정상 회동 2016년 1월 프랑스의 올랑드 대통령과 이란의 하산 로하니 대통령이 프랑스 엘리제 대통령 궁에서 만남을 가졌다. 이때 로하니 대통령이 만찬에 포도주를 빼달라고 했다가, 프랑스로부터 반발을 샀다. 이에 두 나라 사이에 신경전이 벌어져 식사 없는 회담을 가졌다. ⓒ연합뉴스.

다. 그런데 "와인 없는 만찬이 웬 말인가? 이는 우리 프랑스의 오
랜 전통과 자존심을 무시하는 일이다"라며 반발한 프랑스와 이
란 사이에 신경전이 벌어진 끝에 식사 없는 회담을 갖기로 합의
하기도 했다.

밥 먹을 쌀로 술을 빚다니?

동양권에서는 술을 사치품으로 보아 단속을 했다. 중국과 한
국 등 동아시아의 주식은 쌀이고 술도 쌀로 빚었다. 따라서 포도
나 보리같이 주식이 아닌 재료로 술을 빚는 서양 문화권과는 입
장이 다를 수밖에 없었다. 술 한 말을 빚으려면 쌀 한 말이 필요
했고, 후대에 가서 양조기술이 좋아지자 더 많은 쌀을 써서 같은
양에 질 좋은 술을 빚어냈다. 그러나 "밥 지어 먹을 쌀을 가지고
술을 빚다니? 이런 낭비가 있나?"라는 이야기가 나왔다. 그래서
세계 최초의 금주령은 기원전 17세기경 중국 하나라의 우왕이 내
린 것이다. "가뭄이 심한데 오히려 술을 빚어 먹는 백성이 많다
하니, 술을 만들지도 마시지도 못하게 하라." 여기에 덧붙여 술이
일탈을 초래하고 건강을 해친다는 점이 금주령의 근거가 되었다.

『서경』의 「주고」에는 "임금이 나라를 잃은 것이나 백성이 덕
을 잃은 것이 모두 술로 말미암았다"고 하며 의례적인 음주 외에
는 술 마시기를 자제할 것을 권했다. 유학자 중에서도 그런 뜻에
서 술을 경계하는 사람이 많았다. 맹자는 "술과 잡기에 빠지면 부

모와 가정을 돌아보지 않게 된다"고 하여 습관적인 음주를 비판했으며, 고려가 조선으로 바뀌던 전환기에 이색은 "술이란 단 한 가지 장점도 없는 물건이다. 제사에 필요하다고 하지만 주나라 이전에는 술 없이도 제사를 지냈다"고 극언하기도 했다.

『조선왕조실록』 태조 4년 4월에 사헌부에서 금주령이 필요하다며 올린 상소를 보면 국가에서 음주를 단속하는 방식을 세 가지로 구분하고 있다. 요약하면 다음과 같다. "첫째, 술 한 잔에도 예의를 갖추고 주도(酒道)를 엄격히 하도록 타이름으로써 술을 함부로 마시지 말게 하는 것이니, 이것이 최상이다. 둘째, 재난을 당하여 양식을 아끼게 하려고 술 마시는 일을 금지하니, 그 다음의 방법이다. 셋째, 나라의 재정에 보탤 생각으로 사적인 양조를 금하고 술을 전매하여 이익을 독점하니, 최악의 방법이다."

그러나 조선의 금주령은 사적인 양조를 금지하는 것에 내려졌으며 주막에서 술을 팔고 사서 마시는 일은 문제 삼지 않았다. 또 백성이 마시는 탁주는 제한하지 않았다. 술 파는 사람들의 생계도 생각해야 하고, 고된 농사일 사이사이에 막걸리 한 사발 들이키는 맛을 없앨 수는 없다고 여겼기 때문이다. 그래서 금주령이 실질적으로 고급 술을 만들어 마실 수 있는 부유층에게 한정됨으로써, 기강을 단속하고 왕권을 강화하는 정치적 역할을 했다는 분석도 있다. 이런 정치적 금주령을 강하게 밀어붙인 사람은 영조다. 그는 1762년에 남병사 윤구연이 금주령을 어기고 술을 마셨다 하여 그를 참형에 처했는데, 고위관리가 술 때문에 처형된 예는 전무후무했다. 영조가 술을 싫어해서 그랬다기 보다 신

하와 백성에게 자신의 권위를 세우기 위해 그런 듯하다. 그러나 1762년은 사도세자가 목숨을 잃은 해이기도 했으며, 사도세자의 일탈행동에 술이 한몫했다는 것이 영조의 믿음이었다. 그렇게 보면 영조가 개인적으로 술 마시는 사람에게 악감정을 품고 있었을 수도 있다.

음주의 자유, 금주의 필요성, 무엇이 최선인가

역사상 가장 유명한 금주령은 1920년~1933년의 미국 금주법일 것이다. 도덕주의자들의 꾸준한 입법청원에다 제1차 세계대전으로 곡물부족이 우려됨에 따라 헌법까지 일부 수정해 가며 제정한 금주법으로 역설적이게도 밀조주가 성행했고, 주류 유통에 범죄조직이 손을 대면서 알 카포네 같은 거물범죄자가 날뛰는 등 사회분위기가 오히려 더 흉흉해졌다. 당시 미국 자유주의자들은 "국가가 무슨 권리로 개인의 음주까지 간섭하는가" 하며 헌법수정반대협회 등의 단체를 만들어 금주법 폐지를 주장하기도 했다. 한동안 금주법을 폐지하느냐, 완화하느냐, 유지하느냐가 미국의 각종 선거에서 쟁점이 되었다.

말하자면 범죄조직과 정치조직이라는 상어떼들이 금주법 아래의 미국을 마구 헤엄치고 다닌 셈인데, 술을 못 마시게 하니 더 마시고 싶은 서민들의 사연도 있었다. 그때까지는 "음료수야 뭐야?" 하며 무시하던 칵테일을 미국인들이 놀랄 만큼 즐겨 찾게 되었다. 무알콜 칵테일이라고 속이고 밀주 원액을 몇 모금 섞은 칵테일을 마실 수 있었기 때문이다. 가톨릭신도들이 무섭게 늘었다. 미사가 끝나고 한 모금씩 마시는 영성체 포도주 때문이었다. 당시는 일단 마개를 딴 영성체용 포도주는 남기지 않고 마시는 것이 관례였으므로, 미사가 끝난 다음에도 성당을 떠나지 않는 사람이 많았다. 싸구려 호텔방에서는 몰래 술병을 감추고 들어간 투숙객들이 마개를 따려고 하다가 깨진 병에 손을 다치고 쏟아진 술에 카펫이 더럽혀지는 일이 많았으므로 아예 술병따개를 비치하기 시작했다. 시퍼런 금주법의 서슬에 뭐하는 짓이냐고 경찰이 따지고 들면 "당신네가 술병사고를 배상할 거요? 안 하겠으면 닥쳐요!" 하며 되레 덤벼들었다.

미국과 더불어 현대에 금주법을 많이 시행한 나라들은 러시아, 스웨덴, 노르웨이 등 북쪽의 추운 나라들이다. 이들 나라 사람들은 날씨가 너무 추워서 몸을 녹일 목적으로 독한 술을 예부터 즐겨 마셨다. 그러나 그 정도가 지나쳐서 국민 건강문제와 음주에 따른 사건사고 문제가 크다 보니 나라에서 금주를 자주 추진해온 것이다.

그러나 이런 조치들 역시 부작용을 피할 수 없었다. 러시아에서는 제정러시아 시대부터 금지해온 알코올을 "사회주의 건설이라는 임무를 추진하는 데서 더더욱 용납할 수 없다"며 소련 수립 후 더욱 엄격히 금지했다. 하지만 국민들의 불만이 하늘을 찌르는데다 국가재정을 확충해야 할 필요성이 커지자 1925년에 국가전매로 술 판매를 재개했다. 금주령은 시행되었다 폐지

되었다를 반복했는데, 특히 소련의 마지막 지도자 고르바초프는 집권 뒤 "소련 국민의 음주량이 제정러시아 시절보다 훨씬 높다"는 사실을 알고는 경악하여 1985년부터 술 문화를 뿌리뽑기로 한다. 무조건적인 금주령은 효과가 적다고 보고 주류상에 대한 탄압, 음주사고 처벌 강화와 대대적인 금주캠페인 등을 시행했다. 그러나 반짝 효과만 보았을 뿐 음주량은 다시 늘었고, 고르바초프 정권에 대한 반감만 커진 꼴이 되었다. 소련이 무너지고 러시아공화국으로 바뀐 다음은 한동안 금주가 이슈화되지 않았으나 2010년에 보드카 가격을 거의 2배로 올리는 한편 야간에는 술을 팔지 못하도록 하는 조치가 취해졌다. 이 역시 큰 성과가 없었다. 밤에 술을 팔지 않으니 낮에 술을 사놓았다가 밤에 여럿이 모여 마시는 일이 많아졌고, 야간 음주사고는 더 늘어났다. 결국 2014년에 러시아에 재정위기가 닥치자 재정수입 증대를 위해 보드카 가격을 다시 내렸다. 그래도 아직 비싸다고 생각하는 사람이 많은지 최근에는 공업용 메탄올을 섞어 마시고 죽는 사고가 잇달아 터지기도 했다.

체코에서도 2012년 9월 금주법을 시행했으나, 그 달에만 공업용 메탄올이 섞인 술을 마시다 죽은 사람이 18명이나 나오자 한 달 만에 철폐했다. 우리나라는 아직 금주법을 시행한 적이 없으나 국내 양조주류에 주세를 무겁게 매기고 수입주류에도 관세를 중과세하는 방식으로 음주를 억제하려고 하고 있다. 대학신입생이 선배들이 권하는 술을 들이키다가 사망하는 일이 일어나는 통에 한국에서 과도한 음주가 사회적 이슈로 떠오르기도 한다.

베네수엘라 대선일 전후 72시간 '금주령' 베네수엘라 정부는 2013년 4월 14일 대통령 선거 전후로 72시간 동안 주류 유통과 판매를 금지했다. 상점 내부에 '금주'를 알리는 '금주법'(Ley seca)이라는 표지가 붙어 있다. ⓒ연합뉴스.

최근에는 강력범죄를 저지르고도 취중이라는 이유로 가벼운 처벌을 받는 일이 사회문제화되면서 음주 뒤의 폭력에는 관용이 없어야 하며 오히려 더 무겁게 처벌해야 한다는 주장이 힘을 얻고 있다.

적당한 음주는 건강에 좋다고 한다. 동양에서는 오래전부터 "술이 사람의 기운을 돋우고 혈액순환이 잘 되도록 해주기 때문에 적당히 마시면 백약의 으뜸이지만 과하게 마시면 백독의 으뜸이다"라는 말이 전해져왔다. 조선시대에는 임금이 상을 당하거나 가뭄이 심해서 술과 고기를 끊으면, 신하들이 "건강을 위해서 적당한 술은 반드시 드셔야만 합니다"며 간청하기도 했다. 이는 오늘날 과학으로도 뒷받침되고 있다.

술은 육체의 건강보다는 정신의 건강에 도움이 될 것이다. 가까운 사람들과의 시간을 더욱 흥겹게 만들어주고, 고독과 스트레스를 달래주기 때문이다. 그러나 정신적으로 술에 의존하게 되고 이것이 사건 사고로 이어진다면 문제가 아닐 수 없다. 그러므로 금주법을 시행하는 것은 개인의 자유를 국가가 간섭하는 것이기도 하고 실효성이 크지 않으면서 부작용만 유발하여 고려할 수 없지만, 어떤 방법으로든 음주량을 적절한 수준으로 억제할 필요가 있다는 점은 고려해야 한다. 『조선왕조실록』의 "술을 전매하고 이익을 독점하는 방식은 최악"이라는 이야기를 기억해두자. 사적인 양조를 허용하자는 말이 아니다. 질병이나 폭력으로 이어지지 않는 수준에 그치는 음주문화와 예절을 확산시키고, 스트레스를 음주로 해소하는 일이 적어지도록 더 여유롭고 편안한 사회를 만들자는 것이다.

술 권하는 사회라던가. 2015년, 우리나라 사람들이 술을 통해 섭취하는 에너지 양이 최근 16년 사이에 2.5배나 늘어난 것으로 나타났다는 발표가 있었다. 그만큼 즐거운 일보다는 힘겨움과 스트레스가 늘고 있기 때문이리라. 술이 슬픔보다 기쁨을 위해 소비될 때 술은 생명의 물이 된다. 생명의 물이 악마의 물보다 많아지는 사회가 바람직한 사회다.

#금주법 #금주령 #쿠란

4
인류의 미래,
기술의 미래

최고의 영예, 그 빛과 그림자 — 노벨상

우리는 왜 노벨상을 타지 못하는가 하는
자탄과 자조의 목소리가 커지곤 하는데,
노벨상 수상에 연연하지 말고 내실을 기하는 쪽으로
관점을 돌려야 할 것이다.

매년 늦가을이면 한 번씩 슬쩍슬쩍 시끄러워지는 뉴스가 있다. 우리나라만이 아니라, 세계 대부분이 그렇다. 바로 올해의 노벨상 수상자를 전하는 뉴스다. 외국은 그 뉴스로 끝나는데, 우리나라는 '왜 우리는 노벨상을 못 받는가'라는 기사가 따라붙는다. 우리는 왜 한 번의 노벨평화상 수상 이외에는 노벨상을 번번이 못 받고 있는가? 한편으로, 왜 노벨상에 연연할까? 대체 노벨상을 왜 받아야 하는가?

노벨은 왜 노벨상을 만들었을까?

노벨상 수상자를 노벨 롤리어트(Nobel Laureate)라고 하는데, laureate는 '월계관을 쓴 사람'이라는 뜻으로 본래 고대 그리스의 올림픽 등 운동경기에서 우승자에게 월계수 잎으로 엮은 관을 씌워줬던 데서 유래했다. 월계수는 아폴론의 나무이며, 아폴론은 태양신이자 활쏘기의 신으로 빛나는 우승자에게 어울리는 신이라 여겼기 때문이다. 아폴론은 시가(詩歌)의 신이기도 해서 중세 이후 시가 대회의 우승자나 당대의 가장 뛰어난 시인에게도 월계관을 주어 영예를 수여하곤 했는데, 1617년 영국의 찰스 1세가 벤 존슨에게 월계관을 씌워주고 '계관시인'(poet laureate)이라는 호칭을 부여하면서 공식화되었다. 이후 드라이든, 워즈워드, 테니슨 등 영국 문학사의 별들이 이 영예를 안았다. 한때 계관시인은 정부 관료가 되어 왕실의 주요 행사 같은 때 축시를 써 올리는 의무가 있었는데, 그런 의무가 싫어서 계관시인을 사양하는 경우도 있었다. 계관시인을 비롯하여 그때까지의 이름있는 상은 대개 국가가 수여했다.

노벨상이 계관(laureate)이라는 용어를 쓰고, 그 메달에도 월계관을 수여하는 모습을 담은 것은 시인들만이 아니라 소설가들

노벨의 초상이 새겨진 노벨상 메달의 앞면(왼쪽)과 뒷면(오른쪽). 1988년 레온 레더먼에게 수여된 물리학상 메달이다. 메달의 앞면에는 알프레드 노벨의 얼굴이, 뒷면에는 월계관을 수여하는 모습이 담겨 있다.

도, 또한 인류의 진보에 그 못지않은 기여를 하는 과학자들과 정치인들에게도 영예를 주자는 뜻을 보이기 위해서였다. 그리고 순수 민간 차원에서 상을 수여하고, 한 국가에 국한되지 않고 세계시민 차원에서 인류의 발전과 행복에 기여한 사람에게 상을 수여하겠다는 뜻도 있었다. 말하자면 서구역사에서 시민혁명과 산업혁명이 일어난 뒤, 과학기술에 의한 진보를 꿈꾸는 시민계급이 융성하던 시대, 그 시대정신에서 마지막으로 피어난 한 송이 장미꽃이 바로 노벨상이라고 할 수 있다.

노벨상은 잘 알려진 대로 스웨덴의 화학자이면서 사업가였던 알프레드 노벨의 유언으로 탄생했다. 노벨은 다이너마이트를 산업화하여 큰 부자가 되었는데, 많은 사람을 죽음으로 몰아넣었다는 비판에 늘 마음이 편치 않았다. 1864년에는 친동생인 에밀 노벨까지 사고로 희생되었다. 그러다가 1888년에 그의 형 루드비히 노벨이 죽자 한 신문에서 알프레드가 죽은 줄 알고, "죽음의 상인이 죽다! 알프레드 노벨은 역사상 누구보다도 많은 사람을 가장 신속하게 죽이는 방법을 고안한 사람이었다"라는 오보를 내버렸다. 그 기사를 보고 큰 충격을 받은 알프레드는 뭔가 뜻있는 일을 해서 자기가 정말 죽고 난 다음에 노벨이라는 이름이 아름답게 알려지게 해야겠다는 생각에서 노벨상을 만들었다고 한다. 평생 독신으로 자식도 없었고, 가까운 형제들마저 세상을 떠나 재산을 물려줄 만한 사람이 딱히 없었다는 개인적인 불행도 노벨상 탄생에 작용했을 것이다.

그가 쓸쓸히 죽음을 맞기 약 1년 전인 1895년 11월 27일에 작성한 유언장에 따르면 그의 유산은 환금 가능한 것은 전액 환금하여 기금을 만들고, 그 이자에 해당하는 금액을 매년 대략 다음과 같은 엄격한 원칙에 따라 나눠주도록 되어 있다.

첫째, 인류에게 가장 큰 혜택을 준 사람에게 준다.

둘째, 반드시 살아 있는 사람에게만 준다.

셋째, 물리, 화학, 생리, 문학, 평화 5개 부문에 시상하되 물리, 화학, 생리는 가장 두드러진 업적을 남긴 사람에게, 문학상은 가장 이상적인 방향의 문학작품을 남긴 사람에게, 그리고 평화상은 군축이나 평화회담의 추진 등 인류애의 증진에 공헌한 사람에게 준다.

넷째, 수상자를 정할 때 국적은 묻지 않는다.

다섯째, 물리, 화학은 스웨덴 왕립과학아카데미에서, 생리는 스웨덴의 카롤린스카연구소가, 문학은 스웨덴의 아카데미가, 평화는 노르웨이 국회가 수여한다.

이에 따라 노벨재단이 세워졌고, 시상은 노벨 서거 5주년이 되는 1901년 12월 10일부터 이루어졌다. 첫 물리학상은 엑스선을 발견한 독일의 뢴트겐, 화학상은 삼투압 원리를 연구한 네덜란드의 판트 호프, 생리의학상은 디프테리아 혈청요법을 연구한 독일의 베링, 평화상은 국제적십자사를 만든 스위스의 뒤낭과 국제평화연맹을 만든 프랑스의 파시, 문학상은 프랑스의 시인 프뤼돔에게 돌아갔다. 영국은 이듬해인 1902년부터, 러시아는 1904년부터, 이탈리아와 에스파냐는 1906년부터 수상자를 배출했다.

　미국은 1906년 시어도어 루스벨트 대통령이 러일전쟁을 중재한 공로로 평화상을 받고, 1907년에 마이켈슨이 물리학상을 받았으나 제1차 세계대전 전까지는 별로 수상자를 배출하지 못했고(14년 동안 4명) 노벨상은 거의 유럽인들의 독무대였다. 그러나 전후에는 미국 수상자들이 쏟아져나왔다(72년 동안 335명). 히틀러의 인종청소 등으로 많은 유럽 학자가 미국으로 망명한 점, 1969년부터 경제학상이 신설된 점(2016년까지의 수상자 총 78명 중 51명이 미국인이다), 1950년대 이후로는 개인의 독자연구보다 집단연구가 대세가 되었으며 따라서 더 많은 연구비와 더 좋은 연구시설, 더 뛰어난 연구인력을 갖춘 나라가 앞서갈 수밖에 없었던 점이 작용했다. 세계대전 이후 세계의 패권이 유럽에서 미국으로 옮겨갔다고 볼 때, 노벨상 수상자 분포는 그 사실을 극명하게 보여주었다.

　한편 아시아에서는 인도의 타고르가 최초로 1913년에 문학상을 받았고 2016년까지 인도는 모두 7명의 수상자를 배출했다. 동아시아에서는 일본이 1949년 처음 수상자를 내고 지금까지 25명을 배출해 비서구권에서는 독보적인 위치에 있다. 이 밖에 중국은 리청타오와 양첸닝이 1957년에 물리학상을 공동수상한 것을 시작으로 이제껏 수상자로 7명을 배출했다. 달라이라마(1989년 평화상 수상)와 홍콩 출신의 가오쿠엔(2009년 물리학상 수상), 대만의 리위안체(1986년 화학상 수상)를 보탠다면 10명이 된다.

　노벨상을 휩쓸고 있다고 생각되는 유대인들은 1905년 독일

의 베이어가 화학상을 받은 것을 시작으로 해서 지금까지 190명
이나 된다. 2016년 수상자 가운데 코스털리츠(물리학)와 밥 딜런
(문학)도 유대인이다. 그러나 비서구권 출신으로 노벨상을 받은
유대인은 거의 없다. 이 점에서 이들이 어떤 민족적 우수성을 갖
고 있기 때문에 많이 수상했다기보다는 서구인의 일부로서 수상
자가 되었다고 보는 쪽이 맞을 것이다.

흑인 수상자는 1950년 미국의 랠프 번치(평화상)를 시작으로
해서 15명인데, 대체로 평화상과 문학상을 받았으며 학문분야의
노벨상은 1979년 경제학상을 받은 세인트루시아의 아서 루이스
가 유일하다. 여성은 1903년 마리 퀴리가 물리학상을 받은 것이
최초이며 48명의 여성수상자가 나왔다. 남성수상자 수에 비하면
터무니없이 적지만, 2000년대 이후로는 거의 매년 여성수상자가
나오고 있어 어느 정도 보완이 되고 있는 추세다.

노벨상에 나타난 경이의 시대

노벨상의 역사는 당대 학문분야의 눈부신 발전을 그대로 보
여준다. 물리학과 화학에서는 1900년대~1930년대를 '경이의 시
대'라 부른다. 아인슈타인을 비롯해서 마리 퀴리, 닐스 보어, 하이
젠베르크, 슈뢰딩거, 페르미, 러더퍼드 등이 당시까지의 물질과학
을 근본적으로 뒤집고 새로운 세계를 열었다.

노벨상 원년인 1901년부터 반세기 동안 인류는 디프테리아,

말라리아, 결핵, 당뇨병, 매독, 폐렴, 황열병 등등 수천 년 동안 대책없이 당했던 질병들의 치료법과 예방법을 개발했다. 백신과 인슐린, 페니실린 등이 이때 나타났으며, 세균과 바이러스라는 양대 질병원의 메커니즘을 확실히 규명했다. 그리하여 현대는 '의학의 시대'로서, 발전된 의학으로 평균수명을 획기적으로 늘린 시대가 될 수 있었다. 그런 위업을 이룬 주역인 메치니코프, 에를리히, 플레밍 등이 모두 노벨 생리의학상을 수상했다.

노벨경제학상은 1968년에 스웨덴 중앙은행 창립 300주년을 기념하여 신설되어 이듬해부터 시상했는데, 그 정식명칭은 노벨 기념 스웨덴 중앙은행 경제학상이며 수상자도 롤리어트(laureate)라 하지 않고 리시피언트(recipient)라고 한다. 노벨의 직계 자손인 피터 노벨을 비롯해서 경제학상을 노벨상으로 인정하지 않는 사람도 많다. 노벨경제학상은 1970년대~1980년대 초까지 경제학 거물들의 '개입주의와 자유방임주의가 맞붙은 전쟁터' 같았다. 1970년 수상자인 새뮤얼슨이 대표하는 정부개입론, 이른바 케인스경제학은 처음에 우세했으나 1970년대 중반 이후 1974년 수상자인 하이에크, 1976년 수상자인 밀턴 프리드먼, 1982년 수상자 조지 스티글러, 1986년 수상자 제임스 뷰캐넌 등의 통화주의 신자유주의 학파에게 밀린다. 1980년대 초반 이후로는 1981년 수상자 제임스 토빈, 1985년 수상자 프랑코 모딜리아니 등의 가세로 다시 반격한다. 이는 당시 세계경제의 흐름이 개입주의에서 방임주의로 옮겨갔다가 다시 방임주의의 한계가 노출되었던 시기와 일치한다.

최근 노벨학술상들은 산업분야에 응용도가 높은 첨단기술 관련연구자들에게 많이 주어지고 있다. 나노기술은 1965년 물리학상을 받은 리처드 파인만이 처음 개념을 창시했다. 축구공 모양의 탄소 분자 구성물질인 풀러린을 발견하여 1996년 화학상을 받은 리처드 스몰리가 그 틀을 잡았으며 1986년 물리학상의 게르트 비닝과 하인리히 로러가 개발한 주사 터널링 현미경(STM)에 의해 활성화되었다. 2010년에는 안드레 가임과 콘스탄틴 노보슬레프가 나노기술로 합성한 신소재인 그래핀으로 물리학상을 공동수상하여 '나노기술의 해'를 이루었다. 또한 2016년 화학상은 분자기계를 개발한 장 피에르 소바주, 프레이저 스토다트, 베르나르트 페링하에게 주어졌다.

2000년 노벨물리학상은 직접회로 개발에 공헌한 잭 킬비와 반도체 헤테로 구조를 개발한 조레스 알페로프, 허버트 크뢰머에게 돌아갔다. 2009년 홍콩의 가오쿠엔은 인터넷 통신에 필수적인 광섬유 연구로, 윌리드 보일과 조지 스미스는 디지털 카메라의 핵심인 전하결합소자(CCD) 개발로 물리학상을 수상했다. 2014년 물리학상은 청색 LED를 개발한 일본인인 아카사키 이사무와 아마노 히로시, 나카무라 슈지에게 주어졌다. 이 중 나카무라 슈지는 이름 없는 지방대학을 나온데다 대학교수도 유명 연구원도 아닌 중소기업 직원에 불과하여 화제가 되기도 했다.

110여 년이 넘는 동안 노벨상은 수상자들의 일생의 영예가 되고, 수상자를 배출한 국가나 집단에게 힘이 됨으로써 인류가 만들어낸 상 중에서 최고의 위치를 차지하고 있다. 민간기관에서 수여하며 인류에 대한 기여를 중시하고 국적을 따지지 않는 노벨상의 원칙을 본떠 필즈상(수학), 래스커상(의학), 울프상(자연과학), 맨부커상(문학), 라프토상(평화) 등이 잇달아 만들어졌다. 하지만 특정 분야에 국한되어 있어 노벨상의 명성을 뛰어넘지 못하고 있다.

논문 도용, 실험 실수로 노벨상을 받다

그러면 노벨상 수상자는 그야말로 당대 최고의 대가이며 인류에 가장 큰 공헌을 한 사람일까? 꼭 그렇다고는 할 수 없다. 빠뜨리는 분야가 많고, 사람이 하는 일에는 편견과 실수가 있기 마련이기 때문이다. 노벨상과는 성격이 다르지만 역시 '세계적으로 이목이 집중되는 경연의 상'이라고 할 수 있는 올림픽 금메달과 미인대회 우승상을 생각해보자. 금메달리스트가 반드시 그 분야에서 세계 최고라고는 할 수 없다. 평균적으로 더 우수한 선수가 컨디션이 나쁘거나 해서 금메달을 놓쳤을 수도 있고, 판정에 실수가 있었을 수도 있기 때문이다. 미인대회의 경우도 심사에 주관성이 크게 작용해 대회를 시청한 사람들이 손꼽은 우승자와 실제 우승자가 다른 경우가 많다. 또 애초에 세상의 모든 여성들이 미인대회에 출전해 미를 겨루려 하지는 않으므로(오히려 혐오하기도 한다), 우승자보다 '더 뛰어난 미인'이 세계 어딘가에 있을 가능성은 충분하다. 노벨상의 경우에는 금메달과 미인대회의 중간

쯤이라고 하겠다. '당대 최고'를 뽑음에 있어 올림픽처럼 모두 한 자리에 모아놓고 일정한 규칙에 따라 경쟁하는 건 아니니 객관성이 떨어지지만, 미인대회에 비해서는 심사의 주관성이 덜하고, 해당 분야의 대가들이 '대체로 빠짐없이' 물망에 오른다.

노벨상의 역사에서 잘못 주어졌다고 말이 많은 경우와 주어지지 못해서 아쉬운 경우는 상당히 많다.

1912년에 닐스 달렌은 등대의 불이 자동으로 들어왔다 나갔다 하는 장치를 발명한 것으로 노벨물리학상을 받았는데, 과연 당대의 두드러진 물리학적 업적이라고 볼 수 있느냐는 비판이 많았다. 또 과학이란 자꾸만 발전하기 마련이다 보니 올해까지는 정설이던 것이 내년이면 오류로 밝혀지는 경우도 많았다. 그래서 노벨상을 수여했는데, 조금 지나면 노벨상을 받을 만한 업적이 아닌 것으로 드러나기도 했다. 1926년에 요하네스 피비게르는 기생충이 암을 발생시킨다는 학설로 노벨생리학상을 받았는데, 이는 완전한 오류였음이 밝혀졌다. 1933년 생리의학상 수상자인 토머스 모건은 훗날 수상 이유였던 초파리 DNA 지도가 제자의 논문을 도용한 것이었음이 드러났다. 또 엔리코 페르미는 핵분열에 대한 실험으로 1938년에 노벨물리학상을 받았는데, 나중에 그가 실험결과를 잘못 해석했음이 드러났다.

요즘도 이런 논란은 여전하다. 2016년 문학상이 최초로 팝가수인 밥 딜런에게 수여되자, 그가 위대한 가수임에는 틀림없으나 과연 노벨상을 받을 만한 문필가인가에 대해 논란이 일었다.

노벨상 중에서 다른 분야와 성격이 다른 평화상의 경우에는 그런 논란이 더 자주 불거진다. 그해에 가장 주목받는 인도주의적 공헌을 한 사람이나 단체에게 평화상이 주어지지만 결코 평화와 어울리지 않는 사람도 받곤 하기 때문이다. 1973년도 평화상은 베트남 전쟁 휴전협정 당사자였던 미국의 키신저 국무장관과 베트남의 레둑토에게 주어졌는데, 세계 전역에서 비밀외교와 파괴공작으로 분란을 조장해온 키신저가 노벨평화상을 받을 자격이 있는가 하는 논란이 일었다. 공동수상자 레둑토가 "아직 베트남에는 완전한 평화가 오지 않았다"는 이유로 노벨상 수상을 거부했기에 더 논란이 되었다.

1994년에는 팔레스타인해방기구의 야세르 아라파트와 이스라엘의 시몬 페레스, 이스하크 라빈이 평화상을 받았는데, 이는 중동평화협정 체결 덕분이었다. 그런데 아라파트는 민간인 여객기를 납치하는 등 수많은 테러를 투쟁방식으로 하여 싸워온 사람인데, 그에게 평화상이 어울리느냐는 말이 나왔고, 당시 이스라엘 수상이던 이스하크 라빈 역시 국방장관이던 시절에는 팔레스타인인들을 무력진압해왔던 사람으로, 어린아이가 있는 집을 불도저로 밀어 무너뜨리는 등 잔인한 일도 했던 사람이기에 더 말이 많았다. 이때 체결된 평화협정은 얼마 뒤 휴짓조각이 되었고, 아라파트도 라빈도 각각 암살로 목숨을 잃음으로써 더욱 아이러니했다. 또 1974년 에이사쿠 사토는 비핵화 정책으로 수상했으나, 이후 그의 정책을 분석한 결과 "그의 정책의 핵심은 비핵화라고 볼 수 없다"는 해석이 나와 물의를 빚었다.

20세기가 미국의 세기였음에 비하면 현직에 있었던 미국 대통령으로 노벨평화상을 받은 사람은 시어도어 루스벨트와 윌슨, 오바마뿐이다. 지미 카터는 대통령 퇴임 뒤에 행한 평화운동으로 평화상을 수상했다. 1906년에 시어도어 루스벨트는 포츠머스회담에서 러일전쟁의 종결을 중재한 공로로 평화상을 받았다. 그러나 그는 미국 역사상 손꼽히는 '힘의 외교'를 추진한 대통령이었으며 파나마운하 개설권을 차지하기 위해 군사침공을 추진하고, 러일전쟁 당시에도 가쓰라-태프트 밀약을 맺어 한국을 일본의 손에 넘긴 장본인이었기에 평화상에 적격인 사람으로 보기는 어렵다. 또 2009년 수상한 버락 오바마는 그해에 대통령에 취임했기 때문에 이렇다 할 업적이 없었는데도 평화상을 수상하여 논란거리가 되었다.

노벨평화상을 받은 미국 시어도어 루스벨트 대통령(왼쪽)과 오바마 대통령(오른쪽)　가쓰라-태프트 밀약으로 한국을 일본에 팔아넘겼지만 노벨평화상을 받은 시어도어 루스벨트 대통령. 취임하자마자 노벨평화상을 수상해 논란이 되었던 버락 오바마 대통령. ⓒ연합뉴스.

　　한편 충분히 노벨상을 받을 만한데도 받지 못한 경우가 있다. 문학상을 두고 노벨이 유언장에 적은 기준은 "가장 이상적인 방향의 문학작품"을 남긴 사람이었다. 이상적(ideal)이라는 말을 처음 노벨상심사위원회에서는 관념주의(idealism) 문학을 의미하는 것으로 해석했다. 그래서 몸젠이나 카르두치처럼 오늘날에는 그다지 알려져 있지 않은 사람이 수상한 반면, 톨스토이처럼 당시나 오늘날에나 큰 영향을 미치고 있는 사람은 제외되었다. 게다가 관념주의가 두드러졌던 당시의 북유럽 문학가가 상을 많이 받는 경향마저 있었다. 나중에 가서야 그 '이상적'이라는 말을 "인류의 이상과 원대한 꿈을 의미한다고 보아야 맞다"고 해석하게 된다.

　　제1회 노벨생리의학상 수상후보자로 여러 사람이 거론되었는데, 나중에 수상하는 코흐나 골지 외에 혈청요법을 개발한 사람으로서 독일의 베링과 일본의 기타사토 시바사부로도 있었다. 혈청요법을 처음 개발한 사람은 베링이었으나 파상풍 치료에 그 요법을 처음 사용하여 성공한 사람은 기타사토였으며, 두 사람은 공동작업으로 혈청요법으로 디프테리아를 치료하는 업적을 세웠다. 그런데 최종 후보 압축과정에서 빠져 있던 베링이 다시 들어가서 결국 최종수상자가 되었다. 그런데 혈청요법 개발의 독자성은 좀 떨어져도 최초의 임상성공이라는 업적이 있기 때문에 기타사토도 수상할 만한 일이었다. 그러나 위원회는 수상대상 업적으로 파상풍이 아닌 디프테리아 치료를 선택했고, 여기서도 기타 사토는 공동연구자로서 공동수상할 자격이 있었다. 그런데도 위원회는 "한 사람에게만 상을 주어야 한다"는 원칙을 들며 베링의 손만 들어주었다.

그 원칙은 얼마 지나지 않아 깨졌다. 물리학은 이듬해인 1902년, 생리의학상은 1906년에 공동수상자가 나왔다. 노벨상 수상식 첫해에 평화상은 뒤낭과 파시가 공동수상했음을 보면 기타 사토와 일본으로서는 아쉬운 탈락이 아닐 수 없었다.

그리고 사람이 하는 일이어서 업적과는 상관없는 개인적 평판이나 친소관계 같은 것도 작용하는 문제가 있었다. 드미트리 멘델레프는 세계 역사상 10대 화학자로 꼽힐 만한 사람이며, 화학의 문법이라는 주기율표를 내놓은 사람인데도 노벨상을 받지 못했다. 사생활이 깨끗하지 않다는 의심을 받았고, 1903년 화학상 수상자로서 당시 노벨상위원회에 영향력이 컸던 스웨덴의 아레니우스와 앙숙이었기 때문이다. 마리 퀴리도 남편 피에르의 죽음 이후 유부남 동료와 불륜에 빠졌는데, 이 때문에 두 번째 노벨상을 타지 못할 뻔했다. 그리고 아인슈타인은 1910년에 상대성이론을 비롯해 세계를 뒤흔들 만한 물리학 업적을 내놓으면서 후보에 선정되었다. 하지만 1921년에 가서야 수상했을 뿐만 아니라 상대성이론이 아니라 광전효과로 받았다. 그의 수상을 반대했던 반유대주의자들의 입김이 셌고, 이론물리를 의심의 눈초리로 보고 실험물리학자를 우대하던 당시의 풍조도 한몫했다. 똑같은 이유에서, 지그문트 프로이트는 제1회 생리의학상 후보로 오른 이후 12번이나 후보에 올랐으나 끝내 받지 못했다. 그가 유대인이었고, 주류 심리학계에서는 정신분석학 분야를 의심하는 분위기였기 때문이다.

이렇게 노벨상의 명성과 더불어 논란도 커져가자 노벨상위원회는 별도로 또 하나의 원칙을 세웠다. "뚜렷한 업적이 나왔다고 바로 수여하지 않는다. 상당 기간의 검증기간을 거친 뒤 이견이 없을 때 수여한다"는 원칙이다. 그런데 이 원칙에다 노벨이 처음부터 못 박아두었던 '살아 있는 사람에게만 상을 준다'는 원칙이 맞물리니 노벨상은 장수를 하지 않으면 못 받는 상이 되고 말았다. 아르키메데스에게 물리학상을 줘야 하고 셰익스피어에게 문학상을 줘야 한다는 식으로, 업적으로 보자면 중세는 물론 고대 사람에게도 수여해야 한다는 따위의 골치 아픈 주장을 막으려고 당대의 살아 있는 사람으로만 국한했을 것인데, 그 취지와는 다르게 당대의 최고라도 자칫하면 못 받는 족쇄규정이 된 셈이다. "1년만 더 살았더라면 노벨상을 받았을 텐데" 하는 소리를 듣는 수상후보자들이 적지 않다.

우주의 팽창을 발견한 미국의 에드윈 허블은 역사상 가장 위대한 천문학자로 손꼽혔지만 천문학이 노벨상 분야에 없었기 때문에 노벨상을 받지 못했다. 1963년에 노벨상위원회는 규정을 고쳐서 천문학도 물리학의 일부로 보기로 한다. 그 첫 대상자이자 그해의 물리학상 수상자로 허블이 만장일치로 결정되었다고 한다. 그런데 허블은 그만 그해 노벨상 수상식 전에 급사하는 바람에 노벨상을 놓친 채 저세상으로 가고 말았다.

1948년에 노벨평화상 수상자로 결정되어 있었던 인도의 위대한 영혼 간디 누구보다도 노벨평화상에 적격이었던 간디는 상을 받기 전에 암살을 당했다. 이에 노벨상위원회는 노벨의 유언대로 간디의 수상을 취소하고, 그해 수상자를 내지 않았다.

인도의 위대한 영혼 간디도 1948년에 평화상 수상자로 결정되어 있었다. 하지만 수상하기 전에 암살당했기 때문에 노벨상위원회는 노벨의 유언을 들어 간디의 수상을 취소하고 그해 수상자를 내지 않았다. 누구보다도 평화상에 적격이었던 사람이 받지 못한 셈이다. 노벨의 유언 때문에 역시 아쉬웠던 상은 1962년의 노벨생리의학상이었다. 당시 프랜시스 크릭, 제임스 왓슨, 모리스 윌킨스가 DNA의 이중나선 구조를 규명한 공로로 상을 받았는데, 사실 그들의 업적은 로살린드 프랭클린이라는 학자의 도움이 없었다면 불가능했다. 그러나 그녀는 4년 전에 사망했기 때문에 공동수상자의 영광을 누릴 수 없었다.

이런 일이 거듭되자 개선을 요구하는 목소리가 높아졌다. 노벨위원회는 방침을 바꾸어 일단 수상자로 정해졌다면 시상이 이루어지기 전에 사망하더라도 상을 수여하기로 했다. 1961년에 제2대 유엔 사무총장이던 다그 하마슐드는 사후에 노벨평화상을 받았다. 그러다가 노벨의 유언을 무시한다면 노벨상이라고 할 수 있겠느냐는 비판이 일자 다시 규정을 바꿔 무조건 사후 수상은 없다고 못 박았는데, 2011년에 생리의학상 후보로 발표된 랠프 스타인먼이 수상식 사흘 전에 급사했음이 뒤늦게 알려졌지만 노벨 위원회가 결정을 취소하지 않아 한바탕 말썽이 일기도 했다.

허블 덕분에 뒤늦게 물리학에 포함된 천문학처럼 중요한 학문적 성취를 거두고 인류에 공헌했음에도 처음부터 수상자격이 배제된 분야도 많다. 수학은 물리학이나 화학 못지않게 중요한 과학분야이며 인류역사 발전에 큰 힘이 되어왔음에도 노벨 수학상은 없다. 노벨이 당대의 어느 유명한 수학자와 한 여성을 사이에 둔 삼각관계에 빠졌기 때문에 수학을 뺐다는 가십기사도 있다. 노벨이 수학에는 별 관심이 없었기에 그렇다는 말도 있는데, 그보다는 노벨이 수상자의 자격을 인류에게 가장 큰 혜택을 준 사람으로 정했기 때문인 듯하다. 물리화학, 생리학 등에 비해 수학은 좀 추상적이고 비실용적인 학문으로 보이고, 수학적 진보를 발판으로 물리학도 공학도 발전하는 것이지만 아무래도 한 걸음 뒤에 있는 듯하니 말이다. 그래서 수학상이 없고, 같은 이유에서 노벨철학상도, 역사학상도, 예술상도 없는 것이 아닌가 싶다.

그러면 공학상이 있어야 하지 않느냐고 생각되지만 노벨상 수여 당시에는 물리학과 공학이 뚜렷이 구분되지 않았다. 엑스레이를 발견한 제1회 수상자 뢴트겐도 공학적 업적으로 수상했다고 볼 수 있고, 1909년 수상자인 마르코니도 마찬가지였다. 아인슈타인이 오랫동안 수상하지 못한 것은 그의 이론이 너무 비실용적이라고 여겨졌기 때문도 있었다.

　노벨상위원회는 부인하지만, 수상자 선정 과정에서 인종, 종교, 정치, 성 등에 대한 편견이 개입된다는 의심도 있다. 소련에서 태어났으나 어려서 외국으로 이주한 사람들은 제외하고 구소련 시절 러시아인으로 노벨상을 받은 사람은 16명이었는데, 냉전 기간 중 미국과 어깨를 나란히 하며 뛰어난 과학기술 발전을 이루었던 구소련을 생각하면 지나치게 적은 수다. 그중 파스테르나크, 솔제니친, 고르바초프 등을 비롯한 7명은 소련체제를 비판했거나 개혁하려 했거나, 소련의 탄압을 받았던 인물이었다. 스웨덴이 전통적으로 소련을 크게 경계하고 적대해온 사실과 아무 관계가 없다고 말하기 어려워 보인다.

　1944년도 화학상에서 공동작업을 하고도 오토 한과 공동수상하지 못한 리제 마이트너와 1974년도 물리학상에서 마찬가지로 공동수상하지 못한 조셀린 벨에 대해서는 여성에 대한 차별 때문 아니냐는 의혹이 따라붙었다. 사실 첫 여성 노벨상 수상자였던 마리 퀴리도 남편 피에르의 과학계 내 영향력과, 아내의 공헌을 솔직하게 밝히는 태도가 아니었다면 수상하지 못했을 가능성이 있다.

　제1회 생리의학상에서 기타사토가 고배를 마신 이유에 동양인에 대한 인종적 편견이 작용하지 않았을까, 하며 많은 일본인이 의심하기도 한다. 그런데 2000년도에 시라카와 히데키가 화학상을 수상한 과정을 보면 아이러니하다. 그는 전도성 고분자 발견과 관련된 연구로 미국의 앨런 히거, 앨런 맥더미드와 공동수상했는데, 원래 그 발견은 1967년에 변형직이라는 한국인 연구자가 시라카와의 실험실에서 연수를 하다가 처음 이뤄낸 것이었다. 그런데 노벨상위원회는 변형직이 자신의 발견의 의미를 제대로 인식하지 못했기 때문에 수상자가 되지 못한다고 했다. 그런데 시라카와도 오랫동안 그 의미를 잘 몰랐다. 10년이 지난 1976년에 일본 과학계와 교류 중이던 미국 학자 가운데 앨런 맥더미드가 있었고, 그가 우연히 전도성 고분자를 보고는 감탄하여 시라카와에게 공동연구를 제의한다. 그래서 펜실베니아대학교에서 세 사람이 공동연구를 진행해 노벨상을 수상한 것이었다.

결국 미국의 랩(lab)이 노벨상을 탈 정도의 역량과 영향력을 갖고 있었고 일본에는 그것에 닿을 인맥이 있었으며, 한국에는 소수의 인재밖에 없었기 때문에 그런 결과가 나온 듯하다.

지금의 노벨상 수상자 결정과정을 보면 이런 시각이 일리 있어 보인다. 노벨재단은 매년 9월에 차기년도 수상자를 추천해달라는 추천장을 발송하는데, 기존 수상자는 종신추천인이며 그 밖에 세계 유수의 대학이나 기관의 대표자들이 추천인이 된다. 그렇다면 기존 수상자들과 친분이 있거나 세계 유수의 대학 및 기관에 소속된 사람들이 유리한 지위를 점할 수 있을 것이다. 추천서를 접수한 뒤 이듬해 4월에 노벨위원회에서 시상위원을 선출하는데, 시상위원회에서 정한 각 부문의 후보자 3명을 놓고 9월에 노벨위원회에서 다수결 투표로 최종수상자를 결정한다.

노벨위원회는 50명의 종신직 위원들로 구성되는데, 이 또한 특정인의 취향이나 편견, 인맥 등이 오랫동안 수상결과에 영향을 미칠 수 있는 가능성이 있다. 노벨위원회에서 후보를 선별할 때는 후보자 개인이 아니라 분야에 초점을 맞춘다. 이를테면 물리학상 후보로 아주 뛰어난 통계물리학자가 추천되었다 해도 올해는 입자물리학 분야에서 수상자를 정하자고 의견이 모아지면 그보다는 능력이 떨어짐에도 입자물리학자에게 노벨상이 수여된다. 그렇게 되면 유행하는 분야에 쉽게 대응하고 선점해갈 수 있는 미국 랩들의 경쟁력이 세질 수밖에 없다. 반대로 한의학처럼 유행 분야가 될 가능성이 거의 없는 분야에서는 역사상 최고의 대가가 나타났다 해도 노벨상을 받을 가능성이 거의 없다.

노벨상이 어쨌다고? 이게 나라냐?

노벨상은 인간의 모든 분야를 평가하는 상도 아니고 객관적인 상도 아니다. 매년 노벨상 수상자가 발표될 때면 우리는 왜 노벨상을 타지 못하는가 하는 자탄과 자조의 목소리가 커지곤 하는데, 이제는 노벨상 수상에 연연하지 말고 내실을 기하는 쪽으로 관점을 돌려야 할 것이다.

그런데도 기필코 과학분야 노벨상을 받고자 한다면 노벨상을 받기 위한 개인의 개별적인 노력이 아니라 수상 가능성을 높이기 위한 국가적 노력을 거론해야 한다. 일본의 경우, 노벨상위원회가 비밀이던 노벨상 전형과정 기록을 50년이 지난 뒤 공개하기로 결정하자마자 기록물을 통해 어떻게 하면 노벨상을 탈 가능성을 높일 수 있는지를 연구하기로 했다. 또한 일본 정부는 2001년에 제2차 과학기술 진흥계획을 세우며, 앞으로 50년 동안 30명의 노벨상 수상자를 배출하는 데 국력을 쏟겠다고 천명했다. 2000년 이후 일본은 17명의 노벨상 수상자를 냈고, 그 수는 그 이전까지의 수상자 수(8명)의 두 배가 넘는다. 우리나라가 노벨상에 욕심을 낸다면 이런 일본을 본받아야 하지 않을까.

지금 한국이 노벨상을 바란다는 것은 매일 술집에서 살다시피하며 고시합격을 바라는 것이나 마찬가지다. 1980년대까지만 해도 최고의 영재들은 서울대 물리학과에 진학했다. 그런데 지금은 수능점수와 내신이 최고 수준이면 너나없이 의대에 진학한다. 세계적으로 유명한 물리학이나 수학 경연대회에서 우승한 고등학생들이 그 표창장을 의대에 진학하기 위한 스펙으로 생각한다는 이야기를 들으면 망연할 정도다. 가장 뛰어난 인재가 의사를, 그다음으로는 공무원이나 대기업 사원을 지망하는 사회에서 노벨상이 웬 말인가.

"이게 나라냐?"는 광화문에서만 외칠 구호가 아니다. 교육개혁에서 의식개혁과 사회개혁까지 철저하게 이루어져야 한다. 그래야 노벨상이 아니더라도 누구나 알아주는 국격을 갖춘 나라가 될 것이다.

#노벨 #노벨평화상 #노벨상 수상자 #노벨상 수여 원칙

인공지능, 유토피아와 디스토피아

인공지능이 특이점을 넘어 인간 사회의 주역을 차지하게 된다면
더 이상 정치도 필요 없어질 수 있다.
인간의 조직 자체가 역사 속으로 사라질 수 있기 때문이다.

무명화가가 있다. 그녀는 그림만 그리며 살기를 바라지만, 이름이 나기 전까지는 미술교사 노릇을 하면서 먹고살 수밖에 없다. 그런데 그녀가 우연히 손에 넣은 마술물감으로 자화상을 그린 것이 문제였다. 그 마술물감으로 사람을 그리면 그림은 살아 움직인다. 그저 움직이는 정도가 아니라 그린 사람을 화폭 속에 가둬버리고, 스스로 그 사람 행세를 한다. 우리의 무명화가도 그런 신세가 되고 말았지만, 귀신 때려잡는 영매들의 도움으로 풀려난다. 그러나 풀려난 그녀는 자신의 도플갱어인 자화상을 없애지 않기로 한다. 자화상이 자신의 행세를 하며 미술교사 등으로 밥벌이를 하는 동안, 자신은 방에 틀어박혀 그림만 그리며 살아가겠다는 것이다. 한때 인기 있었던 일본 만화 『고스트스위퍼 미카미』에 나오는 이 에피소드는 인간이 스스로 발명한 또 하나의 자신인 AI(인공지능)에 대해 느끼는 공포와 희망을 잘 보여준다.

2016년 3월, 대한민국은 또 하나의 결정적 순간을 목격했다. 인공지능 알파고가 세계적 바둑고수 이세돌과의 대결에서 압승한 것이다.

이것은 단지 흥밋거리가 아니었다. '인간이 어떻게 기계에게 이기겠나? 아무리 천하장사라도 불도저보다 약한 거나 마찬가지지!'라고 일소에 부친 철학자도 있었다. 그렇지만 이것만은 인간이 해낼 수 있다고 생각했던 영역에서 기계가 따라붙었다는 정도가 아니라, 아예 더 잘 해냈다는 의미가 있기 때문에 그렇게 단순히 볼 수 없다.

컴퓨터의 경이로운 연산능력도 한때는 일반사람의 능력은 뛰어넘으나 아직 천재가 소유한 인간의 최대 잠재능력에는 미치지 못한다는 말이 상식일 때가 있었다. 1950년대에는 최초의 컴퓨터를 개발할 수학적 근거를 제시한 장본인인 헝가리 출신의 천재 존 폰노이만이 컴퓨터보다 몇 배 빠른 계산능력을 과시했다. 진공관 컴퓨터에서 트랜지스터 컴퓨터로 벌인 넘어간 1970년대에도 한국의 주산 천재소녀가 컴퓨터와의 계산대결에서 승리할 수 있었다. 그러나 1980년대부터는 그런 이야기를 더 이상 할 수 없었다. 컴퓨터의 연산능력이 그야말로 기하급수적으로 늘었기 때문이다. 궁지에 몰린 인간이 빼든 카드는, 컴퓨터는 모호한 문제를 처리하지 못한다는 것이었다.

1980년대에 인기를 끈 미국드라마 「하버드 대학의 공부벌레들」에서는 '법학의 신'으로 불리던 하버드 대학교의 교수 킹스필드와 인공법률가 프로그램을 탑재한 컴퓨터 사이에 한 판 승부가

벌어진다. 인간의 명예를 지키고자 킹스필드는 만반의 준비를 갖추어 결전에 임했지만, 컴퓨터의 상대가 되지 않았다. 킹스필드가 어떤 문제에 대해 10개의 판례를 들며 A라는 결론을 내리면, 컴퓨터는 그 10개 말고도 100여 개의 판례를 더 들며 B라는 결론을 내리는 식이었다. 결국 자신들의 우상이 기계장치 앞에 여지없이 무너져 내리는 모습을 보며 침통해 있는 법대생들을 돌아보고, 킹스필드는 최후의 승부수를 던진다. 여러 줄기로 갈라진 강물의 사용권 분쟁에 관한 사건인데, 모호한 부분이 많아서 복잡하게 판단할 필요가 있는 문제였다.

　이제껏 명쾌하게 게임을 이끌던 컴퓨터는 상식 밖의 문제에 부딪치자 한참 버벅대다가 퍽 하고 터져버린다. 결국 컴퓨터는 그 어떤 천재보다 양적인 면에서 믿을 수 없을 만큼 뛰어나지만 질적인 문제에서는 어린애보다도 뒤떨어진다는 모라벡의 역설, 즉 인간이 잘하는 것을 컴퓨터는 못하고, 컴퓨터가 잘하는 것을 인간은 못한다는 것이 새로운 상식으로 여겨졌다.

그러나 2016년대 이세돌의 패배는 바둑이라는 게임에 모호하고 복잡한 요소가 없어서가 아니었다. 인간적인 실수나 체력 때문도 아니었다. 알파고는 인간고수와 전혀 다른 방식으로 바둑을 해석했고, 보다 효과적인 방법을 써서 이겼다. 다시 말해서 인공지능은 인간이 따라갈 수 없는 힘을 발휘해 인간고유의 영역에서 인간을 때려눕혔다.

인공지능, 킹스필드 교수를 때려눕혀라

계산기가 발명된 17세기까지 올라가기도 하지만, 인공지능의 역사는 영국의 천재수학자 앨런 튜링부터 시작된다고 보는 것이 대부분이다. 튜링은 1936년 논문 「결정문제에 대한 적용과 관련한 계산가능한 수에 관하여」에서 'A-머신'이라는 개념을 내놓았다. 그것은 자동적으로 수를 계산하는 알고리즘을 가진 기계였는데, 훗날 튜링은 이 개념을 더 발전시켜 보편적인 계산기계의 개발을 제안했다. 그것은 지능을 가진 기계를 의미하며 밀실에 그 기계를 넣어두고 사람과 상호작용을 시켰을 때, 그 사람이 자신의 상대가 사람인지 기계인지를 구별할 수 없다면 그 기계는 완성되었다고 할 것이라고 언급했다. 이는 튜링 머신이라 불리며, 인공지능의 궁극적인 지향점으로 여겨지게 된다. 당시는 상대성이론이나 양자역학, 불완전성 정리 등 과학의 새로운 영역이 거침없이 개척되던 위대한 시대로, 신경생리학과 정보이론, 사이버네틱스 역시 눈부신 발전을 이루었을 때였다. 따라서 튜링 머신을 실제로 만들어내는 일이 그리 어렵지 않으리라는 자신감이 넘쳐났다. 1943년에 맥컬로와 피츠가 인공두뇌에 사용할 '인공뉴런'(신경세포)를 개발했으며, 1955년에는 정보과학자 존 매카시가 '인공지능'(Artificial Intelligence)이라는 명칭을 처음 사용했다. 이듬해 존 매카시, 마빈 민스키, 너대니얼 로체스터, 클로드 샤논 등의 정보과학자들이 다트머스대학에 모여 인공지능학회를 창립함으로써 인공지능 연구가 본격적으로 시작되었다.

1950년대 주류 인공지능 학자들은 튜링의 A-머신 개념을 따라, 지능을 계산 능력으로 환원하고는 정교한 자동 계산 알고리즘을 구축하면 된다고 여겼다. 이를 규칙기반 인공지능이라고 한다. 이는 컴퓨터의 발달과 함께하며 순조롭게 발전하면서 1980년대에는 '전문가 시스템'이 각광받게 되었다. 데이터베이스를 기반으로 문제해결과 추론 알고리즘을 써서 의학, 공학, 경영 등 여러 전문영역에서 업무를 쉽게 만들어주는 이 시스템은 1987년 당시 미국의 『포춘』지에서 상위 500위까지 랭크된 기업의 3분의 2가 이 시스템을 들여놓을 정도로 인기를 끌었다.

그러나 한계도 있었다. 예상되는 문제의 관련데이터를 모조리 입력해야 하는데, 맥락에 따라 이럴 수도 저럴 수도 있는 복잡하고 모호한 문제에서는 그러기가 거의 불가능했기 때문이다.

스스로의 변형문법 이론에 따라 모든 언어를 자동적으로 번역할 수 있다고 호언장담한 미국의 언어학자 촘스키가 주도해서 만든 번역전문가 시스템이 나왔다. 그러나 시험 삼아 『성서』를 번역시켜 보고는 실패를 인정할 수밖에 없었다. "영혼은 강건하나 육체가 약하구나"라는 구절을 "포도주는 신선한데 고기가 썩었다"로 번역하는 식이었기 때문이다. 영혼과 술을 나타내는 영어가 모두 spirit이고 flesh는 말 그대로 고깃덩어리도 되고 생물의 육체도 되는데, 맥락에 따라 미묘한 해석의 차이를 구별하도록 만들 방법이 없었기에 그렇게 엉뚱한 번역이 나왔던 것이다. 「하버드 대학의 공부벌레들」에서 킹스필드가 법률전문가 시스템에 이길 수 있었던 것도 그 때문이었다. 복잡미묘한 문제에 부딪치자 컴퓨터는 데이터베이스를 풀가동했고, 그게 용량을 넘어서 자폭한 것이다.

이렇게 1980년대 말에 규칙기반 인공지능이 벽에 부딪치자 새로운 방향이 모색되었다. 신경생리학과 인지과학에서의 새로운 발전이 인간의 지능을 다른 각도에서 바라보게 해주었다. 말하자면 인간은 사물을 구성적으로 인식하고, 게슈탈트(Gestalt)적으로 인지한다. 구성적 인식이란 기존의 데이터베이스에서 딱 맞는 정보를 골라내는 식으로 인식하는 것이 아니라, 불명확한 정보는 기존 정보를 토대로 추론하고 학습하면서 인식을 구성한다는 것이다. 그래서 우리는 처음 보는 사람을 만나도 '남자인지 여자인지, 황인종인지 흑인종인지' 구분해낼 수 있다. 게슈탈트적으로 인지한다는 것은 대상의 특정 정보만 골라서 인지하지 않고, 그 전체를 보고 종합적으로 판단하여 인지한다는 것이다. 그래서 고양이의 대표적 특성을 모두 갖추고 있는 고양이 그림과 실제 고양이를 단번에 구별해낼 수 있다.

이는 모두 지능을 대상에 대한 단순계산보다는 뇌신경들 사이의 연결과 작용으로 풀이하는 쪽이 더 적합하다는 것을 말해주었다. 그래서 '연결주의 인공지능'(Connectionist AI)이 다시 주목받게 된다. 완벽한 데이터베이스를 주고 문제를 풀게 하기보다 스스로 문제를 푸는 능력을 향상시키려는 것이다. 이는 이미 1957년 퍼셉트론이 개발된 후 비주류적인 인공지능 연구로써 진행되어왔으며, 1980년 일본의 후쿠시마 구니히코가 네오코그니트론을 개발함으로써 인공신경망구축과 그에 따른 기계 학습의 길이 크게 열리며 한껏 고무되기도 했다.

그러나 1990년대 후반쯤에는 이 역시 벽에 부딪치는데, 데이터를 빠르게 연산하여 학습메커니즘을 수월하게 가동하기에는 컴퓨팅 속도도, 순간메모리도 받쳐주지 못했기 때문이다.

이를테면 인공신경망은 고작 10개의 숫자에 대해 학습하는 데 며칠이나 걸렸다. 또 학습의 기반이 되는 임상데이터를 모으기도 쉽지 않았다. 갓난아이에게 『수학의 정석』을 들이밀고 공부하라고 시킨 격이다.

그래서 2000년대에는 일종의 사도(邪道)라고 할 수 있는 통계기반 인공지능이 대안인 듯 여겨졌다. 그것이 사도인 까닭은 지능메커니즘 자체에 대한 연구를 포기하고, 일정 조건에서 최적의 해답찾기에만 집중하려 하기 때문이다. 관련데이터를 통계적으로 해석해서 가장 가능성 높은 추이를 계산하는 것으로 최근까지의 주식시세 예측 프로그램이나 웹 번역이 그런 시스템에 기반한 것이었다. 대부분의 사람은 뭔가 부족함을 느끼면서도 완벽하지도 정확하지도 않은 결과를 쥐고 만족해야 했다. 그래도 하드웨어의 발달로 연산능력이 강력해짐에 따라, 음성인식 기술 등에서는 상당히 만족스러운 수준까지 이르렀다.

그런데 2000년대 중반쯤 연결주의 인공지능에 다시 서광이 비쳤다. 2006년 영국 출신으로 토론토대학교에 재직 중이던 제프리 힌튼이 새로운 인공신경망 처리기술을 개발한 것이다. 그것은 비(非)지도 학습방법(unsupervised learning)이라 불리는 것으로 인공지능 자체적으로 로 데이터를 구별짓고 간추리는 작업을 수행한 다음, 사람이 삽입한 기준에 따라 데이터를 재처리하는 지도학습을 수행하도록 한다. 그리고 그러한 처리과정을 수없이 쌓아올리는 것이다. 연결주의적으로 인공지능이 스스로 학습하며 구성적 인식과 추론을 하는 과정에서 규칙기반 인공지능의 방법을 일부 가미하고, 그 과정을 반복-병렬화하여 고도로 정밀할뿐더러 인간의 직관에 거의 가까운 학습-추론 과정이 이루어지도록 한 것이다. 이것을 딥 러닝(deep learning)이라고 한다.

이 딥 러닝이 수월하게 진행될 수 있었던 데는 하드웨어적 발전도 큰 기여를 했다. 3,000개 이상의 처리코드를 갖춘 GPU는 신속한 병렬 정보처리를 가능케 했다. 여기에 추가로 필요했던 마지막 퍼즐조각은 대량의 임상데이터를 끊임없이 공급하는 것이었다. 그것은 2000년대에 비약적으로 발전한 인터넷-모바일 네트워크가 제공하는 빅 데이터로 해결할 수 있었다.

2009년 이후로 딥 러닝을 활용한 알고리즘이 패턴인식 경쟁에서 통계기반 방식보다 우월함이 드러났다. 2011년에는 왓슨이라는 이름의 질의응답 시스템이 미국에서 가장 유명한 퀴즈쇼인 「제퍼디쇼」에서 인간과 경쟁하여 우승했다. 2012년에는 스탠퍼드대 교수 앤드류 응이 이끄는 구글 딥 러닝 프로젝트 팀이 1만 6,000개의 컴퓨터 프로세서로 10억 개 이상의 연결을 갖는 인공신경망에서 딥 러닝을 가동하여 유투브에 업로드된 1,000만 개의 영상 가운데 고양이 영상을 구별해냈다. 2013년에는 얀 레쿤 교수가 이끄는 페이스북 인공지능 개발팀이 딥 페이스를 발표했다. 이는 조명과 배경, 각도를 달리하더라도 특정인의 얼굴을 97퍼센트의 정확도로 찾아낼 수 있었다.

몇 차례의 패배 끝에 강화된 IBM의 딥 블루가 인간 체스 최고수 카스파로프를 꺾었던 1997년에서 약 20년이 지난 2016년에 딥 러닝 방식을 활용한 알파고가 인간 바둑 최고수를 쓰러뜨렸다. 알파고의 학습 능력은 인간이 1,000년 동안 할 수 있는 분량을 5개월 동안에 할 수 있다고 한다. 그 무시무시한 학습능력으로 알파고는 바둑의 역사와 기술을 나름대로 재해석하고, 그 어떤 고수도 보여주지 못한, 초인적인 직관력을 발휘해냈다.

이제 알파고 같은 딥 러닝 시스템이라면, 아무리 복잡미묘한 법률 문제에 부딪치더라도 킹스필드를 꺾을 수 있음이 입증된 것이다. 모라벡의 역설은 옛날이야기가 되었다.

이제 인공지능 역사의 새로운 세기에 인간의 조건은 어떻게 달라질 것인가? 자신의 도플갱어와 마주한 무명화가처럼, 희망과 공포가 인류의 마음을 지배한다.

기술이 너희를 자유케 하리라

태초부터 인간은 일을 해서 먹고살 수 있었고, 작업(work)은 개인의 삶의 보람이자 긍지이기도 했다. 하지만 스스로 즐겁지 않지만 어쩔 수 없이 해야 하는 일도 있었고 그러한 노동(labour)은 노예의 노동에서 노동자의 노동까지 개인에게 피로와 불만을 가져다주었다. 언젠가는 기술발전이 인간을 노동의 굴레에서 해방시켜주리라고 말하는 기술 유토피아론(technological utopianism 또는 techno-utopianism. 우리가 흔히 쓰는 '테크노피아'는 일본식 조어다)은 철학이나 사회과학의 고민은 다 쓸모없다. 기술만 발전하면 다 해결된다는 기술 결정론과 짝을 이루며 근대 초기 무렵부터 있어왔다.

1620년에 나온 프랜시스 베이컨의 『새로운 아틀란티스』는 과학기술의 힘으로 빈곤과 질병 걱정 없이 누구나 깨끗한 환경에서 여유롭게 살아가는 이상향을 그렸다. 18세기 말, 영국의 화학자로 산소를 발견한 것으로 유명한 조지프 프리스틀리는 과학의 힘으로 인류가 발전함으로써 진정한 천년왕국이 도래할 것이라고 주장했다. 프랑스대혁명기의 수학자이자 사상가인 콩도르세가 1795년에 쓴 『인간정신의 진보에 대한 역사적 고찰』도 과학기술이 발전하면 필연적으로 인간의 도덕과 사회의식이 뒤따라 발전하며 미래 인류는 물질적·정신적으로 모두 풍족한 생활을 누리게 될 것이라고 낙관했다.

19세기 초의 진보 사상가들인 로버트 오웬, 생-시몽, 샤를 푸리에 등도 비슷한 생각을 하면서 과학기술이 사람들에게 골고루 혜택을 주는 방향으로 발전하려면 사회제도와 의식이 개혁되어야 한다고 여겼다. 그러나 19세기 말 에드워드 벨아미나 시드니 웹, 윌리엄 클라크 등과 같은 페이비언주의자들은 산업 발전에 따라 자연스럽게 사회주의가 도래하고 자유와 평등이 이루어지리라 여김으로써 콩도르세의 낙관론을 계승했다.

마르크스의 사상은 기술이 노동을 억압하고 불평등을 가중시킬 가능성을 제시했으나, 결국에는 노동계급의 승리가 역사적 필연일 것으로 보았다. 해방된 노동계급은 과학기술 덕분에 먹고 살기 위한 노동에서도 해방될 것이고 증대된 생산력으로 차고 넘칠 만큼 생산된 재화가 공산주의체제에서 고르게 분배된다면, 더 이상 땀 흘리며 일할 필요가 없어질 것이라고 생각했다. 사람들은 예술과 학문 등 스스로와 인류의 가치를 높이는 일만 하고, 생활에 필요한 최소한의 노동은 기계가 대신해줄 것이다.

두 차례의 세계대전은 이런 장밋빛 꿈을 산산조각냈다. 1960년대에서 1970년대까지의 히피 문화는 계몽주의, 이성중심주의, 서구중심주의, 남성중심주의 등과 함께 기술 유토피아론도 격렬한 부정과 반항을 표출했다. 그러나 1990년대의 IT 혁명은 한동안 숨을 죽였던 기술 유토피아론에 르네상스 시대를 가져왔다. 그 혁명의 기수들은 앞서 히피문화에 심취했던, 권위주의를 몸서리나게 싫어하는 사람들이면서 또한 기술에 의한 문제 해결 가능성을 맹신하는 사람들이었다. 빌 게이츠가 어느 대학교 강연에서 밝힌 "정부가 한껏 부추기는 환경운동은 쓸모없는 시간과 예산 낭비다. 그 예산을 기술개발에 쓴다면 몇 년 안에 환경문제를 깨끗이 해결할 수 있다"는 발언이 그런 정신을 대표하고 있다. 또한 그들은 IT에 의해 거대조직이 사라지고 느슨한 개인들끼리의 연대가 일반화될 것이며, 모든 중요한 정보가 투명하게 공개되고 소통되면서 국가도 대기업도 권력을 잃고 시민-개인의 목소리가 세상을 움직일 것이라고 생각했다.

IT관련 분야의 거품경제 현상인 '닷컴버블'이 꺼지면서 이 '보보스 유토피언'들의 콧대는 다소 꺾였다. 그러나 「위키피디아」가 집단지성 창출에, 「위키리크스」가 투명한 세상 만들기에, 비트코인이 금융자본의 위계질서 파괴에 유효하리라는 믿음은 2010년대에도 계속된다. 한편 '결국 이는 가장 세련되게 치장한 상업주의 아닌가', 'SNS로 양산한 것이 과연 행동하는 지성인들인가, 아니면 액정화면에 코를 박고 사는 디지털 중독자들인가.' 'IT 혁명이라는 것도 결국 영미권 국가들을 중심으로 한 시대의 조류에 지나지 않을 뿐이다. 전 세계적 수준에서의 정보격차와 갈수록 심해지는 세계적인 빈부격차는 어떻게 해야 하는가' 등등의 의문 역시 꼬리를 문다.

여기서 자기가 만든 기술의 노예가 되는 인간이라는 악몽이

다시 고개를 든다.

기계사회의 악몽

그런 악몽은 18세기 말에서 19세기 초 일부의 사람들에게는 현실로 나타났다. 산업혁명 초기에 방적기 같은 기계가 놀랄 만한 효율적으로 작업을 해내자 그 일에 종사하던 노동자들 다수가 실업자가 되었다. 분노한 그들은 정체불명의 지도자 러드의 주장에 따라 궐기하여 돌아다니며 방적기를 때려부쉈다. 러다이트 운동이라 불리는 이 운동은 오늘날 기계에 반대하는 의미는 별로 없었고, 자신들의 일자리 보장을 요구하는 일종의 노동운동이었

「기계를 때려부수는 노동자들」, 1812년의 삽화   18세기 말, 산업혁명 초기에 방적기가 놀랄 만큼 효율적으로 작업을 해내자 그 일에 종사하던 노동자들 다수가 실업자가 되었다. 분노한 그들은 닥치는 대로 방적기를 때려부쉈다.

다고 해석되기도 하지만, 어쨌든 근대의 기계문명에 대한 최초의 공포와 반발을 반영하고 있다.

러다이트가 여러 나라에 들불처럼 번지지 않고 오히려 수그러든 것은 정부의 무자비한 탄압에도 있지만, 서구 각국에서 노동자들의 복지를 챙기기 시작했기 때문도 있다. 국민교육도 실시되어 무지렁이 집안 출신도 중산층으로 발돋움할 기회가 생겼고, 노동조합도 만들어져 저항이 조직화되고 정규화되었다. 걷잡을 수 없는 불법적 집단행동으로 나서기 전에 노사 간 조율로 문제가 해결되는 발판이 마련되었다. 노동자는 산업화 사회에 적응해나갔고, 정부와 사용자도 노동자를 쥐어짜서 생산단가를 낮춘다고 해도 그 물건을 살 노동자들이 가난하면 소용 없다는 사실을 차차 깨달아갔다.

그런 추세가 완전히 정착되기 전에 나온 마르크스의 사상은 궁극적으로는 기술 유토피아론을 지향했음에도 당장은 기계가 사람을 잡아먹는 현실을 날카롭게 지적했다. 그는 사용자 입장에서는 생산원가를 절감할수록 이익이기 때문에 기계를 써서 같은 시간에 사람을 쓰는 것보다 더 적은 비용으로 더 많은 생산을 할 수 있다면, 당연히 노동자를 해고하고 기계를 들여놓을 것이라고 보았다. 다만 이 과정에서 실업자로 전락한 대다수 프롤레타리아가 단결하여 자본주의를 뒤엎음으로써 사회주의로 이행할 것이라는 그의 예언은 빗나갔다. 노동자의 복지와 교육, 노동권 등이 보장되어갔고 기계가 일자리를 없애기만 한 것이 아니라 새로운 일자리를 창출하기도 했기 때문이었다.

그러나 서구 기술문명의 거침없는 질주를 우려의 눈으로 보는 시각도 있었다. 과학기술 수준이 낮다는 이유로 자국의 국권이 침탈 당할 뿐 아니라 고유 문화가 열등하고 미개하다는 평가까지 뒤집어쓰게 된 아시아, 이슬람권 등에서 그런 시각이 두드러졌다. 아시아인으로는 최초로 노벨문학상을 받은 인도의 시성(詩聖), 타고르는 '서구 문명에 배울 점이 많다. 그러나 지나친 서구화는 인도인의 영혼을 없앨 것이며, 특히 기술에 지나치게 의지하게 될 경우 인간성이 말살될 것이다'라고 경고했다. 대한민국 독립을 위해 노력하던 임시정부 제2대 대통령 박은식도 '서구는 물질문명과 기술중심주의로 언젠가는 한계를 맞이할 것이다. 그때야말로 정신의 시대가 시작된다'고 보았다.

서구에서 먼저 개발된 로봇에 의한 공장자동화가 처음 시작된 곳은 동양의 일본이었다. 서구보다 일본의 노동권이 약했던 탓도 있지만, 애니미즘과 불교의 "만물에 불성(佛性)이 있다"는 석가모니의 말씀이 문화 저변에 깔려 있던 일본에서는 기계가 인간을 대체하는 것을 그렇게 섬뜩하게 받아들이지 않았기 때문이다. 일본은 미국의 영화감독 스필버그가 2001년에 영화 「A.I.」에서 제시한 문제, 즉 기계로 만들어졌을 뿐 인간과 똑같은 로봇의 인권을 무시하며 학대하는 인간 쇼비니스트들이라는 문제를 이미 1950년대에 데즈카 오사무의 『철완 아톰』에서 제시했다. 일본은 계속해서 『철인 28호』, 『마징가 Z』, 『건담』, 『공각기동대』, 『신세기 에반게리온』 등에서 메카(기계장치)와 인간이 합체하거나 협력해서 활약하는 판타지를 양산해냈다.

　　서구 내에서도 극소수이지만, 미국의 아미쉬공동체처럼 과학기술과 일체 담을 쌓고 전 근대적 생활방식을 고집하는 사람들이 나타났다. 그리고 사상가 랠프 왈도 애머슨과 에르네 르낭이나 문필가 D.H. 로렌스처럼 과학문명은 인간정신에는 독과 같으며 이대로라면 결국 인류는 영혼 없이 쾌락만 추구하는 인형들이 될 것이라고 여기는 사람들도 나타났다. 그런 우려가 담긴 기술 디스토피아의 미래상이 올더스 헉슬리가 1932년에 발표한 『멋진 신세계』다. 1999년에 나온 영화 「매트릭스」의 원조라고 할 수 있는 이 소설에서 인류는 베이컨이나 콩도르세가 꿈꿨던 기술 유토피아를 달성했다. 계급도 불평등도 없고, 굶주림도 질병도 없다. 그러나 인간을 인간이게끔 했던 이성, 주체성, 성찰적 자아 등등은 깡그리 잃어버렸다. 인간은 마냥 육체적 쾌락만 좇으면서 아무 목적 없이 살아간다. 사실상 그들은 기계에 사육되고 있는 것이다.

　　이런 시각은 히피 문화 시대에 상당한 힘을 얻어, 과학기술을 혐오하고 대신 자연주의, 오컬트, 동양사상과 신비주의, 영성(靈性) 등에 빠지는 성향을 한동안 크게 유행시켰다. 여성주의와 환경운동도 어느 정도 기술 디스토피아론의 영향을 받았다. IT 혁명 이후 다시 과학기술에 대한 지지와 신뢰가 높아졌을 때도, "우리가 지금 무슨 짓을 하고 있는가?"라는 목소리가 나왔다. 제레미 리프킨은 1996년의 『노동의 종말』에서 플러그가 꽂힌 종족이 인간의 노동을 대신하기보다 강탈하고 있다면서 마르크스가 생각한 노동소외의 메커니즘이 IT에 의해 서민, 노동자, 제3세계인들에게 현실로 닥칠 수 있다고 경고했다. 이에 따라 뉴 러다이트 운동도 일어났는데, 1995년에 발표한 『러다이트의 교훈』에서 환경운동가 커크패트릭 세일은 IT기술을 첨병으로 하는 현대의 산업화가 환경파괴, 불평등, 인간소외를 가져왔다면서, 그러한 '강요된 편리함'을 거부할 것과 대안적 삶, 더 자연친화적이고 지속가능하며 더 '인간적인' 삶으로 전환할 것을 주장했다.

인간, 최후의 영역으로 가다

노동이라는 문제에서 기술 유토피아론이 기술 디스토피아론에 내세우는 항변은 '플러그가 꽂힌(아니, '모바일'과 '블루투스'가 일반화된 지금은 이 역시 구닥다리 표현이겠지만) 종족'이 일자리를 빼앗는 것처럼 보이지만 그것은 일부의 현상이라는 것이다. 결국 '꼭 사람이 할 필요가 없는' 단순노동직은 사라지고 '사람이 해야만 하는' 일자리, 각종 서비스업이나 창조적, 전문적인 일자리는 변동이 없거나 더 늘어날 것이다.

그렇다. 하지만 알파고 이전에나 그렇다. 지금의 인공지능은 전문직이라고 해서 인간의 성역으로 내버려두지 않는다. 과거의 어설픈 '전문가 시스템'에 비할 바가 아니다. 복잡미묘한 문제까지 너끈히 처리할 수 있다. 게다가 아무리 전문가라 해도 인간이 해낼 수 없는 수준의 기억력과 처리 속도, 그리고 컨디션이나 감정에 따른 기복이 없는 초(超)안정성을 제공할 수 있다. 판사와 공무원을 모두 인공지능으로 대체한다고 해보자. 혈연과 지연, 학연 문제는 물론 부정부패가 있을 수 있겠는가? 다만 기계에게 나의 운명을 맡긴다는 꺼림칙함이 있다. 지금도 거짓말탐지기는 90퍼센트 이상의 정확도를 자랑한다. 그러나 법정에서 참고자료가 될 뿐 판결에 결정적 영향을 주는 증거자료는 되지 못한다. 바로 기계가 범하는 '10퍼센트 이하의 오류'에 재수 없게 해당되는 사람의 억울함 때문이다.

그런데 생각해보면 인간 재판관의 오심률도 그에 못지않다. 배심원제에서는 더 높을 수도 있다. 병원에서도 오진하지 않는 의사란 없다. 그러나 용납된다. 사람이 하는 일이란 것이 완벽할 수는 없다는 암묵적 동의가 있는 것이다. 그렇지만 기계라면? 단 0.01퍼센트의 오류라도 그것으로 '생사람을 잡았다'면 뭔가 용납이 안 된다. 이 감정이 구석까지 몰린 킹스필드가 쓸 수 있는 회심의 카드일지 모른다.

그러나 이 역시 확실한 카드는 아니다. 로봇노동자를 거리낌 없이 대했던 일본 사람들의 예가 있지 않은가. 결국 곧 세계 어디서나 로봇이 공장에서 일하는 모습을 무심히 바라보게 되지 않았던가. 지금의 기성세대라면 인공지능 판사나 의사를 꺼림칙해할지 모른다. 그러나 어릴 적부터 IT와 인공지능에 둘러싸여 자란 세대라면 다를 것이다. "사람은 실수투성이라서 내 생명이나 재산을 맡기기 두렵다. 기계라면 안심이 된다." 오히려 이렇게 말하지 않을까?

자아라는 것이 없는 인공지능이라면 서비스업에서의 감정노

프란츠 스타이너, 「로봇과 인간의 사랑」 인공지능과 기계에 대한 거부감이 사람에 대한 불편함보다 낮아지는 '특이점'이 온다면 가능한 일이 될지도 모른다.

동에도 피로를 느끼지 않을 것이다. 따라서 인간 감정을 철저히 학습한 인공지능 도우미의 시중을 받는 편이 더 편안하고 문제가 없다는 고객들도 점점 많아지리라. 교사나 상담사도 마찬가지다. 그렇게 되면 결국 노동시장에서 인간만의 영역은 말끔히 사라지고 말 것이다.

생활의 노동은 기계가 해주고, 인간은 학문과 예술에만 몰두하는 마르크스의 유토피아 역시 불가능해질 수 있다. 그런 분야에서조차 인공지능이 더 잘 해낼 수 있기 때문이다. 2016년에 인공지능 시스템으로 쓴 소설이 일본의 문학상 1차 심사를 통과했다고 한다. 인공지능을 통한 작곡은 이미 작곡과정에서 보조역할을 맡은 지 오래다. 인공지능이 초벌작곡을 하면 인간작곡가가 수정해서 완성한다는 것이다. 물론 조수가 언젠가 스승의 수준으로 올라설 수 있음은 당연하다.

더 나아가, 인공지능이 특이점을 넘어 인간 사회의 주역을 차지하게 된다면 더 이상 정치도 필요없어질 수 있다. 윤리도 무의미해질 수 있다. 대통령이든, 총리든, 인사청문회든, 첩보기관이든 모두 사라지고, 인간의 조직 자체가 역사 속으로 사라질 수 있다. 조직, 윤리, 정치 이런 것은 모두 인간이, 더불어 잘 살아가기 위해 만들어진 것들이기 때문이다. 인간은 더 효율적으로 인간의 노동을 배치하기 위해 조직을 만들었다. 사람이 하는 일에는 실수가 있기 마련이므로, 또한 사람은 언제 부정부패를 저지를지 모르므로, 조직에 견제와 균형을 갖추고 권력을 감시하기 위해 정치가 만들어졌다. 그리고 '되도록 사람답게' 문제를 해결해나가도록 윤리가 만들어졌다.

그러나 무사무욕(無私無欲) 그 자체인 인공지능 앞에서 모든 것은 불필요해진다. 인간은 원시시대 이후 처음으로 조직과 정치와 윤리에서 벗어나 벌거벗은 원숭이로 되돌아간다.

그러나 다시 생각해보자. 만들어지고 학습된 감정이지만(어찌 보면 인간의 감정도 그렇지 않던가?), 감정까지 갖게 된 월등한 지능의 존재, 인공지능 앞에서 인간만이 내세울 수 있는 것은 바로 고민과 번민이다. 이것은 오히려 인간이 갖는 약점이다. 그러나 인간만의 약점이다. 그래서 인간은 이익과 윤리 사이에 줄타기를 하면서 자신의 역사를 이룩해왔다.

여기서 인공지능은 트롤리 딜레마에 어떻게 대응할까? 하는 의문이 생긴다. 브레이크가 고장난 트롤리 기차가 왼쪽으로 틀면 한 사람이 죽고 오른쪽으로 틀면 다섯 사람이 죽는 상황에서 인간이라면 어쩔 줄 모르고 고민하리라. 그러나 인공지능 운전자라면 다섯 사람보다 한 사람이 죽는 것이 낫다며 1그램의 고민도 없이 왼쪽으로 틀어버릴 것이다.

그것이 최선의 답일 수밖에 없으므로 굳이 고민해야 할 필요는 없다고 할지 모른다. 그러나 지구환경이 점점 악화되는 가운데 인공지능에게 거의 대부분의 행정적 결정권이 맡겨져 있다면 전체 주민의 생존을 위해 A지구의 주민을 말살하자는 결정을 쉽게 내릴 수도 있지 않을까?

'정말 안타깝지만 그것이 최선이라면……'이라는 말이 또 나올지도 모른다. 그러나 인공지능이 아무리 뛰어나도 신은 아니다. 그런데 인간이라면 '아무리 전체를 위해서라지만 그런 짓은 사람으로서 할 짓이 아니다'라고 판단할 여지가 있다. 그러나 인공지능에게는 여지가 없을 것이다. 잘못된 판단을 했을 때 고민 없이 끔찍한 결정을 내려버릴 수 있다. 더 나아가, 「매트릭스」의 스미스 요원처럼 '인간은 혐오스럽다. 인간은 지구의 바이러스다'라고 판단할 수도 있다. 인공지능의 보이지 않는 위험, 그것이야말로 벼랑 끝까지 몰린 킹스필드의 마지막 카드일지 모른다.

그 카드조차 소용없어진다면? 노동에서 소외되고, '사람이 하는 일이란 게'가 용납되지 않는 나머지 조직과 윤리에서도 풀려난 인간들에게 남은 것은? 사랑일 것이다. 사랑만이 인공적으로 구현할 수 없는 유일한 인간 영역으로 여겨질 것이다. 새로운 시대에 사랑은 최고의 상품이 될 것이고, 유일한 윤리가 될 것이다.

#인공지능 #알파고 #IT혁명 #기술 디스토피아
#기술 유토피아 #뉴러다이트 운동

- BC 1만 3000년경 유럽의 인류주거지에 개
  의 뼈가 남겨짐. 사람이 가장 먼저 길들인
  동물은 개.
- BC 1만 1000~9000년경 중동에서 소가 가
  축화됨. 사람이 가축으로 만든 최초의 동물
  은 소.

- BC 4000년경 메소포타미아에서 최초의 세금이 기록됨. 최초의 행정문서이
  자 가장 앞선 문자사용 흔적이기도 하다.
- BC 3000년경 수메르에서 맥주제조가 기록
  됨. 인간이 의도적으로 술을 빚어 만든 최초
  의 기록.

- BC 2800년경 수메르에서 신전 성매매자가
  기록됨. 성매매자 존재에 대한 가장 앞선
  기록.
- BC 1750년경 함무라비법전 제정됨. 위증자에게 해당 사건의 책임을 지우는
  부패방지 조항, 병역기피자를 사형에 처하고, 대신 병역에 나간 자의 집을 몰
  수하는 조항, "입양된 아이가 양부모를 때리면 본래의 집으로 돌려보낸다", "양

부모가 양자를 더 이상 키우고 싶지 않을 때는 재산의 3분의 1을 위자료로 준다", "입양된 아이가 양부모를 자기 부모가 아니라고 말하면 그의 혀를 자른다" 등등의 입양 관련 조항이 있었다.

- BC 1700년경 하나라 우왕이 금주령을 내림. **최초의 금주령 기록.**
- BC 685년 주나라 장왕이 성매매 구역 창설. **공창제의 시초.**
- BC 675년 진나라 덕공이 복날에 개를 잡아 사람들에 먹임. **개고기에 대한 가장 앞선 기록.**
- BC 309년 진나라 무왕이 좌승상과 우승상을 둠. 국무총리와 부총리에 해당되며, **최초의 총리 제도.**
- BC 44년 카이사르 암살. 카이사르는 세금징수인을 억압하여 인기를 끌었고, 소득이 없던 병사들에게 봉급을 주는 등의 조치로 강력한 군대를 이끌었다. 그가 입양한 옥타비아누스는 초대 로마제국황제가 되었다.
- 527년 테오도라, 동로마제국의 황후가 됨. 테오도라는 유스티니아누스 황제의 비선측근으로서 사실상 제국을 공동통치했고, 성매매 여성들에 대한 보호와 성매매 근절을 추진했다.

- 632년 아부 바크르, 무함마드를 계승하여 초대 칼리프 취임. 아부 바르크는 모든 무슬림에게 매년 10디르함의 소득을 보장하는 **최초의 기본소득제**를 시행했다.
- 642년 고구려의 선도해, 김춘추의 뇌물을 받고 감금에서 풀려날 방법을 알려줌. **한국사 최초의 부정부패 기록.**
- 1192년 일본의 미나모토노 요리토모, 가마쿠라막부 창설. 미나모토노 요리토모는 **일본 최초의 막부체제**를 세워 기존의 간바쿠를 무력화시키고 출신이 보잘것없는 조키시들을 비선측근으로 활용했다.
- 1215년 영국의 존 왕, 러미니드 들판에서 「대헌장」에 서명. **청문회 제도**가 여기서 **처음 보장**되고, 세금납부 문제에 국왕의 권한이 축소되었다.

- 1349년 영국의 에드워드 3세, 노동조례 공 포. 이때의 노동조례는 **페스트**로 치솟은 임 금을 강제로 낮추기 위한 **최고임금제**를 규 정한 것으로 국가가 임금 결정에 개입하는 **최저임금제** 제도의 기원으로 여겨졌다. 최고 임금제에 따른 반발을 무마하느라 '모든 사  람은 생활을 유지할 수 있을 만큼의 소득을 얻어야 한다'는 원칙을 법조문에 처음으로 명시함으로써 **국민복지제도의 시초**로 보기도 한다.

- 1368년 명나라 주원장 즉위. 주원장은 동지이자 2인자였던 승상 호유용에게 반역혐의를 씌워 처형하고 승상제 자체를 없애버렸으며, 감찰기구인 어사대의 기능을 극대화해 조정관료들의 행동 하나하나를 감시했다.

- 1420년 명성조 영락제, 동창 창설. **동양 최초의 전문 첩보기관.**

- 1558년 영국의 엘리자베스 1세 즉위. 엘리자베스 1세는 여러 결함에도 불구 하고 근대적 복지제도의 시작이라 평가되는 구빈법을 제정하고 월싱엄에게 서 **양 최초의 첩보기관**을 창설하도록 지시했다.

- 1721년 영국의 로버트 월폴, 수상 취임. 의원내각제의 실질적인 행정수반이라 는 점에서 **최초의 총리**로 볼 수 있다.

- 1776년 아메리카 식민주의 대륙회의, 독립 결정. 식민지에 대한 불평등한 세 금문제가 독립결정의 원인. 총리를 두지 않는 순수 대통령제를 처음 도입하고, 대통령 권한을 견제하기 위한 인사청문회 제도도 처음 도입.

- 1804년 나폴레옹, 황제 즉위. 나폴레옹은 프랑스대혁명을 계기로 창설된 국민개병주 의 시민군의 위력을 최대한 활용하고, 프랑 스 **최초의 첩보기관**을 창설해 군사정보에 앞서감으로써 전 유럽에 위력을 떨쳤다. 이 집트 원정 도중 가장 오래된 세금 분쟁 기록 이 담긴 **로제타석**을 발견하기도 했다.

- 1873년 조선 제26대 왕 고종, 대원군을 물러나게 하고 친정 시작. 세력기반이 약했던 고종은 왕후인 명성황후를 비선측근으로 활용했고, 명성황후는 임오군란 이후 무당인 진령군을 비선측근으로 의지했다. 고종은 1880년 통리기무아문을 설치하고 그 우두머리에 최초의 총리를 앉히며 개혁을 추진했으나, 명성황후가 을미사변으로 암살되고 국권침탈이 계속되자 **제국익문사라는 한국 최초의 첩보기관을 창설하는 등 독립의 노력을 멈추지 않았다.**

- 1883년 독일의 비스마르크, 의료보험법 입법. 비스마르크는 잇달아 산업재해보험법(1884), 노령 및 폐질 보험법(1889)을 입법하여 근대적 사회보장제도를 **처음으로 도입했다.**

- 1894년 뉴질랜드, 산업조정중재법 제정. **현대 최저임금제의 시초.**

- 1901년 미국 제26대 대통령, 시어도어 루스벨트 취임. 임기 중 스탠더드오일을 비롯한 재벌의 부패와 싸웠다. 러일전쟁에 이은 가쓰라-태프트 밀약에도 불구하고 **노벨평화상 수상.**

- 1903년 마리 퀴리, 노벨물리학상 수상. **여성으로서 최초의 노벨상.**

- 1913년 미국 제28대 대통령, 윌슨 취임. 윌슨은 오랜 고립주의 전통을 꺾고 제1차 세계대전에 참전하고자 사상 최대의 병력을 징집했으며, 인사청문회 대상을 대법원 판사까지 확대했다. 그러나 임기 말에 뇌종중으로 쓰러져 한동안 미국은 영부인의 손으로 통치되었다.

- 1913년 스웨덴, 국민연금 설치. **최초의 국민연금제도.** 급여를 기반으로 한 보험에다 퇴직노인에 대한 정부의 생활보조를 혼합했다.

- 1913년 인도의 타고르, 노벨문학상 수상. **아시아인으로서 최초의 노벨상.** 타

고르는 기계문명에 대한 지나친 의존이 인간성을 말살할 수 있다고 경고했다.

- 1914년 사라예보에서 페르디난트 오스트리아 황태자 부부 암살. **제1차 세계
대전을 촉발한 암살 테러.**

- 1920년 미국, 금주법 시행. **사상 최악의 금
주법으로 여러 부작용을 낳았다.**

- 1932년 스웨덴, 사회민주당 집권. 이후 국
민연금의 보편성 확보, 강제가입성 의료보험
제를 창설하여 **북유럽 복지모델을 수립했다.**

- 1933년 루페, 독일 국회의사당에 방화. 진
위가 아직까지 의문시되지만 '관심병자의 테러 행위'로 분류되는 이 사건을 빌
미로 **히틀러는 제국보안부(SD)를 창설.** 유대인, 공산주의자, 반체제 운동가와
언론인 등을 감시하고 체포했으며, 이듬해에 수상 직위에 대통령 직위를 더함
으로써 총통제를 수립했다.

- 1936년 튜링, A-머신 개념 제시. **최초의 인공지능 개념 제시.**

- 1947년 미국, CIA 창설. 제2차 세계대전 종
전 뒤 해체된 전략정보국을 재편. 이후 소련
의 KGB와 함께 냉전 기간 내내 불꽃 튀는
첩보전 수행. 각국의 요인암살이나 정부전복
에 관여하는 등 악명 높은 공작도 실행.

- 1948년 한국, 제헌헌법 마련. 의원내각제가
두드러진 임시정부의 전통을 살려 이원집정
부제를 채택하려 했으나, 이승만의 강력한
반대로 유명무실한 총리를 두는 대통령제로
확정. "모든 국민은 근로의 권리와 의무 가진다"는 내용 명시.

- 1949년 한국, 징병법 통과. **한국전쟁을 거치며 국민개병주의 징병제가 정착
되었다.**

- 1949년 유엔의 '인신매매 금지 및 성매매 착취 금지 협약'. 성매매 여성을 피

해자로 보고 성매수자만을 처벌하는 노르딕 모델의 기반이 마련되었다.

- 1953년 한국, 근로기준법 제정. 처음으로 노동3권을 정식으로 인정하고 최저 임금제의 기반도 마련했으나 제대로 지켜지지 않다가 1970년 전태일의 분신을 계기로 개선되었다.

- 1955년 존 매카시, 인공지능 용어 창시. 이듬해 인공지능학회가 창립되고, 이후 '인공지능' 연구가 가속화되었다.

- 1959년 프랑스의 샤를 드골, 징병제 개혁. 병역의 의무를 다양화해 대체복무제 선도.

- 1960년 싱가포르, 부패방지법 제정. 아시아 국가로서 보기 드문 청렴 국가라는 위상을 세우는 계기가 되었다.

- 1961년 김종필, 중앙정보부 창설. 미국의 CIA를 모델로 했다지만 소련의 KGB와 닮은 중앙정보부를 만들고 초대 부장이 된 김종필은 1971년에 총리가 되었다. 이후 박정희에 의해 밀려나고, 1998년에 김대중 정부에서 실세 총리를 맡았으나 다시 권력에서 멀어졌다.

- 1973년 피터 싱어, 『동물 해방』 출간. 동물을 인간의 이익에 따라 이용하는 일을 종차별주의로 규정하는 강력한 동물 해방론 주장.

- 1974년 미국 경제학자 아서 래퍼, 레이건에게 래퍼 곡선을 소개. 감세를 중심으로 하는 신자유주의 경제정책의 실마리 마련.

- 1979년 미국 캘리포니아주, 동성커플의 입양허용. 동성애자 입양이 합법화되는 계기가 되었다.

- 1982년 미국 알래스카주, 알래스카 영구기금 배당 시작. 시민배당 형태의 기본소득제의 성공사례.

- 1982년 중국, 한 자녀 가정 정책. 두 번째부터 자녀를 낳을 때마다 무거운 출산세를 물

림으로써 인구증가 억제에는 어느 정도 성공했으나 여러 부작용이 생겨났다.

- 1982년 레바논의 시아파 무슬림, 헤즈볼라 창립. 과격 이슬람 무장단체로서 처음 등장. 이듬해 베이루트에서 미국 해병대 사령부 자살 폭탄차량 테러를 벌임. 이후 하마스, 알카에다, 탈레반, 보코하람, IS 등이 잇달아 창립되며 '이슬람＝테러'라는 인식이 생길 정도로 과격한 테러가 이어졌다.

- 1986년 한국, 최저임금법 제정. 근로기준법 시행 이래 법적 근거가 확보되고 여러 지적이 있었음에도 재계의 시기상조 주장에 수십 년 동안 미룬 뒤에 제정되었다.

- 1992년 이탈리아, 마니 풀리테 운동. 반부패 운동으로서 1994년까지 공직자 약 5,000명이 부패혐의로 수사를 받고 3,000명이 체포되었다.

- 1992년 스위스, 헌법에서 동물에 대한 대우를 고침. 동물을 '사물'이 아닌 '존재'로 표현. 이후 서구 각국에서 동물에 인간에 준하는 지위를 부여하는 헌법과 법률 개정 이루어졌다.

- 1996년 제레미 리프킨, 『노동의 종말』. IT 혁명에 따라 인간이 기계에 밀려 설 땅을 잃게 될 것이라는 기술 디스토피아를 제시. 비슷한 시기에 뉴러다이트 운동도 활기를 띠었다.

- 1998년 한국, 친양자제 도입. 혈통을 중시하던 문화에 맞서 국내 입양의 활성화에 기여했다.

- 2000년 한국, 인사청문회 도입. 이로써 여러 한계에도 불구하고 유력 총리후보 등이 잇달아 낙마하며 대통령의 인사전횡을 억제했다.

- 2001년 네덜란드, 동성커플에 완전입양권 부여. 처음으로 동성결혼을 인정한 후속조치.

- 2001년 미국 9.11테러. 사상 최악의 항공기에 의한 테러. 이를 계기로 국가정보국(DNI)이 창설되었다.

- 2002년 독일, 공창제 도입. 자발적 성매매를 권리의 일환으로 보고 국가의 관리 아래 영업토록 하는 게르만 모델을 완성했다.

- 2004년 한국, 국정원 과거사건 진실규명을 통한 발전위원회 구성. 중앙정보부 이후 과거에 한국 첩보기관이 저지른 비리에 대한 진상규명을 시도했다.

- 2011년 버핏, 부자들의 증세 요구. 기존 세금제도가 부자에게 유리하게 이루어져 있다는 지적에 따라 버핏세라 불리는 부유세가 신설되는 계기가 되었다.

- 2016년 스위스, 기본소득제 국민투표. 기존의 사회보장제도가 유리하다는 인식 아래 부결되었다.

- 2016년 알파고, 이세돌을 격파. 딥 러닝 기반 인공지능의 진가를 확인해주었고 기술 유토피아와 디스토피아의 전망을 가져다주었다.

리더가 읽어야 할 세계사 평행이론

한국의 16과제, 평행이론 적용한 첫 책!

펴낸날	초판 1쇄 2017년 5월 9일

지은이	함규진
펴낸이	심만수
펴낸곳	(주)살림출판사
출판등록	1989년 11월 1일 제9-210호

주소	경기도 파주시 광인사길 30
전화	031-955-1350 팩스 031-624-1356
홈페이지	http://www.sallimbooks.com
이메일	book@sallimbooks.com

ISBN	978-89-522-3624-1 03900

※ 값은 뒤표지에 있습니다.
※ 잘못 만들어진 책은 구입하신 서점에서 바꾸어 드립니다.
※ 저작권자와 연락이 닿지 않아 인용 허락을 받지 못한 일부 인용문에
   대해서는 연락주시면 정당한 인용 허락의 절차를 밟겠습니다.

이 도서의 국립중앙도서관 출판시도서목록(CIP)은 서지정보유통지원시스템 홈페이지
(http://seoji.nl.go.kr)와 국가자료공동목록시스템(http://www.nl.go.kr/kolisnet)에서
이용하실 수 있습니다.(CIP제어번호: CIP2017009892)

책임편집 · 교정교열	서상미